武斌 著

新闻写作案例教程

范例、思路与技巧

Case Study of News Writing

Examples,Thinking & Techniques

浙江越秀外国语学院重点学科建设资助项目

南方日报出版社
NANFANG DAILY PRESS
中国·广州

图书在版编目（CIP）数据

新闻写作案例教程 ：范例、思路与技巧 / 武斌著. — 广州 ：南方日报出版社，2020.2（重印）
ISBN 978-7-5491-1035-3

Ⅰ. ①新… Ⅱ. ①武… Ⅲ. ①新闻写作—教材 Ⅳ. ①G212.2

中国版本图书馆 CIP 数据核字(2013)第 316750 号

XINWEN XIEZUO ANLI JIAOCHENG
新闻写作案例教程——范例、思路与技巧　武斌 著

出版发行：南方日报出版社
地　　址：广州市广州大道中 289 号
电　　话：（020）83000502
经　　销：全国新华书店
印　　刷：广州怡升印刷有限公司
开　　本：889mm×1194mm　1/16
印　　张：16.25
字　　数：300 千字
版　　次：2014 年 2 月第 1 版
印　　次：2020 年 2 月第 5 次印刷
定　　价：35.00 元

投稿热线：（020）87360640　读者热线：（020）87363865

目录

前 言

在当今媒介融合的时代，互联网、手机等新媒体为“人人都是传播者”提供了史无前例的开放式传播平台，传者与受者的边界变得模糊起来，但恪守新闻专业主义的写作标准仍旧是提高传播力的必由之路。

2009年阅读一份城市晨报时，偶然发现一则新闻写得有明显问题，开始留心搜集媒体上写作有瑕疵的作品并将这些案例用之于教学，从归谬中查找“病因”讲解新闻写作技巧，学生欢迎，效果不错。随着案例累积，萌生了写这本书的愿望。

写这本书的主要想法是，以作品为研究中心，把新闻作品中具体的缺憾分离出来进行精细的检视，具体问题具体分析，通过范例对比和原理释疑，精确解构，重新编码，让读者在对比中实现解码，找到提高新闻写作能力的捷径。

本书选择了新闻媒体近年来刊登的60余篇写作有缺憾的新闻作品，采用原作与示范案例对照加解读的方式，如解剖麻雀一般，将新闻原理与实践技能相融合，化空洞、枯燥的大道理于具体鲜活的案例对比和解读之中。这是本书的独特之处。

这些案例的重新建构与解读揭示出一个贯穿全书的主题：如何以专业的理念和态度做新闻。按照新闻专业主义写作的范式，本书通过对案例对比解析，来传播新闻写作的符号、规则和规范，凸显其意义。让新闻报道富有文化品位，诠释新闻的专业主义精神是记者的天职。新闻专业主义意味着记者要遵循报道中的叙述规则，树立受众本位意识，注重传播效果，以满足工作流程的连贯性、稳定性和新闻的创新。

本书借鉴西方对新闻体裁的分类，将作品分为新闻和新闻特稿两大类，又按时效性的不同要求，将新闻和特稿分为突发性新闻和延缓性新闻两个类别。

本书除少数几篇作品采用了与选择稿同题材或同主题的媒体佳作对比之外，大多数作品的对比稿是本人改写的，每一组作品的原理分析解读也是本人的思考和经验之谈，旨在抛砖引玉。

为尊重原作者的心血，除个别作品因网络来源未署名本书无从获知作者姓名外，绝大多数作品都在原稿和对比稿中呈现了原创者的姓名。

梁衡说：“研究新闻的一个好方法就是把稿子拿来透视，这里面的学问是大学讲义里所没有的。”[1]我们要多读好新闻，从中领悟新闻文化的内涵和魅力，提高新闻鉴赏力，通过借鉴模仿，训练自己的采访写作水平，同时也要善于鉴别写作方面有缺陷的新闻，发现问题，反思问题，借此提升新闻写作的专业素养。

本书对于学习新闻写作、编辑等技能的学生有切实的帮助，对于从事这些课程教学的教师也有参考价值。书中的案例取自于媒介，对于新闻媒体人、从事新闻宣传的通讯员而言亦具有实用价值，可以从案例对比和理论剖析中获得启发。

当下网络传播风头正劲，信息传播变得简单、便利而高效。对于利用新媒体传播讯息的“草根记者（公民记者）”，了解新闻专业主义写作的基本常识，懂一点新闻写作思路和技巧，自觉恪守新闻客观性法则，可防范偏听偏信或以讹传讹，有助于树立自媒体的公信力。

限于个人新闻素养有限，不当之处还望各位方家不吝指谬。

武斌

2013年6月2日

① 来向武编：《梁衡新闻200句》，北京：人民日报出版社，2012年版，第3页。

第一部分

新闻写作

一、概论

记者是干什么的？简而言之，了解真实的信息，尽快地传播给受众。新闻的主要功能是传播信息。

在新闻媒体上，新闻报道是核心，是主体，是应用最为广泛的新闻体裁，它占据了每天各种媒体最重要的版面（报纸、网络）或时段（广电）。

广义的新闻指除了新闻评论以外的所有新闻文体，狭义的新闻专指消息。本书第一部分中的“新闻”即指消息。

按照新闻发生的特点和媒体对新闻采访报道时效性的要求，本书将新闻分为“突发性新闻”和“延缓性新闻”。

消息是新闻写作的门槛，是记者新闻素养的基本功。那么，什么是新闻？自从现代新闻业诞生以来，关于新闻的定义不胜枚举，但十全十美的定义难觅。梁衡先生的定义是：“新闻是受众所关心的新近发生事实的信息传播。”[①]该定义强调了新闻的几个特点：新闻价值（时效性）——新近发生；本源——事实；本位——受众；本质——信息；特质——传播。

消息写作看上去不起眼，人们常常称之为“豆腐块”，这是比喻其在报纸版面上的空间形态，即篇幅短，占的面积小。可别小看了这个“豆腐块”，精通其写作奥秘并非易事。

在当下的新闻报道中，令人失望的写作是：空洞地概括事实，没有准确具体地表现事实；满纸流畅的空话套话，缺少有效信息；结构松散，缺乏内在的张

① 来向武编：《梁衡新闻200句》，北京：人民日报出版社，2012年版，第3页。

力；叙事拖沓，缺乏简洁明快的报道节奏；信源交代不清楚，影响新闻真实性；感情代替理性，事实与观点纠结……凡此种种都背离了真实、客观、准确、公正、平衡的新闻专业主义写作范式。

（一）新闻写作的原则

▲真实

新闻中所有的要素都必须符合事实真相；对新闻事实的演进做全面的报道。

▲客观

用第三人称；用中性的词语；慎用空洞的修饰词，如形容词，尤其是副词；记者不要在新闻中亮出自己的观点；多视角、全面呈现事实；提供新闻背景；清晰地交代信源；使用采访对象的原话做直接引语。

▲准确

新闻中所有的要素都应该是经过核实无误的，都应该忠于事实，杜绝“合理的想象”。采访中的追问、质疑、倾听、做笔记（录音）都是确保写作经得起验证的有效手段。

▲平衡

不偏不倚，不拉偏架，保持中立，避免带有记者个人的感情偏向或偏见。如果报道的事并不单纯，多方说法不同，不要因个人情感好恶或预设立场选择一部分事实或一种说法。偏颇失衡会伤害新闻的公信力。

（二）新闻写作提要

一般人在学习掌握新闻写作时会遇到以下难关：

▲结构

新闻最常用的结构是倒金字塔结构，不管你喜不喜欢，这是约定俗成的规范。简约是其“生命之树常青”的根本原因。

▲主题

消息的主题是单一的，即一事一报或一人一报。即便是综合新闻也是一个主题。好主题是记者从受众的角度，从对时代脉搏的把握中，从对新闻价值的准确判断中敏锐地对比判别出来的。

▲角度

一般人都会从正面报道一件事或一个人，这是最常用的角度。不妨看看下面这条新闻：

奥巴马演讲美国制造　风吹落国旗露出“中国制造”

2013年4月1日　9:37　来源：国际在线

国际在线专稿：据美国有线电视新闻网29日报道，美国总统奥巴马于当地时间29日在南部港口迈阿密港口发表演说，鼓励私人企业与资本投资美国基建，为当地创造更多工作机会，更广泛地使用“美国制造”。但是演讲期间，一阵风将奥巴马身后一辆起重机上的美国国旗吹掉，下面竟然露出了中国商标。

报道称，白宫人员在奥巴马演讲前就用美国国旗盖住了起重机上的中国商标，但是他们忽略了还有风的因素。美国国旗被吹掉后，起重机上硕大的中国商标直接进入了直播画面，着实尴尬。

CNN报道，美国总统奥巴马在过去几个月以来一直鼓励美国民众购买国货，召唤美国海外企业回流本国，以此来推动美国经济。报道中也嘲讽道：白宫人员这次失误说明他们以后得用根更结实的绳子来捆绑国旗掩盖商标。

这条新闻的角度巧妙，它以小见大，从一件偶然发生的小事入手，表现的是宏大主题：奥巴马的经济主张恐怕不现实。

从事物的正面、侧面甚至反面多向思考……总之，一篇好的新闻需要选择好角度，即便是一件不新鲜的事，角度新则新闻新、主题新。

▲新闻来源

你的新闻是从哪里获得的？谁告诉你的？请说明白出处。受众相信你写的是真实的，因为他们看到了新闻来源。准确的新闻来源还有助于保护媒介的公信力和记者的名誉。

▲新闻语言

新闻语言不同于文学语言那样或辞藻华美或含蓄朦胧。新闻语言要让每一个有文化的人都看起来不费力，准确、通俗、简洁、具体、形象是它最有效的传播手段。如说一个年轻的创业者“事业小有成就”不如说“他创办了一家规模有100多人的家具厂，去年的利润达到了1200万元”。

▲引语

如果你觉得采访对象说的某句话或某几句话很精彩，过耳难忘，就请忠实地记录下来，然后写入你的新闻中。在导语、主体或结尾中恰当地使用引语会让你的报道出彩，记得打上引号。

（三）新闻写作程序

一篇完整的新闻由五个要素组成（简称五个W）：发生新闻的主角（who）、

发生的事情（what）、新闻发生的时间（when）、发生的地点（where）、发生的原因（why）。“也有些教材把事情经过（how）作为要素，但一般通用五要素。”①

新闻的组织结构主要由六个部分组成：标题、消息头（电头）、导语、背景、躯干（主体）和结尾。

1959年海明威去西班牙游玩时，丢了钱包。《纽约时报》刊登的新闻是这样写的：

海明威请求扒手归还钱包（标题）

合众国际社马德里9月16日电（消息头）：今天海明威向扒手呼吁归还他的钱包，这是上星期在马德里看斗牛赛时被扒的，钱包里有150元美金。（导语，画线部分为新闻背景）

他说那个钱包是他的儿子帕特里克送给他的礼物，帕特里克是东非坦噶尼喀殖民地的职业猎手。（主体，也是新闻背景）

海明威在《人民》报广告上声明：

“我请求你寄还我的皮夹，里面有圣克里斯托芬的圣像。至于里面的9000比塞塔（150美元）是你的技巧应得的奖励。”（结尾）

时间（今天），人物（海明威），地点（马德里），发生了什么（海明威在报纸上登广告要求扒手归还钱包，许诺给予150美元奖励），原因（上星期在马德里看斗牛赛被扒手偷走，里面有150美元，是其子送的礼物，里面有圣克里斯托芬的圣像）。

▲标题

有句话说：“看书看皮，看报看题。”消息写作比较费神的部分首先是标题。新闻标题被称为“报纸的眼睛”，它用准确、具体、凝练的文字把新闻中最重要、最精彩的信息清晰地呈现出来，鲜明、生动，唤起受众的兴趣，夺人眼球。对于平面媒体而言，新闻标题关系到一篇新闻的传播效果。

如今报纸进入了厚报时代，大多数受众拿到一叠沉甸甸的报纸，不会按照顺序逐页逐条阅读新闻，一般是随手翻，浏览标题和图片。先看哪一个版面，先看哪一条新闻，取决于新闻标题是否令人“一见钟情”。在报纸的版面上，标题除了要取得准确、简洁、精彩之外，其字号字体都要处理得非常醒目显眼，重大节日或重要会议的新闻标题还会套红，目的就在于争夺受众注意力，提升新闻的传播力。

① 李良荣著：《新闻学概论》（第4版），上海：复旦大学出版社，2012年版，第36页。

新闻一般多采用单行标题，即简洁、准确地概括新闻最重要的事实，为实标题（即对新闻事实的概括）；也有两行或三行标题。两行或三行标题要求至少有一句是实标题，也可以全都是实标题，但不可以全都是虚标题。

1. 单行标题：习近平会见特立尼达和多巴哥参议长和众议长

（2013年6月3日7：2　来源：人民网-《人民日报》）

单行标题构思时间少，有利于及时传播新闻，所以为多数新闻所采用。多数单行标题是对新闻主要事实的准确、具体的浓缩概括，也有的标题是挑新闻中的亮点来吸引受众。

2. 双行标题：（肩题、引题）老师随意缺课 学生回家自修 家长困惑

（主标题）上课咋也“缺斤少两”

（2009年3月16日　来源：《西安晚报》）

双行标题：（主标题）上海新增4例人感染H7N9禽流感

（副标题）目前共发现6例 死亡4例，另外2例正在救治

（2013年4月6日　来源：《新民晚报》）

3. 三行标题：（肩题、引题）卅载冷暖岁月当代冰霜爱情

（主标题）少帅赵四正式结婚红粉知己白首缔盟

（副标题）夜雨秋灯梨花海棠相伴老；小楼东风往事不堪回首了

这个三行标题是1964年台湾《联合报》报道张学良和赵一荻正式结婚的新闻标题，它准确凝练地将新闻当事人一生的爱情故事浓缩呈现，体现出作者在中国古典文学上的精湛造诣。可谓诗情画意，跃然纸上，意蕴隽永。

综上所述，双行或三行新闻标题的构思难度较大，需要记者编辑具备扎实的新闻素养、广博的知识修养、深厚的语言功力。

即便是构思一个单行标题也需要煞费苦心。以2011年6月21日俄罗斯一架图－134客机出事这条突发性新闻报道为例，凤凰网的标题是《俄罗斯一架图－134客机今晨迫降起火 已致40人死亡》，搜狐网这条新闻的标题是《俄罗斯载有48人客机迫降公路 仅有8人生还》。前者的信息中含有飞机型号“图－134”和时间“今晨”，但后者有两个信息是独特的，即客机上共有“48人”和迫降地点“公路”。对比之下，搜狐新闻编辑的标题将此次空难的人员损失程度表述得更为精确，即48人中仅有8名幸存者。前者不知道客机上的总人数，缺乏对比，受众感受不到该航班死亡40人有多严重。从人情味和人文关怀的角度看，在灾难新闻中，人员损失是最为重要的信息。

当下应当避免的是新闻网站和城市日报（都市报、晨报、晚报等）借新闻标题渲染、刺激、煽情以博取受众眼球的做法，这种耸人听闻的做派与19世纪盛行于美国大众报纸时期的“黄色新闻”如出一辙，有人蔑称其为“标题党”。

2011年6月19日搜狐新闻首页有一则新闻标题《成都赴韩航班遭韩国士兵密

集枪击 险被击落》十分刺激但却违背了新闻事实。这条引自《新京报》的新闻原标题为《成都赴韩航班遭韩士兵密集枪击 误认为朝鲜军机》，其导语说得很清楚，韩军的轻武器警告射击对飞机毫无威胁。

▲消息头（电头）

消息头（电头）是新闻特有的标志。它标明新闻版权所属，也是通讯社或媒介品牌形象的标志。完整的消息头应该是：通讯社或报社名称+发稿地点+发稿时间+电（讯），如“新华网长沙 4 月 8 日电”“本报北京4月7日电”。所谓“电”一般是外地发来的稿件；所谓“讯”一般是本地采写的新闻。严谨的做法是，在新闻导语开始前，先是完整的消息头（电头）+记者姓名。但现在不少媒体常用简略形式，如“本报4月7日电”，有的只简单地表明“本报讯”，不少城市日报（都市报、晨报、晚报）等甚至省略了传统的消息头（电头），要么把记者的姓名放在标题下，要么放在新闻的结尾了事。这不是规范的做法。

▲导语

要想写好一篇消息，拟好准确恰当而精彩的标题后，仅仅通过了第一关。柏拉图在《理想国》中写道：“开头是工作中最重要的部分。”[①]

新闻的开头被称之为导语。记者写作一篇新闻时，得把一半甚至更多的时间花在构思导语上。

导语写好了，消息写作就成功了一半。因为躯干部分是围绕导语展开的，是对导语的补充和延伸。上述案例《海明威请求扒手归还钱包》就鲜明地体现了这一点。

导语里说：海明威向扒手呼吁归还他的钱包，这是上星期在马德里看斗牛赛时被窃的，钱包里有150元美金。受众看完导语后心里会疑惑：海明威堂堂一个大作家并不缺钱，不过区区150美元丢了，至于这样兴师动众吗？

在主体部分，记者层层剥笋揭开了谜底：他说那个钱包是他的儿子帕特里克送给他的礼物。喔，原来如此，在乎的是钱包，有纪念意义的礼物。随后又疑惑：帕特里克是他哪个儿子？为何海明威如此看重他送的钱包？别急，新闻说：帕特里克是东非坦噶尼喀殖民地的职业猎手。喔，原来不是他的亲生儿子，海明威如此重视，可见这个钱包确实珍贵。

海明威是通过什么途径向扒手喊话的？在《人民》报广告上声明。说了些什么？海明威说：“我请求你寄还我的皮夹，里面有圣克里斯托芬的圣像。至于里面的9000比塞塔（150美元）是你的技巧应得的奖励。”读完最后一句，我们会恍然大悟：哇，海明威在乎的不是钱，是钱包和里面装的圣克里斯托芬的圣像！他许诺把钱作为奖品给扒手，呵，他抛了一个诱饵，真聪明！

---

①（美）梅尔文•门彻著，展江主译：《新闻报道与写作》，北京：华夏出版社，2003年版，第128页。

试问，如果不是导语中出现了海明威这样的名人和他呼吁扒手归还钱包留下的悬念吸引着我们，我们会迫不及待地想揭开谜底吗？

啊，这就是导语！它吸引受众赶紧读完这篇新闻。李希光认为："好导语能引起读者注意力和兴趣、推动读者阅读、引导读者提问。"①

看了这篇案例，我们知道了：导语是新闻开头的第一段！也对也不对。何以见得？作为新闻特有的标志，一般导语就是第一段，但也有复合式导语，可以是开头前两段或前三段。

怎么写导语？梅尔文•门彻（Melvin Mencher）在《新闻报道与写作》中这样提醒新闻人："导语的句子通常只包含一个思想，而且为清楚起见，遵循主—谓—宾的句子结构。它应该不超过35个单词。"②

梅尔文•门彻将导语分为两类：直接式导语和延迟式导语。所谓直接式导语（用于突发性新闻），"这种导语能够立刻告知读者或听众报道中最重要的内容。它通常用于突发性新闻事件"。而延迟式导语（用于延缓性新闻）"通过暗示报道的内容，引导读者或听众走进报道。通常用于特稿"③。

李希光教授也将新闻导语分为两类：硬新闻导语（关系到国计民生和人们切身利益，时效性极强的事件报道）和软新闻导语（人情味故事，提供教育性和娱乐型信息），与梅尔文•门彻的分类相似。硬新闻和软新闻是以新闻与读者的关系来分类的，它们分别相似于以新闻的时间性分类的突发性新闻和延缓性新闻。李希光认为："硬新闻的第一段，通常不超过50个汉字，开门见山地展示新闻中最有价值的内容。软新闻的导语处理相对灵活。"④

好的新闻导语准确、简洁、具体、鲜活、生动，是对新闻事实精华的浓缩，具有可读性。

导语要简明扼要。美联社对导语写作要求非常严格，规定不超过35个字，其经典的导语是1949年8月14日刊发的消息《日本宣布无条件投降》，导语翻译成中文仅5个字"日本投降了！"，其感叹号用得也十分巧妙，将人们的欢愉之心表达出来了。2009年台湾《自由时报》记者黄明裕写的消息《重蹈覆辙？》（见同年9月1日《参考消息》）模仿了美联社的经典导语："新流感如星星之火烧了起来！"

类似的直接式导语多见于突发性新闻，新闻价值重大、时效性紧迫，它直截了当、开门见山、一语中的。一般倒金字塔结构的消息采用此类导语多。突发性

① 李希光、孙静惟、王晶著：《新闻采访写作教程》，北京：清华大学出版社，2011年版，第147页。
②（美）梅尔文•门彻著，展江主译：《新闻报道与写作》，北京：华夏出版社，2003年版，第126页。
③ 同上。
④ 李希光、孙静惟、王晶著：《新闻采访写作教程》，北京：清华大学出版社，2011年版，第101页。

新闻是“易碎品”，时间一定要新鲜。

导语要简洁，还要有魅力，让受众扫一眼就怦然心动，目不转睛，忍不住要接着读下去，直到读完整篇新闻才释然，这样的导语就成功了。

在消息写作中，导语是体现记者新闻素养、思想智慧、创新精神和新闻专业主义写作技能的“试金石”。英国《泰晤士报》2009年9月3日刊登驻北京记者马珍采写的消息《北京除“四害”迎国庆》，其导语为：

蚊子、老鼠、苍蝇和蟑螂可得小心了！中国正在采取行动消灭你们。由于担心它们会破坏共产党执政60周年庆祝活动，北京决定消灭市中心的这些害虫。

这条导语多么生动！采取了拟人的手法，将一条平淡无奇的新闻写活了，饶有趣味。

这种导语被称之为间接式导语，也叫延迟式导语，注重的是趣味性和可读性。它能体现记者的知识修养、新闻素养和写作个性化风格。

2012年3月24日《参考消息》选自德新社的新闻《“爱的轰炸”：以伊民众网上示好》导语令人拍案叫绝：

尽管他们的领导人威胁要作战，以色列和伊朗人民已经在轰炸对方了——用爱。

跌宕起伏，回味悠长的好导语！先设置悬念——山重水复，突然峰回路转揭开谜底——柳暗花明。

精彩的导语是有个性的，它能体现记者深厚的文化积淀。2011年11月29日香港《亚洲时报》新闻《中国寻找幸福》的导语显示了记者安托阿内塔•贝克尔对中国文学的熟稔。

周作人曾经写道，要体验中国的风情，应该坐在一艘小木船上，缓缓在河上漂流，将周围景物尽收眼底。但是乘坐中国最先进的高速列车抵达上海的经历无疑表明，慢悠悠的小船再也不是体会今天传奇中国的恰当方式了。

类似有文化品位的导语还有：

在自己1975年的流行金曲中，美国歌手保罗•西蒙告诉全世界的断肠人：离开爱人的方法有50种。中国企业家顺应21世纪的生活苦恼增添了第51种——花钱让陌生人替你办。

这是《澳大利亚人报》网站2011年9月8日新闻《中国网站让人花钱请陌生人传递分手消息》的导语（同年9月9日《参考消息》）。

间接式导语采用描写场景的形式具有视觉效果。2012年6月4日人民网记者霍蒙、寇凝采写的消息《乌鲁木齐3人开大货车装煤遇地陷　瞬间被煤吞噬》的导语准确、具体、形象、生动简洁：

不到5平米的狭小办公室里挤了十余人，在妻子的哭声中，贺坤两眼无神地呆坐着。窗外下起雨，妻子的哭声变成了哀嚎：“老天爷，不要下雨，我的儿子还没救出来呢。”

美国杰出的报人克劳伦斯•巴荣认为“开头重于一切”。他告诫说：“开头重于一切。修改30次，最后第31次的尝试，选出流畅完美的一段来。”[①]

我们在媒体中常见的新闻总是把时间要素放在开头，这显然是机械、刻板的做法。新闻五要素中哪个要素放在开头并非如此死板，而是具体情况具体分析，哪一个要素在一篇新闻中是最为重要的，就把它放在开头。

消息写作的难点在于如何从庞杂的材料中迅速理出头绪，准确地甄别出最有价值的新闻要素，将其写入导语中。把所有五个要素都放在导语里或者将主体中呈现的部分事实先搁在导语里说显然会导致冗长。一般用一个或两个最重要、最有价值、最容易引起受众兴趣的要素，其他要素在随后的主体部分或者结尾部分交代。

《江淮晨报》2012年12月21日消息《安徽医科大学生疑因感情纠葛持斧砍死学弟》（标题可改为《安徽医科大学生持斧砍死学弟》）的导语是：

昨日上午7时45分左右，安徽医科大学老校区图书馆6楼北侧发生命案，一名在此上自习的大四男生被学长用斧头砍死。凶手已被警察带走，调查行凶原因。警方随后发布消息称，凶手为报复死者，携带斧头在图书馆等其到来学习时作案。该校同学推测，或因感情纠葛引发悲剧。

该导语长达123字，原因在于将本该在主体中叙述的事实也放在了导语里，缺乏对主要事实的提炼。导语里应该用最精炼的文字呈现全篇新闻中最重要的事实。其实，用35个字就足够了：

安徽医科大学老校区一名男生昨日上午被学长用斧头砍死，凶手已被警察带走。

如今，在国内城市报纸的版面上，类似于上述新闻导语的写作比较多见，动辄100字左右，这反映了记者的新闻素养不足，主要根源在于媒介的指导思想有欠缺。

美国记者亨利•费厄利深有感触地说：“写作导语能够集中记者的智力，迫使记者决定新闻中什么是重要的，他想强调什么；同时，记者写作导语时就能最终确定新闻的其余部分是什么样子。”

需要提醒的是，纵使延缓性新闻（软新闻）的时效性也不能“千呼万唤始出来”，如同苏东坡讥讽苏小妹“脸长”的诗“去年一滴相思泪，今年方流到腮边”那样缓慢。

不管是突发性新闻还是延缓性新闻，尽量不要用“最近”“近日”“不久前”“前不久”“连日来”“一段时间以来”“今年以来”等含糊不清的时间。尤其是最后两种时间表达法，让受众云里雾里，搞不清新闻究竟发生在何时，读

---

① （美）弗朗西斯•迪利著，张连康译：《华尔街日报》，北京：企业管理出版社，1999年版，第24页。

这样的新闻如同丈二和尚——摸不着头脑。

中国1976年发生的唐山大地震具体死亡人数242000多人、重伤164000多人是在地震发生三年之后才报道的，被美国密苏里大学新闻学院列为“迟到新闻”的经典案例。

▲主体（躯干）

躯干部分到结尾是对新闻导语提及但不具体或者没有顾得上提及要素的展开、补充和完善，材料的逻辑顺序应严谨清晰，按照受众的阅读心理和阅读兴趣依次呈现。

明代的徐师曾在《文体明辨序说》中这样论道：“夫文章之有体裁，犹宫室之有制度，器皿之有法式也……苟舍制度法式而率意为之，其不见笑于识者鲜矣，况文章乎？”可见，写作的体式是有一定规范的。

主体是继导语之后的部分，一般而言，它比导语占有更多的段落。因为导语只是把最精彩、最重要的事实简明扼要地告诉受众，接下来记者得把导语中没有说透的要素一一完善使之清晰、具体，把导语中有意忽略的要素补充呈现，这就该主体登台亮相了。

主体可以有比导语更为丰富的段落和更为广阔的叙事空间，它像人体的躯干一样或线条优美或伟岸健硕。

当然，主体部分文字叙述的容量大并不意味着可以平原跑马，任意驰骋了，新闻毕竟要受制于其文化属性——简约。

主体部分的写作一般根据新闻结构来确立，围绕导语来安排组织材料：

1．按照故事自然演进的时间顺序写。

刘翔摔了，大伙哭了！

2012年8月7日 20:43 来源：新华网

新华网成都8月7日奥运专电（新华社记者 史春东）这是街头上最普通不过的场景，路人驻足看电视转播。这是令人伤心的场面：刘翔摔了，大伙哭了！

下午5点半，成都宏济新路招商银行门市铁栅门落下，营业厅内的电视机正在转播伦敦奥运会男子110米栏的预赛实况。记者与其他几个最后办完业务的客人都不愿意走出大门，干脆围在电视前看转播。银行工作人员见此况也“破例”留客。下班的银行工作人员都没有走开，铁栏门外的玻璃门前也站满了路过的行人。

刘翔站在起跑线上，银行营业厅内外的人兴奋起来了，叽叽喳喳地说开了：“跑第一没问题。”“翔哥很轻松哟。”“伦敦天气怎么这个样子？”

枪响了。一身红的刘翔冲出去了。刘翔第一个跨栏就因打栏被绊倒了！几乎同时，坐在营业厅里的观众全从坐椅上“跳”了起来，一起发出“哎呀”的惊叫。“天呀！”“怎么办？”“翔哥还没有站起来，怎么没有人帮助他一下呢？”

当刘翔用单脚跳到终点时，人们鼓起了掌！厅内好几个客人都在抽泣。记者看了一下四周，不少人眼睛都是红红的。不知谁说了一句：“真没有想到刘翔会用这个方式结束伦敦奥运会。”

人们叹着气离开了银行的营业厅，刚才还热闹得很的大厅突然安静下来。

这是一篇运用了镜头语言采写的新闻特写，它截取新闻现场的一个片段，用白描语言对场景进行了精确描写，呈现了画面感，生动形象。它的导语突出了新闻五要素中的“发生的事情”（what）：刘翔摔了，大伙哭了！它的主体部分就围绕着这个要素，按照新闻发生—发展—高潮—结束这样的顺序来写。如果不这样写就跑题了。当然，其有些文字表述还可更凝练、更准确。

金字塔结构和沙漏结构（倒金字塔+金字塔结构）的消息主体写作按照这样的流程。对于情节复杂的故事，这样写的好处是适应受众接受信息的思维习惯，从开始到结束，容易理解。电子媒体最常用这种主体结构。

2．按照由重到轻的逻辑顺序来写。

“美国派”

2012年8月16日 10:09 来源：《参考消息》

路透社华盛顿8月14日电 周二，随着美国人口达到了一个在数学和人口统计学意义上极为罕见的里程碑，现在要说出美国的人口数量就像背出圆周率那样简单。

美国人口普查局说，截至美国东部夏令时间下午2时29分（格林尼治时间18点29分）过一点，美国人口已经达到3.14159265亿，或者说刚好是圆周率的1亿倍。

圆周率，或者说3.14159265，是一个数学常数，定义为圆形之周长与直径之比，通常近似为22/7。

人口普查局首席人口统计学家霍华德•霍根在一份声明中说：“这是一个几辈子才会出现一次的事件……所以，让我们一起来庆祝这个‘美国派’吧！”

声明说，这个圆周率里程碑对于“数理统计学家来说极富意义”。

这条新闻的导语概括了新闻的主要事实，把最重要的事实放在了开头，是一种倒金字塔结构，它的主体就必然会按照“最重要事实—较重要事实—次重要事实—最不重要事实”这样的逻辑结构来写。

导语中交代了“时间”（周二）、“发生了什么事（美国人口达到了一个在数学和人口统计学意义上极为罕见的里程碑，现在要说出美国的人口数量就像背出圆周率那样简单）”这两个要素。接下来的主体结构只能按照倒金字塔结构来组织：从哪里获得的消息来源？事件发生的精确的时间？美国人口统计最新的精确数字？提供圆周率的新闻背景？权威专家如何评价这个巧合的数字（直接引语）？

3．运用“跳笔”，段落简洁、节奏明快、高效清晰地传播有价值的信息。

诺贝尔文学奖得主莫言在瑞典举行讲座

2012年12月9日　来源：《参考消息》

“中央社”台北12月8日电　2012年诺贝尔文学奖得主莫言于瑞典当地时间7日举行讲座。英国广播公司中文网报道，瑞典文学院主办的这场文学讲座，被认为是诺贝尔颁奖周最重要的活动之一。

讲座题为“讲故事的人”，莫言身着灰色中山装，讲述3个故事，主题围绕母亲对他的影响。瑞典文学院大厅座无虚席。莫言演讲完毕，全体起立鼓掌。

莫言演讲中似乎想透过一个个故事传递某些信息，但又不直接回答外界对他的质疑。

莫言说：“世界上还没有一个作家，能让所有的读者都喜欢他。在当今这样的时代里，更是如此。”

莫言还指出：“当众人都哭时，应该允许有的人不哭。当哭成为一种表演时，更应该允许有的人不哭。”

他最后说：“我是一个讲故事的人。因为讲故事获得了诺贝尔文学奖。”

简约的段落、清晰的结构、快节奏的叙事、丰富的信息是“跳笔”的显著特点。

以叙述为主适当穿插直接引语，以镜头语言描述场景，以曲折起伏的故事情节为骨架，以生动形象的细节为支撑点……这就是主体写作的特质，它让新闻要素清晰、准确、生动、可感地呈现出来，事件的来龙去脉、人物的命蹇时乖，从发生、发展、冲突到高潮，令人着迷、关注、感叹，一波三折。

4．用小人物的逸闻趣事作为故事的起点和终点，以点带面，避免枯燥乏味的数据堆砌，使宏观主题的新闻变得可亲可近。

中国寄希望于保障房承诺

2011年3月10日 16:25　来源：《参考消息》

路透社北京3月7日电　30岁的张欣媛（音）在北京一所名牌大学任教，她是中国日益壮大的中产阶级中的一员。但小张8万元的年收入并没有追上节节攀升的房价。

中产阶级以及收入更低的城镇普通居民对房价越来越不满，这就促使政府推出一系列保障房计划。但这些计划充满了不确定性。

张欣媛说："保障房计划让我有了一些买房的希望，但切实拿到房子的机会还是比较小，因为政府对什么样的人可以住保障房规定了非常严格的标准，而且手续非常复杂。"

保障性住房成为中国今年人大会议的热点议题。这表明中国民众与媒体对住房问题的不满已经很普遍了。

去年，中国官员承诺建造500多万套保障性住房。

中央政府将保障性住房看成一项"政治任务"，而且说那些无法完成建设目标的地方官员将被降职。但也有分析师怀疑政府是否有能力造出那么多保障房。开发商不愿为低于市场回报率的利润开工建房，黄金地块仍然被用于商业利润丰厚的项目。

这篇消息借鉴了华尔街日报体的文风，用小人物的逸闻趣事做引子，把非事件报道写得富有人情味。

倒金字塔结构、倒金字塔结构+金字塔结构、金字塔结构、华尔街日报体的主体写作各不相同，但总体上目标一致：为主题服务，围绕导语展开故事，让新闻事实全面、准确、清晰、生动地呈现。

▲结尾

消息中比较常见的结尾多数是自然结尾，即故事叙述完了，事实讲清楚了就自然而然结束。此外，还有用新闻背景和直接引语结尾的。

1. 自然结尾：

记者随后联系了汕尾市交警支队的相关负责人。负责人告诉记者，从服装上判断，拔抢男子确实是交警，至于是否是陆丰当地的交警，当时因为什么原因拔抢，拔抢是否合理，还在进一步调查中。该负责人表示，陆丰交警将会在今日公布调查结果。《汕尾交警闹市因堵车拔抢？》（2013年4月7日8:54　来源：《南方日报 》）

2. 以交代新闻背景结尾：

他的主要作品包括《丰乳肥臀》《蛙》《红高粱家族》《檀香刑》《生死疲劳》《四十一炮》等。其中，《红高粱家族》被译为20余种文字在全世界发行，并被张艺谋改编为电影获得国际大奖；长篇小说《蛙》2011年获得第八届茅盾文学奖。《中国作家莫言获2012年诺贝尔文学奖 》（2012年10月11日　21:35　来源：新华网）

3. 以直接引语结尾：

黄怒波投资冰岛引发的喧嚣凸显了中国投资者在海外面临的猜疑。55岁的黄怒波说，全球媒体的反应令他感到沮丧。他说："我只是个商人……为什么每个

人都认为我背后有政府的支持。”《中国和世界：冷遇》（2011年9月4日）来源：《参考消息》

（注意引语的省略号，作者为求简洁，仅选择了当事人表达情感色彩的关键句子。）

▲新闻背景

消息还得对专业术语做通俗的解释，对于一般人很少听过或者从未听说过的新鲜词语或者知识，记者都得做出简要的、形象化的说明和解释；另外，新闻的后续报道中还要简要引用之前报道的事实作为来龙去脉，这种铺垫可使第一次阅读新闻的受众也能看懂新闻并领会报道的价值。新闻中所含有的所谓“解释（说明）”和“旧事实”内容就是新闻背景。目的就是让所有接受信息的受众都能毫不费力地理解新闻报道。这是新闻作为文化快餐的一个特点。

不要认为你知道的知识或事实受众也必然知道，你要站在受众的角度考虑如何写好新闻，因为接受新闻的是受众。

新闻能满足受众的求知愿望，而背景恰恰能够“润物细无声”地传播知识。中新社2007年9月23日消息《3匹国外引进汗血宝马在京亮相》多处提供了新闻背景，其结尾是：

中国马业协会养马专家表示，“汗血宝马”本名叫“阿哈尔捷金马”，产于土库曼斯坦绿洲地区，是经过3000多年培育而成的世界上最古老的马种之一。“汗血宝马”奔跑速度快，耐力强，常用作长距离的骑乘马以及跳跃和盛装舞步马，目前在国际上的售价最高可达千万美元。

新闻背景告诉受众这件事情的前因是什么，让受众轻而易举地看懂新闻。2010年11月20日中国广播网新闻《中国遇袭轮船船长称共击退海盗5次攻击》提到了船员自卫的武器是“钛雷”，“钛雷”究竟是什么“武器”？在百度搜索时发现，很多网友提出了相同的疑问：钛雷是什么东西？百度一下，找到相关网页约15600篇，时间都是因为上述新闻报道提到“钛雷”之后，因为报道中缺乏相关新闻背景，受众无奈之下，只得上网求助。最后才搞清：原来钛雷就是一种礼花炮。

新闻背景还能提升新闻的价值，深化新闻主题。它让受众明白你为什么要写这个人或这件事。比如你如果报道一个小人物某一天为几个贫困孩子捐款数百元，可能受众会觉得奇怪：捐款数额不多值得报道吗？如果在新闻背景里提到他常年靠拾荒生存，连续30年资助家庭困难的学生，受众就不会再有疑惑了。

背景还隐含了记者的观点，所谓“不着一字，尽得风流”。

阿尔巴尼亚劳动党中央政治局委员谢胡“自杀身亡”

1981年12月19日　来源：新华社

新华社北京12月19日电　据阿通社报道，阿尔巴尼亚部长会议主席穆罕默德•谢胡12月18日凌晨自杀死亡。

这一消息是阿尔巴尼亚党政领导在18日晚发布的一项公报公布的。这项公报说，谢胡是在“精神失常”时自杀的。

在这之前，阿通社在12月17日曾经发表了谢胡在地拉那接见罗马尼亚政府贸易代表团的消息。

谢胡自1948年出任阿尔巴尼亚劳动党中央政治局委员，1954年起任阿尔巴尼亚部长会议主席。

这条新闻的第三自然段和第四自然段都是背景。第三自然段很重要，它与导语和躯干的第一部分（即第二自然段）官方的说法形成对比，暗示受众谢胡“自杀”可疑，记者客观地把事实呈现出来其实隐含了自己的疑问和观点。结尾也是背景，引用了旧的事实，目的在于让不熟悉穆罕默德•谢胡的受众能够清晰准确地理解新闻，把握新闻价值。

▲引语与消息来源

引语分为直接引语和间接引语。以下三篇同题消息揭示了使用引语的特点：

朝鲜建议所有外国使馆撤离

2013年4月6日　7:23　来源：新华国际

【韩联社首尔4月5日电】据俄通社•塔斯社发自平壤的消息，俄罗斯驻朝鲜大使馆负责媒体的官员透露，朝外务省5日就韩半岛紧张局势提议，撤回俄罗斯大使馆工作人员和朝鲜境内其他俄罗斯团体相关人士。

朝鲜向其他国家驻平壤大使馆也提出撤离朝鲜的建议。

【俄罗斯之声电台网站4月5日报道】由于朝鲜半岛局势恶化，朝鲜外务省建议俄罗斯考虑撤离俄使馆工作人员的问题。

俄罗斯驻平壤大使馆新闻专员萨姆索诺夫对国际文传电讯社说：“4月5日，朝鲜外务省代表建议俄方，由于朝鲜半岛局势恶化，同其他国家驻朝使馆一样考虑撤离俄罗斯使馆工作人员的问题。俄方关注此建议，目前我们正在作决定。”萨姆索诺夫说：“我可以向你们保证，当前平壤局势平静。看不到处于紧张状态的人们。此外，今天是平壤的休息日，没有什么异乎寻常的情况。”

俄外长拉夫罗夫周五在塔什干表示：“（撤离）建议发给了所有驻朝使馆。”

【路透社莫斯科4月5日电】据俄罗斯媒体报道，俄罗斯外长拉夫罗夫5日说，俄罗斯正就朝鲜提出的使馆撤离的可能性与美国、中国、韩国和日本保持密切联系。

“这一提议是对在平壤的各使馆提出的，目前我们正努力理清形势。”国际文传电讯社援引拉夫罗夫的话说。

第一条新闻使用的是间接引语，其优点是概述了新闻来源的原话，比较简洁。第二条新闻使用了六句直接引语，成为消息的主体和结尾。其优点是真实性、准确性比间接引语好，而且使叙述语言与引用的口语相协调，呈现语言表达的多样性，活跃了文风。通过直接引语，还可以感觉到说话人的性格特点和职业特征等潜在信息。该新闻提供了第一条新闻所忽略的信息，即朝鲜局势平静。第三条与第一条的信息量相似，比较简短，仅使用了一句直接引语。

使用直接引语要注意的几点：1. 要原汁原味地使用，不要凭借想象编造，不要断章取义造成歧义；如果说话人遗漏了关键字词影响受众理解，记者写作时可以补全，但要加括号，以便受众识别。2. 引用要简洁，要善于选择，一般选用新闻当事人的独特观点、对现场细节的描绘、可形成报道证据链的关键表述、个人情感的表达、性格特色的流露、别有含义的陈述等。3. 对直接引语要加上引号。

新闻离不开消息来源。要清楚地交代是谁告诉你的信息，他的职务、职业、性别、年龄等。除非把这些信息透露后会给其本人和家庭带来烦恼或麻烦，当事人出于个人隐私保护提出要求，记者不得已而用匿名。

上述《朝鲜建议所有外国使馆撤离》的新闻只用了一个信源，消息可以这样做，只要这一个人（公众人物）说的话有新闻价值。以下这条新闻运用了五个消息来源，因为突发事件报道需要及时报道，而事故原因需要时间调查，怎么办？多信源能够保证新闻客观、真实、准确、平衡，为记者跟进报道，最终还原事实真相预留了空间，不会损害记者的声誉和媒介的公信力。

德国溜冰场顶部坍塌至少10人死　仍有人被困

2005年1月3日 来源：中国日报

中国日报网站消息：截至1月3日凌晨，德国南部此前一天发生的溜冰场顶部整体坍塌已经造成至少10人死亡，救援人员仍在努力搜寻失踪人员。

据美联社报道，坍塌事故发生在当地时间2日下午4:00，地点位于靠近奥地利边界的阿尔卑斯山小镇巴特赖兴哈尔。事故发生时，当地正下着大雪，因此救援工作曾一度受阻。

当地政府发言人确认，已经有至少10人在事故中丧生，其中包括4名儿童；此外还有一些人失踪，但不清楚具体人数。

警方官员此前曾宣布，大约30至50人受伤，其中19人被送往医院。

相关部门正在调查溜冰场顶部坍塌的原因。消防部门官员曾表示，房顶可能是被厚厚的积雪压塌的。（婧远）

如果一件事暂时没有权威的解释或存在着争议，你需要多采访目击者或知情者，最好是第一目击者或知情人，至少引用两个人的信息来源以构筑完整的证据链，杜绝新闻失实。对事故原因的权威分析认定很重要。对于重要事实的意义进行评述也需要引用多个信源（借他人之口）、多角度评价（正面的、反面的）才显得客观、平衡。

人大代表称将在全国两会呼吁引进“鞭刑”

时间：2013年1月30日　来源：南方新闻网　整理：南都记者刘黎霞

刑事犯罪高发怎么办？如何对犯罪嫌疑人形成长期的威慑力？列席省人代会的全国人大代表陈伟才昨日贡献了一个建议：引进新加坡的“鞭刑”。他表示，还将在今年的全国“两会”上提出这一呼吁。

“根据违法程度接受不同鞭数”

昨日在省人代会分组讨论中，全国人大代表、广州市公安局政治部人事处处长陈伟才指出：“目前全市刑事案件高发的态势跟全国形势吻合，比较处于高位。”他认为，要用“严刑峻罚”来解决这一问题。

“新加坡现在有鞭刑，我觉得这个鞭刑好。”陈伟才介绍，新加坡的鞭刑对男不对女，具体就是将受刑男性摊在架子上鞭打臀部，“藤条先泡几天，拿出来打，由鞭刑师来打”，根据不同的违法程度接受不同鞭数。

“比方说要惩罚是六鞭，有些接受两鞭就晕倒了，晕倒没问题，你再回家，未来半年你再接受另外四鞭，让他半年里面只能疼得难受，老想着那两鞭就把他晕倒了，接下来四鞭怎么接受，怎么去打呢？接下来过了两个月继续去打，没办法，这辈子是要打完的，如果又晕了，再过半年来（完成剩下的鞭数），永远给他震慑，让他不敢去违法。”

“将在全国两会呼吁引进鞭刑”

陈伟才说，中国的刑法虽然严厉，对严重的暴力犯罪采取死刑，但这只是其中一个方面，不足以让犯罪嫌疑人形成长期的威慑力，相较之下，鞭刑能起到长期震慑的效果。陈伟才表示，他会在即将召开的全国两会上呼吁中国引进鞭刑。

听罢此言，全场爆笑。有代表附议：几个月太短，干脆延长到几年内完成这几鞭，时间拖得更长，会形成更大震慑力。

陈伟才还给代表们讲起一个笑话：新加坡的女孩子以前找对象，就悄悄地看男士有没有被鞭过，一看就知道（他是犯过事的），但这又发展到另外一个笑话，（就是）后来发现被鞭过的男士“是个好东西，他不敢再犯罪，他见识过”。

2010年全国“两会”上，陈伟才在提到手机短信诈骗泛滥的问题时，曾建议全国人大推动实行手机实名制，要求普通用户到电信部门入户时，必须出示身份证，提供本人的有效信息，电信部门按用户真实身份进行入户登记。

“无条件”的反对

历史倒退有违法治精神

@民警心无尘6：真这么说的？不可！与法治精神、保护人权的要求相悖，惩罚与教育相结合是我国刑罚的原则！

@西瓜脸哥哥：肉刑是刑罚制度落后的表现……

@浮沉的兄弟1987：擦，这绝对是馊主意。想回到古代啊……

@吃丸子不：呵呵，就怕最后不知道都打谁身上了。有事先来两鞭，看你以后还敢不敢有事。

@潇洒小不懂：什么样的犯人才要用鞭刑？请解释。假如你被误认为是小偷被抓了，警察逼供鞭刑，你招吗？

@芋头老参：不要以为新加坡的东西什么都是好的，对人的尊严的践踏有啥可学的？要是真想那样，不用舍近求远了，咱们老祖宗给犯人脸上刺金印的手段是否也应该恢复呢？还全国人大代表呢，连文明和野蛮都区分不了！

“有条件”的支持

贪官酷吏不鞭不行

@挡不住一片天：好主意！如果一视同仁就可以！帮中国人改改陋习和劣根性。

@笑如夏葵：赞成引进鞭刑，但仅用于杀人、强奸、抢劫还有贪污腐败等引起人民公愤的恶性案例，特别是贪污腐败不鞭不行。

@作家宋耀辉：中国应该对贪官酷吏使用鞭刑。

@烹炒煎炸：其实这种做法只是观念不同而已。他依靠的是行为主义条件反射的原理。这个还能接受。

以上这条新闻体现了网络传播时代的特点：网友的帖子、微博等可作为新闻来源。不过采用这种快捷方便的信源来写作需要谨慎。类似的还有电话采访，它们不能取代传统的现场采访、面对面采访。通过现场采访、面对面采访比上述间接获取材料有更高的可信度、更丰富的信息量，还有交流过程中体现出的人情味，这些交流中观察捕捉到的微妙信息会充实你的报道。

对于有争议的事实，记者应站在中立立场，客观真实全面地报道，力求平衡、公正。《今日美国报》2012年5月28日刊登的记者卡勒姆•麦克劳德采写的新闻《“舌尖上的中国”忧心食品安全》（见《参考消息》 同年5月30日）的结尾就客观地呈现了两种观点：

吴恒在食品安全的问题上是一个乐观主义者。身为历史系硕士生的他谈起中国能否克服排山倒海般的食品安全问题时很有信心。

但不是人人都能有这种信心。65岁的退休老者张斌逸（音）说：“我看了《舌尖上的中国》，我们全家都很喜欢这个纪录片。但我们都不相信现在的食物能有这么好。我认为无毒食品只能存留在我们记忆当中了。”

在当今融合媒介传播时代，人们的思想和观念趋于多元化，对于复杂的现象，只讲“一面理”不如说“两面理”更容易说服受众。记者站在客观中立立场上，不偏不倚，保持平衡的报道理念是一种提升新闻传播效果的写作技巧。多信源是新闻客观性准则的体现。

▲新闻语言

在新闻写作中，最常见的问题是语言不精炼，特别是习惯于用空话、套话，爱堆砌修饰词。

凤凰网2011年4月23日在显著位置转载了清华新闻网一条长达1900多字的消息《朱镕基到访清华以亲身经历教导学生讲真话做实事》，这是一条硬新闻，新闻价值重大，但这条新闻的语言有套话（可查阅互联网）。

导语中连用了两个“亲切”，即“亲切聚会”和“亲切座谈”。这是新华体的文风，耳熟能详，但听多了已经令人没有感觉了。这些词语带有记者个人的感情色彩，违反了消息写作应恪守客观、中立、公正、平衡的理念。但凡领导人讲话必“亲切”，这符合常理吗？难道平凡人讲话就不“亲切”？可见，国家级媒体对时政新闻写作的负面引导有多深，一提到领导人动辄就“亲切”，这种套话能不能不用？新闻语言应该鲜活，让受众喜闻乐见。

主体部分（第二自然段）有两句话也是令人生厌的套话，如“阳春四月，水木清华，和风送暖”。每每报道国家领导人的时政新闻都喜欢用类似表达，以好天气或者树木花草等来衬托领导人的伟岸与高大形象，仿佛领导人一来，天也变了，地也变了。这不是在歌颂神明吗？类似这种叠床架屋的文学手法几乎形成了一种报道模式。这种先言他物以引起所歌颂之人的文学手法意在激发读者的联想，但它不符合新闻报道的客观性原理，而且次次都这样用，形成一种固定模式，受众也就觉得索然无味了。还有一句“久别重逢，分外激动”，能不能用细节呈现画面，凸显现场感，让读者自己去体会？美国新闻学教授克罗尔•里奇提出新闻写作要“让读者看见。令读者在乎”[①]。记者使用这种空洞的词语来概括事

① （美）卡罗尔•里奇著，钟新主译：《新闻写作与报道训练教程》，北京：中国人民大学出版社，2004年版，《译序：获奖记者是这样炼成的》。

实，缺乏表现力，读者无法感知真实的现场，自然就不会在乎。

主体部分还有这样的语汇：“一一握手，互致问候”“非常感慨”“意气风发”“亲切交谈”“深情地说”“饱含深情地对大家说”“激动的同学们在学院门口翘首以盼”“由衷地表达着”“在场师生们无不为之动容”“经久不息的掌声”“由衷敬意”“深受鼓舞”“抑制不住内心的激动”……读了这样的语言，你感受怎样？这样的时政新闻传播效果怎么会好？这么多带有主观情感色彩的语言，这么多如雷贯耳的套话空话，这么多模糊的表达……

新闻语言应该句句都是平实的话，每句话里都含有信息。

新闻语言的要求是准确、通俗、具体、简洁、形象、生动。不要用抽象的、空洞的、枯燥乏味的总结材料或者会议材料式的语言概括事实。

2007年6月18日《现代快报》消息《两人钓起99斤大鱼　鱼鳞可以平放4个一元钱硬币》就体现了新闻语言的可感性。

“当时就有人帮忙将鱼过磅，竟然有99斤！”吴先生和常先生将大鱼搬运回家后，用卷尺一量，大鱼长约1.4米，鱼鳞很大，一片鱼鳞竟可以平放4个一元钱硬币，“你看这鱼嘴巴，小孩拳头可以轻松塞进去。”吴先生笑着说。

好的新闻语言应该精确、具体、真实，让受众如临其境，仿佛看到了画面，听到了声音，嗅到了味道，令人心里发紧、眼窝发热、手心出汗……

路透社报道1959年10月1日中国国庆节的新闻《奏响“东方红太阳升”》结尾十分生动：

在游行期间，赫鲁晓夫用望远镜观看。数千名围着少先队红领巾的儿童走进了广场，一边摇动手中的深红色花朵，一边高呼“毛主席万岁”。当他们走过检阅台的时候，从他们的队伍里飞起了几百只鸽子。赫鲁晓夫先生伸手想捉住在附近飞翔的一只鸽子，但是没有捉到。

在游行队伍中有两座比毛本人要大几倍的白色塑像。

新闻报道写作最忌讳文学化的语言，如华丽的辞藻、含蓄朦胧的表述、欧化的长句。

《南风窗》（总第472期）有一篇文章《即将失控的叙利亚内战》中有一个句子是：

曾经一度抱着成为飞行员的梦想来到美国，却因叙内战爆发而当前担当总部设在伦敦的叙反对派机构“叙利亚解放联盟”负责人一职的伊马德（Emad Al-Darjazalli）对《南风窗》表示……

这一句话用word工具统计了一下，有74个字！尚且还不是一个完整的句子，我截取的仅仅是半句话！它的主语“伊马德”前的定语太多了，且用词也不够准确，令人看了头晕。

中文的特点是偏好于短句，句子短了好理解，读起来也顺溜。短句也能够准确、清晰地表达深奥的道理，不如改成：

伊马德（Emad Al-Darjazalli）是“叙利亚解放联盟”的负责人。该联盟是叙反对派机构，总部现设在伦敦。伊马德说，他曾想当一名飞行员，所以去了美国。因叙内战爆发，他改变了理想。伊马德对《南风窗》记者说……

用简单句，用动词，慎用空洞的形容词，谨防副词表现记者个人的情感偏向，语言要有表现力。

马致远的词《天净沙》不算标点仅有28字：“枯藤老树昏鸦，小桥流水人家，古道西风瘦马。夕阳西下，断肠人在天涯。”这首词含有11个具体的信息，语言通俗形象，行文简约，意象丰富，其语言运用之妙实在值得新闻人揣摩、玩味。

▲新闻结构

消息的常见结构有：倒金字塔结构；金字塔结构；沙漏结构（倒金字塔结构＋金字塔结构）。其中，最常见、使用最多的是倒金字塔结构。这种结构起源于美国内战时期（1861—1865年），因为当时电报技术不够先进、总出故障，为了保证战地记者能在最短时间里将最有价值的信息传回遥远的后方编辑部，将最重要的事实写入导语的倒金字塔结构应运而生，受到青睐。即使电报信号中断，只要有消息标题和导语，媒介就能够公开传播受众最关心的信息。

1．倒金字塔结构：

肯尼迪遇刺丧命　约翰逊继任美国总统

路透社达拉斯（1963年）11月22日电 急电：肯尼迪总统今天在这里遭到刺客枪击身亡。

总统与夫人同乘一辆车上，刺客发三弹，命中总统头部。

总统被紧急送入医院，并经输血，但不久身死。

官方消息说，总统下午1时逝世。

副总统约翰逊将继任总统。

这条简明新闻是倒金字塔结构的经典之作。导语是最重要的事实：谁（肯尼迪）？发生了什么事（今天在这里遭到刺客枪击身亡）？第二自然段到第四自然段是消息的主体（躯干），分别是较重要事实—次重要事实—重要事实。结尾是最不重要事实。主体与结尾围绕导语延伸和补充新闻要素：总统当时和谁在一起（夫人）？他们当时在干什么？具体在何处（同乘一辆车上）？枪击具体信息（三弹）？中弹部位（头部）？抢救是否及时（被紧急送入医院，并经输血）？抢救持续了多久（不久身死）？死亡信息的来源是否权威（官方消息）？去世的精确时间（下午1时）？谁继任总统职位（副总统约翰逊）？这些围绕导语而展开的事实其实与受众的心理和关注点契合。

倒金字塔结构的优势是：受众看标题和导语就知道了新闻最重要的事实。其结构按照事实重要性依次递减的逻辑顺序，便于编辑根据版面或电子媒体节目时间的限制从结尾开始逆向删节。如果版面或节目时间紧张，上述新闻仅保留标题和导语即可传播最重要的事实。换句话说，所有采用倒金字塔结构的新闻，其标题可以构成“一句话新闻”，导语可以是一篇简讯，因为新闻标题也好，导语也好，都概括了整篇新闻中最核心的要素。

2. 金字塔结构：

金字塔结构与倒金字塔结构相反，它按照时间顺序来安排事实，事件的开头就是消息的开头，事件的结尾就是消息的结尾，也被称之为时间顺序结构。世界上早期的新闻写作大多用这种时间顺序结构方式写消息，叫编年体式。该结构叙事不够简洁，重要事实不够显著。要想吸引人，应使用醒目的标题和生动的语言，组织好情节。

印尼5名男子被一群老虎困树上4天　另1名同伴已被吃掉

2013年7月8日 4:36 来源：人民网

人民网7月8日电　6名来自印度尼西亚亚齐地区的男子最近深入热带雨林寻找珍贵的沉香木。为获得食物，他们在树林中设下陷阱，希望能捉到一头野鹿。不幸的是，一只小老虎落入陷阱身亡。

英国《每日邮报》称，正当这几个人面面相觑时，树林中出现了四只暴怒的成年老虎。虽然几个人拔腿就跑，但仍有一人被老虎咬死吃掉，其他人则爬上大树逃命。尽管四天过去了，老虎们不依不饶，仍拒绝离去。

当地警方称，的确接到了有人遇险的报告。为确保救援人员安全，加上老虎们仍在现场活动，他们最早本周三才能抵达事发地点。这样看来，那几个印尼男子恐怕还要在树上再“多熬几天”了。

警方担心，这几个遇险者可能会因为精疲力尽而摔下树来，并成为老虎的美餐。另外，当地出产的苏门答腊虎可能会爬树，这恐怕也会给树上的男子带来威胁。为保护濒临灭绝的老虎，救援人员恐怕只能使用麻醉枪。（高轶军）

一般而言，除非新闻本身的情节有戏剧性或者极富有人情味，只要按照事件发生的顺序写出来就吸引人，可以采用金字塔结构，它符合传统文学的叙事，高潮往往在结尾。这种结构因为要等到看完结尾才知道事情的结果，挑战受众的耐心。突发性新闻通常不会采用这种叙事结构。

3．沙漏结构：

沙漏结构（倒金字塔结构+金字塔结构）如前所列《刘翔摔了，大伙哭了！》。导语先交代最要紧的新闻要素，通常是“结果”，主体部分写作按照事件发生的时间顺序。

综上所述，如果把新闻分为“突发性新闻”和“延缓性新闻”这两类的话，前一类最适合使用倒金字塔结构。因为突发性新闻中的突发事件属于不可抗拒的或意外的天灾人祸，受众关注度高，新闻价值大，必须注重时效性，要突出一个字“快”，广电媒体和网络媒体的报道最好与事件同步。记者只要熟悉了这种写作模式，就可以快速完成写作，编辑也可以快速完成审稿，迅速通过媒介向受众传播。这种刻板的模式有助于新闻媒介以标准化的流程完成新闻产品的快速生产。简洁、易读是其鲜明的优点。

当然，倒金字塔结构的缺点也是十分明显的：形式比较呆板，导致媒介产品的模式化，记者不得不“戴着镣铐跳舞”。

新闻写作需要记者练就高超的技巧，成为戴着镣铐创新的人，在方寸之间显示高明的舞技。

“延缓性新闻”顾名思义，指本身具有新闻价值可以缓发的信息，同时，也指部分因新闻延缓而造成的与读者见面很晚的信息。其时效性不如突发性新闻那样追求“快”，但仍要及时传播。

（四）新闻写作中常见的失误

1．无信源或信源模糊。

交代新闻来源是新闻写作的规范化要求，也是保证新闻准确、客观、真实的规则。在我们的媒介上经常可以看到如下这样的新闻报道：

苏州：男子二楼坠落　自称为躲避两女子“求欢”

2012年9月27日 来源：《姑苏晚报》 作者：叶永春

昨日上午，苏站路新天地家园一名男子从二楼坠楼，腰椎受伤。

昨日上午近10时许，记者赶到新天地家园南区，看到小区居民楼下，一名中年男子侧躺在草坪砖上，不断呻吟。他身旁有一个挎包，手边还有塑料袋装着食品等。“他是从二楼跳下来的，不知道怎么回事。”有目击者称，该男子坠楼后一直躺在地上，看样子伤势不轻。附近居民告诉记者，该男子所坠落的二楼平时用于出租，但男子坠楼后租客已不知去向。经居民联系后，120救护车赶到现场，将男子送往医院。

对于事发原因，该男子介绍说，他来自安徽，早上刚乘坐火车到苏州，从火车站出来正要寻找住处时，有两名女子主动上前询问其是否要住宿。“她们说住宿费只要20元，我觉得很便宜，就跟着她们去了。”他说，却没想到两名女子将其带到了新天地家园一居民楼中，而等他一进屋，她们便突然将门锁住，围着他称要和他发生关系。男子称，他在苏州人生地不熟，害怕被骗，就提出要离开，但发现门已经被锁住，情急之下，从二楼跳了下来。经医生初步诊断，发现该男子腰椎有骨折现象，需要接受住院治疗。

按照该新闻的内容，标题由“坠楼”改为“跳楼”更准确。这篇新闻结构层次不够清晰，最明显的缺陷是新闻来源均为匿名，看不到一个人的名字、身份，事发地点也不精确，其真实性存疑。

消息来源在很大程度上决定着消息的真实性和准确性，事关传媒声誉。职业新闻记者协会（SPJ）关于“消息来源”的规范是：“任何可能的时候，都要指明消息来源。公众应该有尽可能多的信息来判断消息来源的可靠性。在承诺消息来源匿名之前，永远要质问一下消息来源的动机。要对为换取消息而做出的承诺中各种可能的情况都做出清楚的说明，一旦承诺，则保守诺言。”①

这条新闻还警示我们：虽然现在互联网和手机媒体发达，依托微博、QQ等也可采写新闻，还可以直接引用网友言论，但专业主义的新闻采写仍旧需要记者到现场去耳闻目睹，实地提问和观察，这样有助于避免新闻失实，有助于记者写出生动的、深刻的报道。

2．事实与观点混杂。

有一篇校园报新闻题为《提高校园文化品位 激发读书创作热情——我院第一届图书馆文化节圆满结束》，标题中的“我”首先就不该用，带有主观倾向。这篇新闻说的是某大学为迎接第十六个世界读书日，该院图书馆开展了“我阅读，我快乐”第一届“图书馆文化节”暨“4•23”世界读书日校园文化活动。其结尾是：

第一届“图书馆文化节”暨“4•23世界读书日系列活动”提高了校园文化品位，激发了学生读书创作热情，对于全面提高学生的综合素质具有重要意义。

这个结尾实属画蛇添足，它是记者自己的观点，这有违新闻的客观性法则。新闻的主要功能是传达信息，即便需要对事实做出评价，也不应该由记者自己表达意见，可以借用采访对象之口（交代准确信源）。如果有不同观点，也应用直接引语呈现双方或多方的评价。

① 刘冰著：《新闻报道写作——理论、方法与技术》，广州：南方日报出版社，2011年版，第369页。

2012年2月13日《甘孜日报》新闻《四川炉霍县一藏族警察参加抓捕时殉职孟建柱等发唁电》的导语是：

本报讯（记者袁飞　白玛）鲜水悲歌颂英烈热血铸长城，金盾闪烁映东生豪迈捍平安。连日来，炉霍县各族群众沉浸在无比悲痛之中。12日上午10时，蒲东生烈士的追悼大会在炉霍县霍尔广场隆重举行。

该导语的第一句是观点，带有明显的主观判断。其实这个导语只保留最后一句就可以了，既精炼又符合新闻导语简洁概括最重要事实的要求。

"提供事实而不是意见"滥觞自19世纪30年代的美国报界，为了在激烈的报业竞争中赢得公信力，在市场上盈利，廉价报纸的经营管理者逐渐认识到新闻将事实与观点分离的价值和意义，开始提倡新闻叙述事实，用专版的新闻评论表明观点。

记者应客观、中立地叙述故事，让受众自己做出价值判断。

3．主观感情代替理性，偏听偏信。

19世纪90年代形成的新闻专业主义写作规范倡导客观、准确、真实、公正、平衡的一套新闻操作程序。

2013年4月1日，有新闻曝光湖南卫视某主持人在河南拍戏时和当地校园的学生起冲突，动手打了一位大学生。这则新闻连大学生的姓名都没有提供，也没有对双方进行采访，甚至连事情的来龙去脉也没有全面地交代。这样的新闻，真实性令人怀疑。

公正平衡、准确客观还意味着记者写作时要力戒主观片面，预设立场，感情用事，用词偏颇。

《武汉晚报》2012年6月4日消息《在加拿大遇害留学生父母心态平静不愿多提儿子的事》导语：

武汉留学生林俊在加拿大遇害，牵动着每一位武汉市民的心。昨天下午，林俊父母来到市公安局出入境管理处申请护照，该处特事特办，今日，其父母便可领到护照。

该导语第一句就显得武断和主观。试问，记者凭什么下结论说"每一位武汉市民的心"都被林俊遇害所牵动？你做了调查？其实，把表示绝对的"每一位"去掉就不至于表述极端了。

2012年8月6日，浙江松阳一家报纸报道一起绑架案用的标题是：

（引题）先是"老牛吃嫩草"　再来"霸王硬上弓"

（主标题）情人做不成　就想把小姑娘绑回家

（副标题）富阳贱男绑走松阳姑娘

新闻标题很刺激，记者（编辑）流露出鲜明的主观情绪，"老牛吃嫩草"

"霸王硬上弓""贱男"等词语带有强烈的情感色彩和对涉嫌犯罪的男子的地域和人格歧视。从新闻内容看，双方曾自愿同居生活过一年，要说过错，双方都有，一个巴掌拍不响，而标题显然拉偏架了，把所有责任怪罪于男方。该报道导语中的"拈花惹草"一词与标题相似，情感上蔑视涉案男子。主体部分中，"讲起这厮，就连办案人员也直呼恶劣"也表现出记者的主观情感偏向。

这篇新闻的失范告诉我们：记者应保持客观、中立、平衡的立场，冷静地调查并报道新闻，不应感情用事，掺杂个人强烈的主观倾向。

新闻专业主义写作所提倡的平衡就是不偏不倚，给予当事人各方以平等的发言权和表达权。《宁夏日报》1992年9月19日报道电影演员周里京"大闹" 宁夏军区招待所的新闻引起轰动，该新闻还配发周里京在电影中的角色持枪扫射、恐怖血腥的海报图片，结果该报道被全国100多家媒体转载，让周里京形象大跌。实际上，记者仅仅采访了宁夏军区招待所的一位服务员，并没有采访周里京本人和其他目击者。正是因为这篇报道，很多媒体对周里京产生了偏见，2003年4月8日《北京晚报》等全国多家报纸曝光影星周里京拒付老父赡养费被申请强制执行的消息，《兰州晨报》随后采访了周里京的老领导——甘肃省话剧团原团长成山和一位读者，他们都对周里京表示谴责。不仅如此，该报翻出周里京和前妻离婚的"旧账"，把板子打在周里京身上，周里京形象一落千丈。事实上，法院只是接受了周父的诉状并立案，没有认定事实结果。最后法院驳回周父的诉讼，因为周里京此前就已经按照惯例准时寄出了赡养费，只是其父未及时查收误会了他。如果这么多媒体有一家能够采访周里京本人、他的家人和同事，求证事情的真相，获得完整的证据链，就不会让周里京背上骂名。

值得关注的是，新闻媒介2010年对西安音乐学院学生药家鑫杀人案，2012年案犯周克华抢劫枪杀银行提款人被击毙，其女友张贵英涉嫌包庇罪被捕，2013年复旦大学医学专业学生黄洋被室友投毒杀害的前期报道都存在"未审先判"的主观臆断。这体现了当下媒体为争抢新闻资源不惜违背新闻职业操守的浮躁。

副词也要慎用，如龙虎网2012年12月28日新闻《江苏教育电视台29日更名复播 曾因干露露母女爆粗停播》导语第一句：

因干露露事件而惨遭停播的江苏教育电视台日前有了新动态。

"惨遭"显露了记者个人的主观情感偏向。作为新闻媒体，拿话题人物炒作，传播不雅信息本身就是违反职业操守的，依法处罚是合适的。

4. 结构松散，事实重复，新闻冗长。

我国现代著名书画家、音乐美术教育家李叔同说："简洁是永恒的样式。"

消息是最适合传播信息的新闻体裁。新闻写作要求结构紧凑、语言简洁。

当下国内媒介消息写作篇幅过长已经成为通病，在城市日报如都市报、晚报、晨报等版面上，1000余字的消息已经成为新闻版面的"流行色"，2000余字的新闻也不稀奇。这种缺乏新闻专业主义写作态度的倾向影响着新闻的文化品位，与世界新闻界普遍遵循的新闻写作范式——简约、准确相背离。

2012年10月13日《武汉晚报》新闻《在汉谋杀两姐妹，亡命天涯害一命》（该标题就不准确、不明晰）长达1668字。2013年1月1日的《重庆时报》新闻《18岁驴友夜宿重庆竹海　醒来发现帐篷外围满野猪》长达1995字。2012年12月27日新民网新闻《初二男生拖女老师进男厕所猛踢下体　致其四肢痉挛》长2729字。2012年11月18日的《中国商报》新闻《大一女生被6名老师带出“吃饭”深夜坠亡》长达2823字。实际上这四篇新闻的信息量可用700余字交代透彻。2012年3月28日南海网新闻《温州7名游客在海南遭色情敲诈　6名嫌犯被抓》长达2901字，其信息量仅有300余字。

印刷文字的特点在于其建构人类传播现象的精确性和深刻性，准确、简洁、具体、通俗、形象、生动是新闻语言的特点，而我们当下的媒介产品一味追求生动有趣，文字啰嗦、细节重叠、结构臃肿，呈现出美国传播学者尼尔•波兹曼所忧虑的电视时代“娱乐至死”的危机。

媒介产品的质量取决于记者的新闻文化修养，但关键取决于被称为“把关人”的媒介管理者，毕竟一线记者是根据“把关人”制定的操作规程和考核标准来从事新闻产品生产的，最终的产品质量是由“把关人”审阅验收才见诸报端的，有什么样的指导思想和考核标准就有什么样的媒介产品。管理者的职业精神和新闻素养决定了媒介产品的质量。迈克尔•舒德森在《发掘新闻——美国报业的社会史》中认为：“做编辑的绝对不能任由新手记者随意判断到底应该往纸上写什么。连相信解释性报道的必要性的老一辈新闻从业者，也督促年轻人先在本市新闻部或通讯社做起，首先要学会如何严格遵守客观性新闻的原则撰写纯新闻。年轻记者首先要学习的，仍然是将事实从意见中分开……”[①]

如果媒介的经营管理者把过多的精力放在经营上，忽略对媒介产品生产标准与质量标准的把关，采编队伍的素养不高，就必然导致产品粗放，最终影响媒介的核心竞争力和公信力。媒介的经营管理者应拥有远大的职业理想和崇高的社会责任感。

国际新闻界报章的流行趋势是怎样的？美国社会学家盖伊•塔奇曼说：“自从20世纪20年代以来，报纸新闻的导语变得越来越短。……对于报纸来说，留白区域在过去20年里变得越来越大——更简短的句子和更亮的页面——成了与

① （美）迈克尔•舒德森著，陈昌凤、常江译：《发掘新闻——美国报业的社会史》，北京：北京大学出版社，2009年版，第175页。

电视新闻争夺新闻消费者的武器。”①

盖伊•塔奇曼认为：常规的叙述模式是新闻专业主义的表现。新闻叙事应明显区别于其他的叙事模式。“新闻写作有些特征是十分明显的。比如叙述一般都是过去式，标题都是现在时。段落都很短，一般是一到三个句子。句子一般都不超过20个英文单词，并且要尽量避免使用超过两个音节的单词。另外，词语的顺序也和口语的表达有所区别。新闻要说‘副总统斯皮罗•阿格纽（Spiro Agnew）今天早些时候在得梅因（Des Moines）的一次会议上谴责了新闻媒体’；而不是‘今天早上，副总统斯皮罗•阿格纽谴责了新闻媒体，在得梅因的一次会议发言上’。”②

宋代的严羽在《历代诗话•诗法家数》中说：“绝句之法，要婉曲回环，删芜就简。”这与郑板桥提倡的“删繁就简三秋树，领异标新二月花”异曲同工。其实，这些精辟的论述可以看作是写作的通论，而以传播信息为主的消息正是体现了其精髓。

简练为文、通俗易懂是新闻写作的基本原则，500多字的倒金字塔结构的短消息之所以成为全球新闻界的主打产品，正在于它简明扼要，迅捷及时，方便记者写作，也方便受众接受，传播效果好。

让新闻报道富有文化品位，能够真实、客观、准确、平衡，诠释新闻的专业主义精神是记者的天职。传播学大师施拉姆（1994）曾设计了一个数学公式来说明受众如何通过选择信息来满足自己的需要。这个公式是：选择的或然率=报偿的保证÷费力的程度。意思是说，预期报偿（满足需要）的可能性越大，而费力的程度越低，选择某种传播渠道信息的或然率越高；相反，预期的报偿很小，而费力的程度很大，那么选择的或然率就很低。他说：这个公式是相当灵验的。③

施拉姆的这个公式启示我们：新闻最重要的功能之一是传播信息，越是生动有趣的消息越能满足受众的“预期报偿”，越是简洁明了通俗易懂的文本越能减少受众的“费力程度”，做好这两点，就能赢得受众的关注，提升传播效果。

新闻写作最大的考验是：如何在截稿时间如卫星发射倒计时般的高强度压力下，又快又好地完成高质量的报道，呈现海明威所说的“重压之下的美质”？

从技术层面上看，好新闻取决于记者的采访和写作能力，从更深的层面上看，新闻写作是一个记者个人素质和职业素养的综合体现。

①（美）盖伊•塔奇曼著，麻争旗、刘笑盈、徐扬译：《做新闻》，北京：华夏出版社，2008年版，第111－112页。

② 同上，第112－113页。

③ 邵培仁著：《传播学》（第2版），北京：高等教育出版社，2007年版，第290页。

二、案例对比与解读

（一）突发性新闻

（原稿）

江西贵溪幼儿园校车落水　11名幼儿死亡

2012年12月24日　17:57　来源：大江网

大江网讯　记者秦海峰报道：12月24日上午9时左右，江西贵溪滨江乡洪塘村合盘石童家村小组发生一起面包车侧翻坠入水塘事故。车上载有16人（其中15名幼儿园学生、1名司机）。事故当场死亡3人，12人送往医院抢救。截至24日下午17时30分，4名儿童脱离危险，另有8名儿童因抢救无效死亡，死亡人数已上升至11人。

事故发生后，公安、消防、交警、医护等救援人员以最快速度组织施救。鹰潭市委书记陈兴超、市长钟志生等领导第一时间赶赴现场指挥救援，要求全力救治受伤人员，妥善做好善后事宜。

目前，肇事司机已被公安机关控制，各项善后工作正在紧张有序处理当中。

（对比稿）

江西贵溪幼儿园校车落水　11名幼儿死亡

大江网讯（记者秦海峰）今天上午9时左右，江西贵溪市滨江镇一辆面包车侧翻坠入水塘。截至记者17时30分发稿时，共有11名幼儿死亡。

具体地点在滨江镇洪塘村合盘石童家村小组。

事发时这辆校车上载有16人，其中15名幼儿园学生、1名司机。

事故当场死亡3人，另有8名儿童送医后不治身亡，4名儿童经抢救目前已脱离危险。

肇事司机已被公安机关控制。

贵溪市位于江西省东北部，是中国的铜工业中心、全国商品粮基地。

解读

该新闻的原标题是《贵溪发生一起面包车侧翻坠水事故　死亡人数升至11人》，新闻网站转载时改为《江西贵溪幼儿园校车落水　11名幼儿死亡》显然更切题。如果此前报道过这件事，上述新闻为滚动报道，可以用“死亡人数升至11人”这个最新的动态，而通过内容分析可知，这篇新闻显然是头一次报道这起悲剧，原标题表述不准确。

首先，导语冗长是该新闻的最大败笔，长达131字，没有提炼出最重要的事实做导语。对比稿将详细事实后移变为消息主体，将原导语中过长的地点名称分割处理，大地名用在导语里，小地名移到主体里，仅用了50字。清华大学的李希光教授认为，类似于突发事件这样的硬新闻，导语应“不超过50个字”。

其次，该新闻对地名交代不准确。经查阅百度资料，贵溪是市级行政单位，滨江是“镇”不是“乡”。

最后是新闻语言表达不具体，例如“最快速度”和“第一时间”的精确时间是多少？“组织施救”是怎么做的？“现场指挥救援”又是怎么做的？新闻忌讳使用这种模糊不清、空洞程式化的表述。

值得思考的是，当前灾难新闻大多采用这样的程式化语言结尾。实际上，领导和职能部门事发后去现场救援是应尽的职责，可以在现场发现有价值的事实（他们怎么做的）具体地写入报道中，而用模糊、抽象的空话套话“表扬”不是最好的处理方法。其实，如果不这样做才是有价值的新闻。

另外，对于外地受众而言，不熟悉贵溪市，此时需要提供相应的新闻背景拉近受众与新闻的“亲近感”，加一两句话就能够起到这样的作用。记者需要善用新闻背景提升新闻传播效果。

还有，该新闻缺乏新闻来源。

采用小段落更有益于受众接受信息。

如果记者事发后赶到了现场，对现场的视觉化描写和使用直接引语会更有利于这条新闻的传播力。

（原稿）

杭州一企业发生火灾　3名消防官兵殉职

2013年1月1日　14:21　来源：杭州网

1月1日凌晨2点半许，位于萧山区瓜沥镇临港工业园区内的杭州友成机工有限公司发生一起火灾。该镇立即会同企业组织在场工作人员撤离现场，目前企业未发现人员伤亡。目前，火势已经基本扑灭，过火面积约为12104平方米，火灾原因及损失正在调查中。

接到报警后，瓜沥镇消防队立即到达现场开展扑救。随后，省、市、区及当地消防部门出动50余辆消防车、6辆急救车、200余名消防官兵分批赶赴现场，全力扑火。在扑救过程中，3名消防官兵在火场失去联系。经全力扑救，截至上午10点50分，火情已经得到控制，3名消防官兵已经找到，并立即送往医院。

省委、省政府高度重视，省委书记夏宝龙，省委副书记、代省长李强分别做出批示和指示，要求全力以赴寻找失踪官兵，把人员财产损失降到最低限度。

事故发生后，省委常委、杭州市委书记黄坤明，市长邵占维，市委副书记王金财，市委常委、常务副市长杨戌标，市委常委、萧山区委书记俞志宏，区长李玲及省市公安、消防有关领导等第一时间赶赴现场组织搜救和灭火工作，并召开现场会，部署工作。要求消防部门全力开展灭火工作，搜救被困火场消防官兵，同时迅速查清过火面积、范围、燃烧物等基本情况，并做好事故原因调查工作。萧山区要做好周边环境影响的控制工作，立即对大气、河道等进行检测，并做好善后处置工作。

截至中午12时30分，据医院方面消息证实，在火灾扑救中受伤的三名消防官兵经全力抢救无效，不幸牺牲。三名牺牲的消防官兵身份已确认，分别是萧山中队分队长尹进良（中尉警衔，河北省赵县人，2003年12月入伍）；萧山中队战士陈伟（下士警衔，上海市闵行区人，2010年12月入伍）；萧山市北中队战士尹智慧（上等兵警衔，浙江省丽水市人，2011年12月入伍）。

（对比稿）

杭州一企业发生火灾　3名消防官兵殉职

杭州网讯　截至今天上午10点50分，杭州友成机工有限公司发生的火灾已得到控制，三名消防官兵殉职。企业未发现人员伤亡。

今天凌晨2点半许，位于萧山区瓜沥镇临港工业园区内的杭州友成机工有限公司失火，过火面积约为12104平方米。该镇立即会同企业组织在场工作人员撤离现场。

接到报警后，省、市、区和当地消防部门出动50余辆消防车、6辆急救车、200余名消防官兵分批赶赴现场救火。在扑救过程中，3名消防官兵在火场失去联系。

截至上午10点50分，火情已经得到控制，3名受伤的消防官兵被找到并送往医院。

截至中午12时30分，据医院方面消息证实，三名消防官兵不治身亡。

三名牺牲的消防官兵身份已确认：萧山中队分队长尹进良、萧山中队战士陈伟、萧山市北中队战士尹智慧。

省委书记夏宝龙，省委副书记、代省长李强分别做出批示和指示，要求做好事故原因调查工作，立即对大气河流等进行检测，做好善后工作。

解读

该新闻的原标题是《瓜沥镇一企业发生火灾 3名消防官兵不幸牺牲》，搜狐网和凤凰网在转载时修改的标题《杭州一企业发生火灾 3名消防官兵殉职》更为妥当，因为对外传播时，受众恐怕不了解瓜沥镇，不如改为知名度高的杭州，提升新闻价值。

原稿在结构上不符合新闻写作的惯例，未突出新闻的核心事实。突发事件报道注重时效性，哪家媒体抢在第一时间、第一现场发出报道，哪家媒体就拥有了传播力和影响力，抢到了话语权，赢得了受众的眼球，提升了媒介的品牌，因此，采用倒金字塔结构无论是对于记者、媒体还是对于受众，都具有简洁明了、好写易读等突出的优势。

按照倒金字塔结构的逻辑顺序，导语应将消息中最核心的要素——结果告知受众，且导语应该简短、凝练。从导语开始，其结构的安排是：从受众对新闻的关注度出发，新闻材料排列的位次根据新闻材料的重要性在段落呈现上依次递减。在这条新闻中，人身伤亡是最为重要的核心事实，毕竟生命高于一切，所以，首先应该将火灾发生的时间、地点、人员的安全情况作为第一重点，其次是事故发生的原因、造成的经济财产等损失。至于当地各级领导灾后如何指挥都是分内的工作，并非受众关心的重点，原稿用282字、两个大段落"表扬"领导职责范围内的工作，占去了全文篇幅的近三分之一，有事实没信息，这是过度美化，也导致新闻空洞、冗长。这说明记者头脑中根深蒂固的宣传意识主宰着写作思维。

原稿对殉职的三位消防官兵个人资料介绍过于详尽，显得信息冗余。

此外，为了体现新闻的客观、平衡，最好使用中性词，避免带感情倾向的形容词、副词等修饰词。

（原稿）

浙江萧山致3名消防员殉职　火灾系人为纵火

2013年1月4日 15:33　来源：浙江在线

浙江在线杭州1月4日讯（首席记者童俊）1月1日凌晨，杭州市萧山区瓜沥镇临港工业园区内的杭州友成机工有限公司发生特大火灾，三名消防官兵在扑救过程中不幸牺牲。

他们分别是萧山中队尹进良（河北廊坊人）和陈伟（上海人）；萧山市北中队尹智慧（丽水人）。

1月4日下午，记者从萧山警方了解到，经公安、消防部门全力调查，已确认这是一起人为纵火案件，犯罪嫌疑人李某某现已被警方依法刑事拘留。经记者核实，嫌疑人李某某为48岁的女性，系杭州友成机工有限公司员工，于1月3日落网。

目前案件正在进一步侦办之中。

（对比稿）

浙江萧山火灾系人为纵火

犯罪嫌疑人已被刑拘

浙江在线杭州1月4日讯（首席记者童俊）记者今天从萧山警方了解到，杭州友成机工有限公司特大火灾系人为纵火，犯罪嫌疑人已被警方依法刑事拘留。

经记者核实，嫌疑人李某为女性，48岁，系杭州友成机工有限公司员工，于1月3日落网。

1月1日凌晨2时30分许，杭州市萧山区瓜沥镇临港工业园区内的杭州友成机工有限公司发生特大火灾，过火面积约为12104平方米。

三名消防官兵在救火中殉职，他们是萧山中队尹进良和陈伟、萧山市北中队的尹智慧。其中尹进良刚和妻子领结婚证10天，还没来得及办理酒席。

三名消防官兵被发现时，水枪、水袋还压在身下，呈救火姿势。

解读

浙江萧山特大火灾在事发当天就报道了，之后陆续有跟进报道，对于三名消防员殉职的信息已经连续滚动报道三天了，不是新鲜的信息，因此，原稿采用金字塔结构，将不新鲜的信息作为导语，而将最受人关注的新鲜信息——事故原因和犯罪嫌疑人被抓置于临近结尾处不妥。

灾难新闻最合适的报道结构是倒金字塔结构，因为这种结构从导语开始，将信息以重要性依次递减的形式排列，把最新、最重要的事实置于导语之中，而标题往往是对导语的浓缩。其最突出的优点是让受众在最短的时间内扫一眼标题和导语就能获知新闻的重要价值，简洁、明了，是消息写作中最常采用的一种结构。

原标题《萧山火灾确认是一起人为纵火案件　致3名消防官兵牺牲》，凤凰网改编的标题《浙江萧山致3名消防员殉职火灾系人为纵火》，均不如改为《浙江萧山火灾系人为纵火　犯罪嫌疑人已被警方刑拘》更为准确。

原稿已经在消息头中交代了最新的发稿时间，导语中同步的时间改为“今天”。

另外，对新闻背景（旧事实）的交代应稍微详尽一点，以便第一次知道该新闻的受众能够清晰准确地了解事件的来龙去脉。这是受众本位意识的体现，也是新闻写作的技巧。

（原稿）

上海黄浦江松江段已打捞死猪超过1200头

2013年3月10日 21:41 来源：新华网

新华网上海3月10日电（记者李荣）关于近期上海黄浦江松江段水域大量漂浮死猪的情况，记者10日向上海市农委及松江区相关部门了解了最新进展：目前已打捞的死猪数量超过了1200头。这些死猪基本来源于上海的上游地区。目前上海正加紧协调黄浦江上游周边地区，调查死猪来源，以从源头上制止死猪不规范处置行为。上海市水务局表示，松江当地的自来水水质“数据正常”，符合相关标准。

据松江区农委相关人士说，经过连日来高密度的打捞作业，截至10日已打捞上岸的死猪数超过1200头。对这些死猪及时地进行集中的无害化处置。目前根据死猪身上的耳标等养殖信息来追溯，这些死猪基本来源于上海的上游地区。

上海市水务局供水处负责人10日晚表示，黄浦江松江段水域漂浮死猪的情况，目前未对当地的自来水供应造成影响。

（对比稿）

黄浦江松江段已打捞死猪1200多头

上海水务局称饮用水质“正常”

新华网上海3月10日电（记者李荣）上海市水务局供水处负责人今晚表示，黄浦江松江段水域连日来已打捞的1200多头漂浮死猪未对当地的自来水供应造成影响。

上海市水务局表示，松江当地的自来水水质“数据正常”，符合相关标准。

死猪打捞地黄浦江上游正是上海市饮用水的取水水源所在地。

从3月5日开始，黄浦江松江段水域连续发现死猪漂浮现象。

据上海市农委及松江区相关部门今天透露的信息，截至目前，已打捞的死猪数量超过了1200头。

松江区农委相关人士说，他们对打捞的死猪及时地进行了无害化集中处置。

根据死猪的耳标等养殖信息来追溯，这些死猪来源于上海的上游地区。

目前上海正加紧协调黄浦江上游周边地区，调查死猪来源，以从源头上制止死猪不规范处置行为。

解读

原稿记者未能凸显该新闻最受关注的要素：上海黄浦江上游地区连续不断的大量漂浮死猪是否会污染水质？因为这一河段恰是上海市自来水的水源地，作为一个逾千万人的国际化大都市，自来水质是否因漂浮死猪被污染更为受众关注。原稿从标题、导语到新闻主体和结尾都没有把水质安全问题作为最重要的事实来报道。

人的健康权和生命权高于一切，死猪漂浮只是“因”，水质是否受污染才是“果”，新闻的主题应该集中在事关千万人饮水安全的重大问题的知情权上，偏离了这个主题只能说记者缺乏人文情怀和社会责任感、使命感。如果死猪漂浮在非饮用水的水域，这就只是一则趣闻而已，新闻价值大大减弱，可作为满足受众茶余饭后的谈资，更具娱乐化效果。而上海这起事件就不是趣闻了，因为千万人的天天离不开的饮用水水源地里漂来了源源不断的死猪，因此，记者的使命就是迅速报道事件动态，对受众提供最新鲜的资讯，减少他们的恐慌心理，维护社会的稳定。

该新闻写作的不足显而易见：主题偏离，导语冗长，信息重复，缺乏对新闻背景的明晰交代，缺乏现场感，信源来源交代不清晰（看不到一个人名）。

对比稿采用了“跳笔”，节奏明快，行文简洁，层次分明。

（原稿）

武汉建行爆炸案嫌犯在医院落网交代作案动机

2011年12月16日 17:07 来源：荆楚网

荆楚网消息（记者余宽宏 张扬 通讯员武龚宣）12月16日，武汉市雄楚大街“12·1”建设银行一网点门前人行道上发生的爆炸案成功告破。经过武汉警方15个昼夜缜密侦查，严密布控，艰苦奋战，在广大群众的积极协助下，警方于12月16日中午12时，一举擒获犯罪嫌疑人王海剑。

12月1日下午5时30分许，武汉市洪山区雄楚大街建设银行一网点门前人行道上发生爆炸，致2人死亡、15人受伤。案发后，湖北省、武汉市领导高度重视，要求全力侦破案件。湖北省公安厅、武汉市公安局迅速组成联合破案专班，全面展开侦破工作。公安部刑侦、爆炸等方面专家也专程赴汉指导破案。

警方连夜调取现场周边视频录像，开展调查、走访，很快锁定作案嫌疑人为一中等身材男子，其作案时骑一辆白色摩托车、戴白色头盔。4日，指挥部果断决定：发布悬赏通告，最大限度发动群众举报线索。当天，武汉警方官方微博“平安武汉”第一时间发布警方征集线索的悬赏通告，各网站、新闻媒体相继转发，群众举报电话络绎不绝。当晚10时，警方通过群众举报的线索与侦查明确的对象碰撞成功。经过细致判断、分析，警方确定：在汉从事空调修理，曾暂住在东湖新技术开发区关东街刘家嘴的王海剑（24岁，襄阳市枣阳人）有重大嫌疑。

经进一步追踪侦查，警方及时查获王海剑案发前多处租住地，但未发现王海剑。武汉警方当即部署全警力量，在王海剑可能藏身、落脚的地方张网布控、巡逻排查；并严守各个出城路口，严防王海剑出逃武汉。再次发动群众协助缉捕，向社会公开王海剑照片和基本情况，广大人民积极参与，纷纷提供相关线索。

16日上午10时许，专班民警接到群众举报，一名疑似王海剑长相的人在武昌某医院出现。指挥部迅速组织数十名民警快速出击，严密布控，细致摸排，于中午12时，在医院内发现王海剑，抓捕民警迅速冲上去，实施精确抓捕，将其成功擒获。

经初步审查，王海剑交代了其自制爆炸装置企图抢劫运钞车钱款而实施爆炸的作案过程。

目前，此案正在进一步侦办中。

（对比稿）

武汉建行爆炸案嫌犯落网

荆楚网消息（记者余宽宏　张扬　通讯员武龚宣）武汉市"12•1"建设银行一网点门前发生的爆炸案告破。武汉警方于今天中午12时擒获犯罪嫌疑人王海剑。

12月1日下午5时30分许，武汉市洪山区雄楚大街建设银行一网点门前人行道上发生爆炸，致2人死亡、15人受伤。

湖北省公安厅、武汉市公安局迅速组成联合破案专班。公安部刑侦、爆炸等方面专家也专程赴汉指导破案。

警方连夜调取现场周边视频录像，很快锁定作案嫌疑人为一中等身材男子，其作案时骑一辆白色摩托车、戴白色头盔。

12月4日，武汉警方官方微博"平安武汉"发布警方征集线索的悬赏通告，各网站、新闻媒体相继转发，举报电话络绎不绝。当晚10时，警方确定：在汉从事空调修理、曾暂住在东湖新技术开发区关东街刘家嘴的王海剑（24岁，襄阳市枣阳人）有重大嫌疑。

警方及时查获王海剑案发前多处租住地，但未发现王海剑，随即在王海剑可能藏身、落脚的地方张网布控、巡逻排查并严守各个出城路口。同时向社会公开王海剑照片和基本情况，再次发动群众协助缉捕。

16日上午10时许，专案民警接到举报，一名疑似王海剑长相的人在武昌某医院出现。指挥部组织数十名民警赶到医院，中午12时将王海剑擒获。

经初步审查，王海剑交代了自制爆炸装置实施爆炸企图抢劫运钞车钱款的作案过程。

解读

首先，原稿的标题不够好，从内容看，嫌犯的作案动机并非本篇新闻的报道重点，新闻中也未提供相关事实，全篇新闻着重于叙述破案过程，所以标题宜改为《武汉建行爆炸案嫌犯落网》，准确、简洁、明了。其次，原稿的导语不够精炼，用了101字，其实用46字即可简明扼要地概括新闻的主要事实。最后，消息的篇幅偏长。

这篇消息之所以冗长是因为新闻中空话和套话多，如“案发后，湖北省、武汉市领导高度重视，要求全力侦破案件。湖北省公安厅、武汉市公安局迅速组成联合破案专班，全面展开侦破工作。公安部刑侦、爆炸等方面专家也专程赴汉指导破案”，“开展调查、走访”，“最大限度发动群众举报线索”，“经进一步追踪侦查”，“武汉警方当即部署全警力量，广大人民积极参与，纷纷提供相关线索”，“严密布控，细致摸排”，“抓捕民警迅速冲上去，实施精确抓捕”，“目前，此案正在进一步侦办中”，等等。对于职能机关工作范围内履行使命的程序不必渲染，似乎他们的正常工作就是新闻，因为他们特殊吗？这样写反而令受众反感。

新闻语言要准确、具体、简洁、生动，每一句话都应该含有信息。语言要富有表现力，有细节，有动感，能够唤起受众的想象，多用动词，少用修饰词，多用短句。陈词滥调、空话套话别用。

（原稿）

嘉兴市区一餐馆爆炸致2死3伤　之前曾安装固体酒精罐体

2011年12月4日　17:07　来源：浙江在线

浙江在线杭州12月4日讯（首席记者童俊　通讯员张文翀　章剑新）12月4日8时45分许，嘉兴市区同乐路上一家餐馆的厨房发生爆炸事故，造成2人死亡，3人受伤，死者中包括一名路过餐馆的老人。事发后，辖区公安、消防、安监、120等部门立即赶到现场进行救援。

救援人员赶到现场发现，事发餐馆叫原味餐馆，上下共有两层。此时，整个餐馆已经一片狼藉，店里的前后墙均被炸塌，店内的设施几乎全被炸毁，玻璃碎片已经飞到了店前店后的机动车道上，连离餐馆十几米远的房子玻璃也被震碎。

4名没有被掩埋的伤者已经被现场群众救出，被紧急送往医院救治。

在了解情况后，救援人员冒着墙体倒塌的危险进入爆炸现场进行搜救，并且转移店内的煤气瓶。在收银台边上，发现了一名被困人员。9时30分许，被困人员成功获救，被送到医院。

据现场保安介绍，虽然餐馆里存放有煤气瓶，但爆炸时并没有闻到液化气的味道，不知道是什么原因引起爆炸的。但餐馆前几天自行安装了一个存放固体酒精的罐体。安装时，他们曾劝说过餐馆，但餐馆负责人说没关系的，固体酒精是要先预热才能点燃，即使用香烟去点也不会引燃。

目前，爆炸的具体原因还在进一步调查中。

（对比稿）

嘉兴市区一餐馆爆炸　致2死3伤

浙江在线杭州12月4日讯（首席记者童俊　通讯员张文翀　章剑新）嘉兴市区同乐路上一家餐馆今天上午8时45分许发生爆炸，2人死亡，3人受伤。

事发餐馆叫原味餐馆，上下共有两层。爆炸发生在该餐馆的厨房。救援人员赶到现场发现，约240平方米的餐馆内，天花板、地板、木架等设施全被炸毁，店内桌、椅、门窗碎片，飞到了店后的同乐路上和店前的河里。位于同乐路北侧，正对店后门10米开外的约两米高的围墙，也被炸塌了五六米，整个餐馆一片狼藉，就连离餐馆十几米远的房子玻璃也被震碎。

救援人员冒着墙体倒塌的危险进入爆炸现场进行搜救，并转移店内的煤气瓶。在收银台边发现了一名被困人员，大家赶紧用双手清理覆盖在被困者身上的木板、铝合金等爆炸碎片。9时30分许，被困人员获救，被送到医院。

经核实，爆炸发生时，正在餐馆内工作的4名员工被炸伤，一名路过的87岁老人被气浪冲到餐馆后门对面的围墙上受伤。受伤的5人被送到嘉兴武警医院、荣军医院和第二医院后有2人死亡，其中包括87岁老人潘某。还有一名死者刘某是餐馆女服务员。其他3名伤者目前正在治疗，面部都有不同程度的烧伤。

受伤的女服务员赖昆英事发时在现场，她告诉记者，昨天上午，她和其他3名员工走进餐馆时，闻到了一股怪怪的味道。员工卢强华说，他进店后，也闻到了一股类似煤气的异味。现场保安说，餐馆前几天不听劝告，自行安装了一个存放固体酒精的罐体。

爆炸的具体原因还在进一步调查中。

解读

一般而言，突发事件报道宜采用倒金字塔结构，发稿要注重时效，争抢第一时间最快报道，满足受众的好奇心和对信息的需求，占领舆论制高点。记者应密切关注事态进程，及时更新，持续报道，全程跟进。动态过程报道从事件发生一直到最终善后工作结束。如果事件背后有隐情，记者应在深入调查的基础上对事件的来龙去脉做深度解读，迎合受众获悉事件表象之后想知道“新闻背后的新闻”的心理，即回答新闻要素“为什么”，把重点放在解释剖析事件之所以发生的新闻背景上。如果情节曲折，有人情味故事，记者可讲述事件的详细经过。

这篇消息的不足，首先是标题不够凝练，其实用《嘉兴市区一餐馆爆炸　致2死3伤》就可以了。其次是导语不够精炼。另外就是信源交代不够清晰。原消息的新闻来源比较清楚的仅有一个保安和两个员工，还应有目击者、亲历者、救援负责人等，最好提供一两句直接引语。记者对现场的描写不够准确，经网上查阅其他同题报道，补充了材料，做了如上修改。

突发事件报道中最重要的是对死伤者数字的准确核实，要避免报道失实，需要在现场采访事故亲历者、第一目击者，更要向权威事故调查部门负责人提问并核实；要尽可能接近核心现场观察场景并精确地描述现场情景；通过多信源清晰、准确地还原事件过程；要核实事件发生的精确时间、经过、救援的情况、财产的损失、事故的原因等；要明晰地交代消息来源。如果有精彩的引语也要引用。

（原稿）

四川泸州发生交通安全事故　致2人死亡23人受伤

2012年12月21日　22:01　来源：中国新闻网

中新网成都12月21日电（记者安源）21日晚间记者从四川省泸州市叙永县委宣传部获悉，12月21日下午1时左右，叙永县叙威路磨刀溪处发生一起交通安全事故，致2人死亡，23人受伤（其中重伤4人），8人入院观察。

据了解，12月21日下午1时许，一辆从云南镇雄开往重庆的大型客车（车牌号：渝A53555；客车准载49人，实载35人；司机：王国亮，身份证号：510226196411173398）在途经叙永县叙威路叙永至镇雄4km+850m处发生侧翻，车体翻至公路右侧河内，致2人死亡，23人受伤（其中重伤4人），8人入院观察。死者：胡新红，男，家住安徽省安庆市学松县复兴镇复兴航运公司79-78号，身份证号：324826196611050336，另一名死者的基本情况正在核实中。受伤乘客已全部送至医院救治。

事故发生后，当地迅速成立了“12•21”交通事故处理工作领导组，下设事故调查组，全力以赴救治伤员。23名伤者送至医院进行救治，其中1名重伤者已转至泸州医学院救治。

目前，各项工作有序开展。有关情况正在进一步核实中。

（对比稿）

四川泸州一客车侧翻 2人死亡23人受伤

中新网成都12月21日电（记者安源）记者从四川省泸州市叙永县委宣传部获悉，今天下午，叙永县发生一起大型客车侧翻事故，2人死亡，23人受伤。

今天下午1时许，一辆车牌号为渝A53555的大型客车从云南镇雄开往重庆，客车准载49人，实载35人，在途经叙永县叙威路磨刀溪处翻至公路右侧河内，致2人当场死亡，4人重伤。

死者胡新红，男性，安徽省安庆市学松县人；另一名死者的基本情况正在核实中。

据了解，23名受伤乘客已全部送至县医院救治，其中有8人在当地医院入院观察，另有1名重伤者已转至泸州医学院。

解读

原稿最大的缺点就是将新闻故事写成了事故调查报告，如对司机和一名死者的身份证号的公开、事发地点的专业化数字表述“4km + 850m”、事发后地方政府的应急工作程序的空洞叙述。即便记者获得的信源是事故报告，也应该按照新闻传播的规律，从有效传播信息的着眼点出发，将枯燥、干瘪的材料语言转化成新闻语言，务求具体、准确、简洁、通俗、形象、生动。写完稿后，记者应在修改过程中删除重复信息、累赘信息，去除空话和套话，使新闻具有可读性。原稿导语冗长，导语中地点交代过细，语言表述不精炼。

（原稿一）

乌鲁木齐水库决堤宽度250米 最深处80厘米

2013年2月2日 10:59 来源：中国广播网

中广网乌鲁木齐2月2日消息（记者吴卓胜 通讯员舒海疆）今天早上8点，乌鲁木齐消防支队接到报警称：七道湾水库发生决堤，当地居民被困。

据介绍，早上5点多，七道湾联丰二队居民听到有水声，出门后发现积水大且无法站立。乌鲁木齐消防支队参谋长舒海疆介绍：决堤宽度250米，路面积水最深处达60到80厘米。

目前，乌鲁木齐消防支队已派出5个中队参与救援，通过车辆接送、背、抱等方式安全转移12名受困群众。另外，部分受困群众自行前往地势较高处，其余人员正在配合消防官兵有序转移。

（原稿二）

乌鲁木齐水库突发决堤　已致1死20人冻伤

2013年2月2日 16:55　来源：天山网　作者：金浩

天山网讯（记者金浩）2月2日中午3时，记者从乌鲁木齐市米东区了解到，2日凌晨发生在七道湾联丰二队的水库漏水事件造成1名66岁的老人死亡，20人不同程度冻伤，其中2人冻伤严重。70多户居民房屋进水，20多间厂房进水，当地政府正在组织500余人进行现场救援。

米东区副区长李艳梅说，七道湾突发水库决堤，目前还有s111线、碱沟路、七道湾路三条路不能通车，事故发生后，乌鲁木齐市委、市政府领导及米东区领导正在组织抢险救援。目前，各项抢险救援工作正在有序进行。

（对比稿）

乌鲁木齐水库决堤　1死20伤

天山网讯（记者金浩　吴卓胜　通讯员舒海疆）记者从乌鲁木齐市米东区获悉，今天凌晨七道湾水库决堤造成1名66岁男性死亡，20人冻伤，其中2人冻伤严重。

今天早上8点，乌鲁木齐消防支队接到报警称：七道湾连丰二队水库决堤，当地居民被困。

乌鲁木齐消防支队参谋长舒海疆介绍，当5个消防中队赶到现场时，发现决堤宽度250米，路面积水最深处达60到80厘米。

记者了解到，水灾导致当地70多户居民房屋进水，20多间厂房进水。

米东区副区长李艳梅说，目前还有省道111线、碱沟路、七道湾路三条路因水淹不能通车。

事故发生后，乌鲁木齐市委、市政府领导及米东区领导组织500余人进行现场救援抢险。

事故原因尚不清楚。

解读

两条同题新闻对比，第二条写得较好。灾难发生后，记者第一时间赶到现场最应该关心的是人员伤亡情况，毕竟人命关天，生命高于一切。新闻要体现人文关怀精神。

如何做好突发事件报道？时效性和准确性至关重要，记者闻讯后越早赶到现场越好，调查事件发生的精确时间、地点、人员伤亡、财产损失、核心数据、事故原因、救援情况……除了现场观察、提问，寻找目击者，还原事实经过，对第二手、第三手材料要多方求证，要注重搜集权威信息并清晰交代新闻来源，避免新闻失实。

如果记者不能迅速赶到现场，通过电话采访，获得权威信息快速发布新闻也不失为捷径，但一定要准确、清晰交代新闻来源，保证信息真实可靠。

两条新闻的发布时间相差了6小时，也许第一条新闻的采访者当时无法获得人员伤亡的信息，但采访时是否提问了这个问题？至少应该在新闻中交代一句：人员伤亡情况不详。该新闻的原标题《乌鲁木齐七道湾水库决堤 受困群众正有序转移》不当，关键信息不明确。

当然，第二条新闻也有不足，首先，标题中的“突发”和“已致”属多余，水库决堤肯定是“突发”，哪可能想到？其次，导语过长，语言不准确，如导语中称“水库漏水”，而消息主体中又称“水库决堤”，两个概念性质不同；“S111线”应改为“省道111线”更清晰、通俗。

把两条新闻的材料组合显得信息更为全面。

（原稿）

北京7名老人登残长城被困山上　2人被冻死

2012年11月19日　来源：《北京晚报》

本报讯（记者许前程）昨天，7位市民到延庆县四海镇九眼楼攀登残长城。可由于攀爬时间过长，体力透支，被困山上。昨夜，消防队员和民警上山搜救，其中两人被发现时已经昏迷。今天早晨，记者获悉，昏迷的两人不幸身亡。

昨晚11时54分，延庆县永宁消防中队接到指挥中心命令：黑坨山九眼楼风景区有人被困山上，急需救援。永宁消防中队立刻派出7名队员赶赴现场，同时联系110、120联合出动。

据记者了解，九眼楼位于怀柔县与延庆县交界处，海拔1100多米，还有人称之为“万里长城第一楼”。由于被困人员说不清自己的准确位置，手机信号也不太好，救援难度很大。昨晚山上气温很低，还下起了雪，随后四海森林消防中队、怀柔迎宾路消防中队纷纷到场支援。

今天凌晨1时许，在附近村民的指引下，救援人员在山上展开搜索。“山上特别冷，连口水都结冰了。”参与搜救的消防队员事后回忆说。一直到今天凌晨5时许，消防队员们终于找到了被困人员，但其中两人已经昏迷。多名被困人员年龄在50岁以上。他们告诉搜救人员，昨天上午，他们一行7人去爬九眼楼残长城玩，爬了一天后被困山上。由于山上气温实在太低，他们急忙向消防部门求救。昏迷的一男一女两人随后被抬到急救车上。但由于失温，今天上午，两人已确认死亡，男子今年60多岁，女子49岁。其余5人无大碍。

今天上午，四海镇工作人员说，九眼楼长城景区每年10月4日至第二年的4月30日，都是封闭不对外开放的，一是因为山上有雪，二是因为要防火。被困人员应该是未经允许，自行攀爬上山。

（对比稿）

北京7人登残长城被困　2人冻死

本报讯（记者许前程） 记者今天早晨获悉，两名昨天攀登九眼楼残长城被冻昏迷的市民不治身亡。

昨晚11时54分，延庆县永宁消防中队接到指挥中心命令：黑坨山九眼楼风景区有人被困山上，急需救援。永宁消防中队派出7名队员赶赴现场，同时联系110、120联合出动。

据了解，7位市民昨天上午去爬九眼楼残长城，结果因体力透支、天寒地冻而被困山上。

由于被困人员说不清自己的准确位置，手机信号也不好，再加上昨晚山上气温低，下雪，救援难度大。四海森林消防中队、怀柔迎宾路消防中队随后也赶到现场支援。

今天凌晨1时许，在附近村民的指引下，救援人员在山上展开搜索。“山上特别冷，连口水都结冰了。”参与搜救的消防队员告诉记者。

今天凌晨5时许，消防队员们终于找到了7名被困人员，其中2人昏迷，被抬到急救车上未能抢救过来。男子今年60多岁，女子49岁。其余5人无大碍。

四海镇工作人员说，九眼楼长城景区每年10月4日至次年4月30日均封闭不对外开放。

九眼楼位于怀柔县与延庆县交界处，海拔1100多米，有“万里长城第一楼”之称。

解读

原报纸标题为《登残长城两人因冻身亡》，凤凰网在转载时，可能编辑考虑到传播覆盖面更广而将标题改为《北京7人登残长城被困　2人冻死》，但修改后的标题仍有不足，其一，被冻死的女性年仅49岁，按现在的平均寿命称其“老人”比较勉强，依照现行的劳动法规，女性55岁才退休，49岁怎么能算老人？再说，稿件中没有清晰地交代这7人的具体年龄，因此将7人都说成是“老人”，表述不够准确；其二，“2人被冻死”的“被”可删除，不影响原意，也符合汉语言的表达习惯。所以，标题改为《北京7名市民登残长城被困　2人冻死》更为准确、简洁。

原稿614字，对比稿420字。原稿的不足是：首先导语缺乏提炼，长达91字，信息量冗余，修改后33字足够了；其次是九眼楼的地理背景知识隔断了文脉，不如置于结尾；还有就是主体部分文字不够精炼，事实重复叙述；主体中“多名被困人员年龄在50岁以上”表述含糊，可能是记者采访时不全面、不细致所致，未搜集到相关资料，这不符合新闻语言准确、具体的要求。该报道还有不足的是，信源均为匿名。

（原稿）

安徽一公安局长驾车撞死4岁男童　死者爷爷自杀

2011年12月15日　来源：东南网

12月6日傍晚，安徽祁门县公安局森林分局局长江某驾车途经该县历口镇深都村时，撞到一四岁男孩小贝致其死亡。12月13日，小贝75岁的爷爷喝下农药身亡。昨日，记者从林业局获悉，局长江某目前已被停职，同时，当时同车的历口森林派出所副所长汪某被曝当晚饮酒。

七旬爷爷喝农药身亡

昨日，记者来到历口镇深都村，提起这个不幸的家庭，村民们纷纷摇头叹息。距事故发生已过去一星期，当小贝的父母亲还在承受着丧子之痛时，不幸再次降临在这个家庭。

据汪荣华介绍，自儿子小贝出事后，75岁的老父一直过度悲伤，13日9时左右，在喊父亲吃早饭时，发现他在房间里喝了农药，经医院抢救无效后死亡。交谈中，汪荣华称，局长江某驾驶警车致儿子小贝死亡，甲方森林分局同意赔偿人民币39.8万元，已于12日全部支付到位，同时他还向记者出示了赔偿协议。

原本想查“动物贩子”

对汪荣华家庭的连遭不幸，回想起不堪回首的事故现场，村民们有诸多疑问，江局长开警车为什么不穿警服？撞人后不是救人而是匆忙离开现场，到底何意？

针对村民的疑问，记者来到历口森林派出所。据戴伟所长介绍，事发当天上午，一个村民到派出所称当晚五一桥可能有人要贩卖野生动物到外地，但该村民不愿留下姓名和联系方式就一走了之。戴伟称，就村民的举报情况，当即就向江某进行了汇报。

当晚6时20分左右，江某一人驾车来到派出所。经商量，分成两组进行巡查堵截，江某带着副所长汪某开车往历口方向。让戴伟没有想到的是，自己和另外一个民警往闪里方向还没走多远，就接到江某电话称车子碰到人了，“当时我就让局长赶紧跑，怕有村民打他”。

副所长当晚曾经饮酒

既然是去查堵案件，为何有人称当事人曾饮酒？就记者提出的疑问，戴伟解释说，当天分局在辖区开展百日整治行动，晚上大家一起在派出所食堂吃饭，当时有人拿出一瓶酒招待他们，“我没有喝，这时汪某走了过来，他们就要求汪某喝一点，汪某喝了大概一两多，但在此之前我没有告诉汪某晚上有事，江局长当晚没有喝酒”。

据祁门县林业局纪检负责人介绍，12月12日，该局党委决定对江某停职。采访中记者获悉，该局在12月13日召开了分局各科所队会议，对警车的使用情况进行了详细规定，民警上班时必须按照规定着装，同时要求他们在工作日和值班日不得饮酒。

祁门县纪检委相关负责人告诉记者，江某的问题还在进一步调查中，同时要求历口林业派出所提供接警记录，并找到举报人以便纪检委核查。

新闻背景

12月6日晚6时20分左右，祁门县公安局森林分局局长江某驾驶一辆皖J0591警牌的帕萨特轿车，在途经历口镇深都村时，撞到一四岁男孩小贝致其死亡。

据小贝父亲汪荣华介绍，事发时，自己和妻子带着儿子在一农户家喝喜酒，大概在6点多的时候，突然一村民跑过来说小孩被警车撞了。随后，小贝被送往医院，途中遇到120，被宣告死亡。

据村民汪荣成介绍，当时突然听到一声响时，自己就跑到公路上，看到一辆警车在向后面倒车。汪荣成正准备上去问个明白时，见驾驶员（江某）穿一件便衣从车里下来离开。

当晚8时许，记者电话联系上江某，得知记者的来意，他称就是一起交通事故，“事情已和交警队说过了”。

（对比稿）

安徽一公安局长驾车撞死4岁男童

本报讯 记者昨日从安徽祁门县公安局森林分局获悉，该局局长因驾警车撞死一位四岁男孩并逃逸已被停职。祁门县公安局森林分局已于12日按照协议，向死者家支付39.8万元经济赔偿。

历口森林派出所戴伟所长告诉记者，12月6日事发当天上午，一个村民到派出所称当晚五一桥可能有人要贩卖野生动物到外地，但该村民不愿留下姓名和联系方式就一走了之。戴伟称，他当即将村民举报的情况向祁门县公安局森林分局局长江某汇报。

当晚6时20分左右，江某驾车来到历口派出所。经商量，他们决定分两组巡查堵截，江某带着副所长汪某开车往历口方向，戴伟和另外一个民警往闪里方向。不料，没走多远，戴伟就接到江某电话称车子撞到人了，“当时我就让局长赶紧跑，怕有村民打他”。

历口镇深都村村民汪荣成说，12月6日晚上6点20分左右，他突然听到异常的响声，跑到公路上，看到一辆皖J0591警牌的帕萨特轿车在倒车。汪荣成正准备上去问个明白，只见江某穿一件便衣从车里下来匆匆离去。

据被撞身亡男孩小贝的父亲汪荣华介绍，事发时，自己和妻子带着儿子小贝在一农户家喝喜酒，大概在6点多的时候，突然一村民跑过来说小孩被警车撞了。随后，小贝被送往医院，途中遇到120，但孩子已身亡。

汪荣华告诉记者，儿子小贝出事后，75岁的老父陷入了巨大的悲伤之中，12月13日9时左右，老人在房间里喝农药自杀。

当时同车的历口森林派出所副所长江某被曝当晚饮酒。戴伟向记者证实，“汪某喝了大概一两多……江局长当晚没有喝酒”。

肇事人江某接受记者电话采访时称这是一起交通事故，“事情已和交警队说过了”。

祁门县林业局纪检负责人说，12月12日，该局党委决定对江某停职，他的问题还在进一步调查中，同时要求历口林业派出所提供接警记录，并找到举报人以便纪检委核查。

解读

《安徽一公安局长驾车撞死4岁男童　死者爷爷自杀》原稿长达1264字，与特稿（通讯）的篇幅差不多了。该新闻列了三个分标题和一个新闻背景。通篇读完之后发现，消息结构中的四个部分有重复信息，导致新闻冗长。其实，分标题的写作模式在本文中割断了故事的文脉，不如按照传统的倒金字塔结构，简洁凝练，节奏明快，逻辑严密，仅用718个字就将故事交代清楚了。

如今像这则新闻一样写法的作品在都市报、晚报、晨报等市民报纸上已经屡见不鲜，成为一种通用的消息写作模式。按照传统的报道方法，消息一般是不列分标题的，因为消息的篇幅多为数百字，除非数千字甚至上万字的特稿（通讯）才使用分标题。分标题的目的在于突出长篇幅报道的要点，结构明晰，便于读者阅读领会，把握信息重点，增加读者的阅读兴趣，提升传播效果。

都市类报纸流行的分标题长篇幅的新闻写作模式带来了一个副作用，即记者用了分标题就意味着消息的长度超过了800字。目前都市类报纸的通病已经很明显，即大多数消息不管题材如何，新闻价值大小，动辄千字左右，冗长、啰嗦、拖沓，已经成为一种类型化写作的弊病。其实，内容决定形式，为文要诀在于得体。

多家网站转载这条消息时均未标明记者名字。

（原稿）

大一女生被6名老师带出“吃饭”深夜坠亡

2012年11月18日 22:47 来源：《中国商报》 作者：石荣标 余斌

19岁，生命的美好画卷才刚刚展开；19岁，一朵含苞的花蕾刚刚要绽放；19岁，人生的滋味才刚刚体验……然而对于青岛求实职业技术学院的大一新生刘晓傲来说，这一切，她都再也无法憧憬了。一场意外画上了她的人生句号。10月27日晚上，刘晓傲连同另外5名同学被学校的6名老师叫出去“吃饭”，随后，从四楼洗手间的窗户不幸坠楼身亡。目前，死者家属和校方仍在就此事进行交涉。然而，记者调查发现，该校在一年内死亡的还不止刘晓傲一人，而且该校还发生了强制老师招生等等丑闻。

美女新生被老师带出“吃饭” 深夜坠楼身亡

19岁，生命的美好画卷才刚刚展开，可是青岛求实职业技术学院的大一新生刘晓傲却无法再憧憬这份美好了，10月27日，她的人生戛然而止。

今年9月1日，家人刚刚把她送进了大学的校门，可怎料，却成了永别。刘晓傲的爸爸告诉记者，10月27日晚上，晓傲连同另外5名同学被学校的6名老师叫出去吃饭，也不知他们对女儿做了什么，夜里的10点34分，晓傲在酒店四楼洗手间的窗口不幸坠楼当场身亡。

当日，也是学校校庆日。

从青岛当地新闻媒体的报道上，记者看到，媒体报道说刘晓傲他们喝了40多瓶啤酒。而刘晓傲的父亲则对当地的报道不予认可，认为当地的媒体受到了青岛求实学院的误导。

刘晓傲的父亲说：“学校负责人在电视媒体和学生中大肆宣传，说我女儿是自己喝醉了发生的意外，谁能证明这是意外？谁能证明我女儿喝醉酒了？”

从照片上看，晓傲是一个美丽文静也很单纯的女孩，留着一袭长发，长着一双大大的眼睛。“再过一个多月，孩子就19岁了。孩子长得非常漂亮，身高1.70米，在求实学院就读的是空乘专业，她希望毕业以后能当上空姐。”刘晓傲的父亲喃喃地说。

刘晓傲的叔叔告诉记者："孩子太漂亮了，而且正是充满幻想天真烂漫的年龄，刚刚被录取到空乘专业，对前途充满了幻想啊，孩子不可能想不开啊！"

对于爱女的身亡，刘晓傲的父亲告诉记者："我的孩子到学校是来上大学的，深更半夜，谁让你们老师带着孩子出去'吃饭'的？最关键的是，在吃饭的过程中，那些老师有没有让她喝酒？如果有，一个女孩，涉世不深，他们让她喝那么多酒有什么企图？如果没有喝酒，那么一个清醒的人怎么就坠楼了？是不是吃饭的过程中他们对孩子做了什么？孩子是逃走掉下去摔死的，还是故意有人把她推下去的？……这一系列的问题都需要求实学院给个解释！"

"孩子死亡后的第二天，学校才通知我们过来。孩子出事后第一时间，学校为什么不马上通知我们，为什么要拖延一天才通知？这一天他们干了什么？今天我们都来了8天了，院方一直躲着不见人，是在隐瞒事实、推卸责任。"刘父称，"青岛求实职业学院草菅人命，才上学不到两个月就害死一个，谁知道这样的学校办下去还会有多少家庭像我们一样失去爱女、爱子的呢？我们不敢想，但是，我们会通过我们血的教训，去说服世人擦亮眼睛，看清青岛求实学院的真实面目。我们会不惜一切代价为爱女讨回这个公道的！"

学校党委书记：报道这个干什么？别没事找事！

11月6日，记者拨通了求实学院负责处理这一问题的该校党委书记徐键忠的电话，但让人意外的是，这位校领导在听说记者要采访后，十分生气地训斥道："你个小小商报的记者，你不去报道商业行为，报道这个干什么？和你们有什么关系？你们是公安报？！别没事找事！"不等记者答话，这位书记就挂掉了电话。

刘晓傲的父亲告诉记者："在孩子出事以后，我们一家人都是悲痛欲绝，感觉像是天要塌了下来，从老家淄博刚一到求实学院，就发现诸多疑点：学生们见到我们就像见到了瘟神一样，唯恐避之不及；学校早在我们到来之前就采取了封校、封锁消息、散布谣言、隐瞒事实的措施，而且还在当地的媒体和学生中大肆宣传，说我女儿是自己喝醉了酒发生了意外。"

"让我们更没想到的是，林院长林夕宝以种种理由推托避而不见，直至6天之后，才勉强和我们通了一个电话，结果他在电话中非但没有一句安慰关心的话，相反还污蔑说我们打骂老师。我们连那几个老师长什么模样都没见到，怎么打骂他们？"刘晓傲的父亲告诉记者，"就算是孩子醉酒后发生的意外，学校的老师为什么让女学生喝那么多酒？这些老师是什么企图？你这是什么校风？你是怎么为人师表的？！真后悔把孩子送来这所学校。"

"苍天有眼，我们要是动了他们老师一个手指头，哪个指头动的，就烂掉我们哪根指头！林夕宝撒谎污蔑我们，他敢不敢诅咒烂掉他自己的嘴巴？！"刘晓傲的一位亲属愤怒地告诉记者。

“招生的时候说得天花乱坠，说他学校怎么怎么好，怎么怎么正规，我们一个好端端的闺女，才来了50天，就这么不明不白地没了，难道你连一句解释的话都没有，一点都不愧疚？！”刘晓傲的父亲质问道。

采访中，同样是一家私立学校的老师告诉记者：“不瞒你们说，求实学院，其实就是打着教书育人的幌子在做生意罢了，只要能挣钱，他们是什么都干，什么都敢许诺，什么专业都敢开，哪怕没有资质也要开热门的专业，校长就是个商人。”

而另一位知情人告诉记者：“其实空乘专业对求实学院来说，就是个骗人的幌子，这个专业毕业的学生根本就不会被哪一家航空公司招去当空姐，就因为求实学院离青岛流亭国际机场比较近，所以学校就想出了一个‘空乘’专业，实际只是个噱头。”

第一条人命，2011年9月3日，大众网报道，7月28日上午7时30分，青岛求实职业技术学院28岁女教师小宋，被发现全身赤裸地漂在校园的水塘里。经过尸检发现，小宋在生前曾经受到过性侵犯，被人奸杀。

第二条人命，2011年11月25日，《半岛网·城市信报》报道，11月24日一早，青岛求实职业技术学院一个来自山西省的学生干部跳楼，当场死亡。记者在采访中了解到，死者平时为人很好，未与同学发生过矛盾，而这次坠楼，学生推测应该是有一些别的原因。

第三条人命，则是被老师领出去“吃饭”的刘晓傲。

此前，求实学院还发生过其他学生的死亡事件。

青岛求实学院逼老师招生　完不成任务重则辞退

一位自称是求实学院在校生的年轻人，非常警惕地告诉记者：“学校隐瞒真相，比杀人更阴险狠毒。他们整天琢磨的是怎么招生，怎么骗人，怎么骗到更多的钱。”

2012年8月，青岛求实职业技术学院新生还未报到，学校已经“规划”好了2013年的招生计划。所有老师要提前交上最低4000元的招生“诚信保证金”，未完成招生任务的不予返还。“求实学院对招生有些走火入魔了吧，学校实行全员招生。强制老师招生，完不成任务轻则扣钱，严重者开除。”（环球网2012年8月22日曾报道过）

律师观点：求实学院连续发生问题绝非偶然

对于青岛求实职业技术学院出现的一系列死亡事故，记者又采访了山东云江律师事务所主任江云姜律师和青岛大学法学院教授孙莉女士。

两位法律专家告诉记者，人多的地方，有些事故的发生是难免的，但是接二连三死人就不应该了，学校在管理上肯定存在一定问题。就刘晓傲死亡事件来说，除学校应承担管理不当责任外，和刘晓傲一起吃饭的老师和同学都应负一定责任，吃饭时是谁劝她喝酒或者逼她喝酒；从酒店四楼的窗户坠下来，酒店的设施肯定也有问题，酒店也应该承担一定的责任。

（对比稿）

大一女生参加师生聚会　酒店坠亡

中国商报11月18日电（记者石荣标　余斌）青岛一名大一女生半个多月前参加师生聚会从酒店坠亡，死者家属和校方至今仍在为此事的善后交涉。

死者名叫刘晓傲，曾是求实职业技术学院（以下简称求实学院）空乘专业的学生，今年不满19岁。刘父告诉记者，10月27日晚上，刘晓傲连同另外5名同学和学校的6名老师出去吃饭，当晚10点34分，她从酒店四楼洗手间的窗口坠楼身亡。当日是学校校庆日。

青岛当地新闻媒体报道说刘晓傲一行11人喝了40多瓶啤酒。刘晓傲的父亲认为学校负责人在电视新闻里和学生中宣称刘晓傲“醉酒”、出事属“意外”是误导。“谁能证明这是意外？谁能证明我女儿喝醉酒了？”

从照片上看，刘晓傲是一个美丽的女孩，一袭长发，一双大大的眼睛。刘晓傲的父亲说：“在孩子出事以后，……感觉像是天要塌了下来。”

刘父说在孩子死亡后的第二天，学校才通知他们来校。“今天我们都来了8天了，院方一直躲着不见人。”刘父说，他们从老家淄博来到求实学院，学生们见到他们唯恐避之不及。他怀疑学校有意在封锁消息。

他对院长林夕宝6天之后和他们通电话表示不满：“没有一句安慰关心的话……”

11月6日，记者拨通了求实学院负责处理该事件的党委书记徐键忠的电话，他说：“你个小小商报的记者，你不去报道商业行为，报道这个干什么？和你们有什么关系？你们是公安报？！别没事找事！”说完就挂掉了电话。

山东云江律师事务所主任江云姜律师和青岛大学法学院教授孙莉女士告诉记者，就刘晓傲死亡事件来说，除学校应承担管理不当责任外，和刘晓傲一起吃饭的老师和同学都应负一定责任，吃饭时是谁劝她喝酒或者逼她喝酒。酒店的设施肯定也有问题，酒店也应承担责任。

解读

按照新闻专业主义精神的原则，新闻报道应该恪守新闻客观性原理，事实与意见表达分离，记者在报道中秉持中立立场，给予当事方以平等的表达权。《中国商报》的原报道“道德好恶先行，事实和意见杂糅，不追求事实的精准和报道的多元求证即平衡，暴露了传统新闻文体在法治时代的弊端”（展江）。

原稿2823字，从标题、导语、躯干部分一直到结尾，记者的主观倾向性和观点立场都十分鲜明地流露出来，偏向于当事人刘晓傲家一方，事件经过也来自于刘父一人的讲述，这就有违新闻写作客观、平衡的基本要求。报道从标题到小标题、行文中处处都有充满了暗示性和主观倾向性的词句，如“美女”、“6名男教师”、加引号的“吃饭”等等。导语采用了文学抒情的手法，更是明显的情感偏向和预设立场。

记者在对主人公的称呼上就显露了感情立场，称女生为“晓傲”，按照咱们中国人的习俗，省去姓，直呼一个人的名显示亲切或亲昵的关系。记者如此称呼岂不是把主人公当成“自己人”了吗？对刘父则一直没有交代名字，用了匿名，如果是对方不愿意透露，这一点理应说明。

记者也是人，有同情心没错，但新闻采访写作不是记者个人的表达权，而是代表公共利益和公众利益行使表达权，媒介是社会公器，只有公开、公正、客观、准确、平衡地报道事实，满足受众的知情权，才能维护新闻的公信力。记者是公众的代言人，理性、质疑、独立意识不可或缺。正是因为记者被情感所左右，导致采访不全面，不客观。采访当地公安局获得权威的死者鉴定材料对于本篇报道至关重要；此外，给予校方以同等的表达权，面对面采访学校领导、与死者同去的师生也是采访环节中的重要一环，不管对方是否配合，记者要努力尝试。如果没想到或者不愿意去做，那就是记者自己的职业素养问题。记者还应该走访新闻现场，去酒店调查了解事实，还原真相。新闻来源单调导致这篇报道对于最关键的核心要素——刘晓傲的死因不明不白。

还是因为感情的偏向，记者在新闻中呈现了与该报道主题无关的信息，如学校曾经出过另外两次死亡事故，学校逼迫教师招生，完不成任务辞退，学校有欺骗家长学生的嫌疑等，记者毫不掩饰地称之为“丑闻”。其实，是不是丑闻，陈述事实就有说服力，更何况像强迫教师招生这类事不算是“丑闻”。逻辑不正确。类似这些与大一新生坠楼无关的信息占用了大量的篇幅，也偏离了新闻的主题。

其实，这篇报道并不复杂，核心问题是：女生死亡的原因是什么？多信源交叉印证，形成无懈可击的证据链，获得权威信源，还原事实真相。记者在采访前不应预设立场，不能以情感冲动代替理性探寻。在这篇新闻中，记者的主观臆断背离了客观性法则，比如仅凭一张死者的照片就断定其“文静也很单纯”，实在夸张。

新闻写作要求记者站在中立立场，用中性词语，准确、平衡、全面地报道事实。对于学习新闻写作的人而言，这篇报道提供了引以为戒的经验教训。修改稿716字。

（原稿）

西宁抓获全能神邪教7名首要分子及另外30名骨干成员

2012年12月16日 3:55 来源：青海新闻网 作者：小方

青海新闻网讯 为严厉打击“全能神”邪教组织，彻底捣毁其组织指挥体系，12月13日晚，根据省公安厅和市委、市政府的统一部署，市公安局在全市范围内迅速开展统一行动，对“12•5”专案涉案人员实施集中抓捕行动，共抓获“全能神”邪教骨干成员37名，其中，邪教组织首要分子7名。

行动前，市公安局要求各区县公安局明确任务，缜密行动，采取多警种协作、立体布警的方式，将邪教组织成员一举抓获。

行动中，全市公安机关迅速行动，果断处置，抓现行，端窝点，取得了重大突破。城东区抓获重点人员9人；城中区抓获重点人员7人；城西区抓获重点人员1人；城北区抓获重点人员4人；湟源县一举抓获骨干分子6人；湟中县抓获重点人员10人。并收缴了大量邪教组织非法宣传材料和传播邪教内容的横幅、光碟、标语、书籍等，以及一些印刷、喷涂设备。

公安民警提醒广大市民，如果您发现身边有邪教组织人员，可及时与公安机关取得联系并进行举报。市公安局举报电话：110或8251673；城东公安分局举报电话：8149110；城中公安分局举报电话：8250081；城西公安分局举报电话：6127110；城北公安分局举报电话：5132110；大通县公安局举报电话：2731110；湟中县公安局举报电话：2231600；湟源县公安局举报电话：2437032。

（对比稿）

西宁抓获“全能神”邪教骨干成员37人

青海新闻网讯 西宁市公安局12月13日晚抓获“全能神”邪教骨干成员37名，其中，邪教组织首要分子7名。

在抓捕过程中，警察收缴了大量邪教组织非法宣传材料和传播邪教内容的横幅、光碟、标语、书籍等，以及一些印刷、喷涂设备。

12月5日，“全能神”教成员在西宁市区多个路段散布传单和宣传片，声称世界末日即将来临，只有信“全能神”才能得救。

“全能神”邪教又名“东方闪电”，也叫“实际神”，20世纪90年代开始在河南出现，并扩展至多个省。它冒用“基督教”的名义发展成员、扩大势力，从事各种非法秘密活动和违法犯罪活动，是带有政治色彩的邪教派别。

针对“全能神”教散布所谓“2012年12月21日是世界末日”的言论，公安机关提醒公众：要树立科学意识和法制观念，对所谓“世界末日”谣言做到不信谣、不传谣。

我国于1999年10月8日发布的《最高人民法院、最高人民检察院关于办理组织和利用邪教组织犯罪案件具体应用法律若干问题的解释》中，给邪教组织作了明确的定义：“邪教组织是冒用宗教、气功或者其他名义建立，神话首要分子、利用制造、散发迷信邪说等手段蛊惑、蒙骗他人，发展、控制成员，危害社会的非法组织”。

根据《治安管理处罚法》，组织、教唆、胁迫、诱骗、煽动他人从事邪教、会道门活动或者利用邪教、会道门、迷信活动，扰乱社会秩序、损害他人身体健康的，可处10日以上15日以下拘留，可以并处1000元以下罚款。

公安民警提醒广大市民，如果您发现身边有邪教组织人员，可及时与公安机关取得联系并举报。（作者 小方）

链接

西宁市公安局举报电话：110或8251673；

西宁市城东公安分局举报电话：8149110；

西宁市城中公安分局举报电话：8250081；

西宁市城西公安分局举报电话：6127110；

西宁市城北公安分局举报电话：5132110；

西宁市大通县公安局举报电话：2731110；

西宁市湟中县公安局举报电话：2231600；

西宁市湟源县公安局举报电话：2437032。

解读

原稿标题过长，应浓缩概括事实，使标题更为简洁。

原稿写作最大的不足是沿用了公文写作的语言习惯，空话多、套话多。从行文风格上看，完全是总结材料，不是新闻。写新闻应该遵循其特有的传播规律，用平实、准确、客观、具体、简洁、形象的语言把一件事的五要素用具体、准确的事实告诉受众，会议发言稿式的程式化、套路化表述不应出现在新闻中，否则，味同嚼蜡，成为信息传播过程中的“噪音”。

原稿在写作上欠缺新闻背景，如“12•5”究竟指的是什么？“全能神”教是一个什么样的教派组织？它的前世今生是怎样的？为什么说它是邪教？按照国家法规，如何处置邪教活动？……这些背景不交代，受众看了新闻不明就里，新闻的传播效果就会大打折扣。经网上查阅资料，对原稿缺损的新闻背景进行了补充。没有新闻背景，新闻传播就会失去应有的价值。

另外，冗长的举报电话不是新闻事件中的事实要素，是消息主题之外的附属，将其与新闻分离出来，单独成篇，作为服务性信息，传播效果更好。

（原稿）

福建福安民众在车祸现场打砸掀翻3辆警车

2012年11月18日 1:59 来源：福建宁德网

宁德网消息 11月17日19时57分，福安市城区十景韩阳酒店门口发生一起交通事故，一辆车牌号为闽JJ9025的小轿车与另一辆小轿车及三辆摩托车连环碰撞，造成5人受伤。事故引发现场少数群众不满，对公安出警车辆进行打砸，三辆警车被掀翻。事发后，宁德、福安两级市委、市政府高度重视，立即成立事故应急处置领导小组开展调查处置，并设立医疗救助组、现场处置组、事故调查组、善后工作组、案件侦办组、宣传报道组开展工作。目前，受伤人员均已送往闽东医院救治，其中一人经检查后已出院，4人正在观察治疗，生命体征平稳。现场事态目前已经平息，群众情绪基本稳定，据初步调查，肇事驾驶员江某为无证驾驶，已被警方控制，事故原因正在进一步调查。

（对比稿）

福建福安民众打砸掀翻3辆警车

宁德网消息 福安市昨天因为一起车祸5人受伤引发小规模骚乱，三辆警车被打砸掀翻。目前事态已平息。

5名车祸伤员中一人经检查后已出院，4人正在观察治疗，生命体征平稳。

17日19时57分，福安市城区十景韩阳酒店门口发生一起交通事故，一辆车牌号为闽JJ9025的小轿车与另一辆小轿车及三辆摩托车连环碰撞。受伤人员被送往闽东医院救治。

处理事故的警察赶到现场后，围观群众有人发泄怨气打砸警车。

据初步调查，肇事驾驶员江某为无证驾驶，已被警方控制。

事故事发后，宁德、福安两级市委、市政府成立事故应急处置领导小组开展调查处置。

事故原因正在进一步调查。

解读

从网站上看到该新闻时吃了一惊，竟然没有分段落，从头到尾就一段，结构上如铁板一块，生冷、僵硬。

该新闻最大的不足在于没有讲清楚发生群众打砸警车的原因，看完新闻后令人迷惑不解。既然不是警察撞伤了人，不是警车导致了车祸，为何现场受众要把气撒到警车上？作为突发事件报道，及时性、真实性、客观性、平衡准确等报道原则不可或缺，事件发生的时间、地点、伤亡人数、原因、救援情况不可或缺，即便出于采访的困难一时无法获得权威准确的原因，也可通过采访多位现场目击者并交代信源，从侧面告诉受众尽可能多的现场信息。记者对现场的目击描述也十分重要，它使新闻有画面感，增强可读性。

作为突发事件新闻，该报道的时效性慢了，数字传播时代处理公共危机事件，让真相及时公开、透明，对于维持政府公信力、保持社会稳定善莫大焉。事实证明，让信息透明反而有助于社会的和谐，减少恐慌和疑惑，阻断流言或谣言蔓延。藏着掖着，企图蒙蔽百姓在互联网时代是掩耳盗铃的行径，反倒让自己陷入被动的尴尬境地。政府公共服务部门面对突发公共危机事件，强堵不如疏导，满足受众知情权、表达权和参与权是社会民主文明的标志。

作为新闻媒体，真实性、及时性、客观性报道新闻是营造社会公信力、打造媒介品牌和美誉度的竞争法宝。

（原稿）

《调戏人家妻还碾死人家》续：肇事者与女子可能认识

2011年11月17日　来源：台海网

12日凌晨，诏安县南诏镇的沈舜娜，在自己家门口，亲眼看着自己的丈夫被一辆白色奥迪车碾死。而事发前，沈舜娜和丈夫正骑着电动车，从娘家回来，在路上，遇到开着白色奥迪车的何伟，被何伟调戏，之后事件不断升级，其丈夫最终被何伟撞死。此事件经独家披露后，在网络上引起了广泛议论。

“这个事情让人很气愤”

网络社区的网友“小飞骑”在论坛上说：“本人就是诏安人，而事发的时候我朋友就在附近吃夜宵，后听说有人打架过去看了，事情经过大概就是酒驾男看一个男的用电动车载一女的，过去调戏了一下，然后死者就骂了一句，接着开电动车就走，酒驾男开车尾随，刮蹭了一下死者的电动车，死者拿石头砸了一下奥迪，后奥迪车上酒驾男和另外一个男的下来打死者，有人劝架也被打，死者当时逃跑，酒驾男开车后撞死（女子丈夫），反复碾轧。另从一些认识的人处听说，酒驾男读书的时候就类似混混，而后做带点半黑半白的生意。”

而本报记者从另一位诏安网友处了解到，被调戏的女子，可能跟何伟也是认识的。但这个事件让人气愤的是，何伟开着豪车逞威风，是看人家骑电动车的人不起。何伟调戏那个女子，女子已经表示不认识他了，还一路跟着纠缠，最后还追到人家家门口撞死了人。

七旬老教师颤抖着谴责

“这个世界，怎么还有这样的人，一条人命呀，就这样活生生地被剥夺了，这是故意杀人呀！”电话中，芗城区的刘先生愤怒地说，“我们是社会主义国家，即使你再有钱、有势，你也不能这样轻易地剥夺一个人的生命呀，这种人一定要严惩，只有这样，才能打击肇事者的嚣张气焰。同时，我也希望诏安的警方能尽快破案，给受害者家属一个交代。”

厦门的庄先生，也在电话中愤怒地谴责肇事者的恶行。“我看到报纸上的报道后非常气愤，哪有这样的人，明目张胆地开车撞人，还导致对方死亡。这是什么性质呀，这是杀人呀，如果这样的人得不到严惩的话，法律何在？”

厦门的庄阿姨是位老师。电话中，庄阿姨用几乎颤抖的声音说：“我今年都快70岁啦，我长这么大，还是第一次见到这种恶劣的行为。我们是社会主义国家呀，这样的行为是绝对不允许发生的，希望有关部门能尽快破案，给受害者家属，也给这个社会一个交代。”

（对比稿）

《调戏人家妻还碾死人家》续：涉嫌故意撞死人的奥迪车主受到舆论谴责

台海网讯 何某调戏诏安县沈女士并开车撞死其丈夫的新闻经本报15日独家披露后引发舆论关注。

网友“小飞骑”在网络社区论坛上转述了他的朋友在事发现场的目击事实，证实了沈女士的描述：“酒驾男看一个男的用电动车载一女的，过去调戏了一下，然后死者就骂了一句，接着开电动车就走，酒驾男开车尾随，刮蹭了一下死者的电动车，死者拿石头砸了一下奥迪，后奥迪车上酒驾男和另外一个男的下来打死者，有人劝架也被打，死者当时逃跑，酒驾男开车后撞死（女子丈夫），反复碾轧。”

网友“小飞骑”在论坛上说：“从一些认识的人处听说，酒驾男读书的时候就类似混混，而后做带点半黑半白的生意。”

厦门的庄阿姨是位老师。她给本报打来电话，用几乎颤抖的声音说：“我今年都快70岁啦，我长这么大，还是第一次见到这种恶劣的行为。”

“一条人命呀，就这样活生生地被剥夺了，这是故意杀人呀！”芗城区的刘先生给本报打来电话说，“这种人一定要严惩……我也希望诏安的警方能尽快破案，给受害者家属一个交代。”

厦门一位姓庄的先生给本报打来电话问：“如果这样的人得不到严惩的话，法律何在？”

解读

原标题《肇事者与女子可能认识》偏离了新闻主题，根据报道内容，改为《涉嫌故意撞死人的奥迪车主受到舆论谴责》更契合主题。

原稿最大的问题首先在引语的使用上。

新闻原稿共引用了4句直接引语。第1句比较啰嗦且表述不够准确。既然记者对事实已经清楚，在导语中对事件经过也做了交代，就不用再重复使用网友的叙述了，直接引用网友披露的加害者的事实信息即可，一句话就够了。

第2句直接引语体现了说话人的真情实感，读者仿佛“看到”了说话人愤怒的表情，“听到”了其怒斥声，但比较冗长，筛选一句就可以了。“我们是社会主义国家，即使你再有钱、有势，你也不能这样轻易地剥夺一个人的生命呀！”这一句有逻辑问题，难道非社会主义国家就可以在光天化日之下明火执仗、当街撞死人？对于刑事犯罪，法治国家都会依法制裁，与社会制度无关。

第3句也不够精炼，只要最后半句话就足矣。

第4句犯了和第2句同样的逻辑错误，也不凝练，应将与第2句雷同的话删除，只用其中一句个性化表白即可：“我今年都快70岁啦，我长这么大，还是第一次见到这种恶劣的行为。”

记者使用引语时一般宜精不宜杂、宜少不宜多，筛选出采访对象最精彩的感性或理性表述、最有个性的语言或者含有潜在含义信息的一句话会令报道出彩。偶尔也有引用多句采访者原话构成一个段落或成为主要篇幅的情况，如采访者口才出众，其语言的逻辑性较强，出口成章，语言精彩生动，掐出一句或半句影响语义的完整性，会产生歧义，令受众费解或影响报道的效果等。

西方记者在新闻写作中善于使用引语，其好处是：增加新闻的真实性、客观性；体现对采访对象的尊重；丰富语体表达形式，使书面语（记者叙述）与口语（直接引语）相映照，文风活泼，增强可读性；同时，引语还能体现采访对象的个性、情感、思想、身份、职业、生活环境、语言风格等潜在信息，唤起受众对场景的联想。

原稿在结构上十分松散，语言冗长，无效信息多，压缩删减后，小标题多余。其实，原稿的两个小标题都有缺陷，第一个题不对文，第二个未准确概括事实。此外，原稿将当事人沈女士的全名曝光最好征得当事人同意，这体现记者对隐私权的尊重。同时记者应控制情感偏向，对犯罪嫌疑人的人格尊严也应尊重，不公开其姓名。

如果记者写作再用心一点，编辑再认真修改，这篇消息的易读性就增强了，传播效果会更好。有一句话说“萝卜快了不洗泥”，对于新闻人而言，既要“萝卜快”，又要“洗泥”，新闻产品应该展现文化的品位，既重视时效性，也重视写作的专业主义精神。

（原稿）

上海步行街鲨鱼缸爆裂　3条鲨鱼死亡15人受伤

2012年12月18日　20:56　来源：新民网

新民网•独家报道　今天（18日）晚间，有网友曝料称，南京路步行街东方商厦一用作鱼缸的玻璃橱窗突然爆裂。新民网记者赶赴现场后看到，事发东方商厦一楼，现场有大量水迹，已经拉起警戒线；记者从黄浦警方获悉，15名路人因玻璃爆裂受轻伤，目前已被送医；而橱窗中养的三条小鲨鱼也因此全部死亡。

新民网记者看到，晚间8时左右，陆续有网友在微博上曝料称，南京路步行街东方商厦门口的鲨鱼缸爆裂了，并续称“鱼缸中的小鲨鱼掉在地上”“有人受伤”。新民网记者20时30分赶赴现场后看到，爆裂的为东方商厦一楼位于南京路步行街上的一面约三米高的玻璃橱窗，据目击者称，橱窗约在19时50分发生爆裂，爆裂时有“砰”一声响声，而橱窗中原先养殖的小鲨鱼等也随之掉落在地。

尽管距离橱窗爆裂已经有半个小时，但记者看到，事发现场仍一片水迹，地上残留不少碎玻璃，警方也在附近拉起了约数百平米的警戒线。记者注意到，碎裂的玻璃有数十厘米厚，事发橱窗的旁边正在装修，仍搭着脚手架。受到橱窗爆裂的影响，东方商厦南京路步行街的门已经无法进出，经营也受到一定影响。据透露，橱窗中养的三条小鲨鱼也由于玻璃爆裂全部死亡。

据警民直通车黄浦消息，今天19：55许，南京东路东方商厦一鱼缸发生爆裂，造成15人不同程度受伤，均无生命危险。接警后，黄浦分局民警立即到达现场，设置警戒区域，维护现场周边安全。目前，有关部门正在紧锣密鼓地开展处置工作，请过往市民注意安全。（新民网记者胡彦珣）

（对比稿）

上海南京路步行街一鲨鱼缸爆裂　15人受伤

新民网讯（记者胡彦珣）记者刚刚从黄浦警方获悉，今天19时55分许，南京路步行街东方商厦一玻璃橱窗突然爆裂，15名路人受轻伤送医，无生命危险。

20时左右，陆续有网友微博曝料称，南京路步行街东方商厦一用作鱼缸的玻璃橱窗意外爆裂，“鱼缸中的小鲨鱼掉在地上”“有人受伤”。

记者20时30分赶赴现场后看到，事发东方商厦一楼位于南京路步行街上的一面约三米高的玻璃橱窗，地上残留不少碎玻璃，警方在附近拉起了约数百平米的警戒线。据目击者称，橱窗约在19时50分发出“砰”的一声，里面游动的小鲨鱼等随之掉落在地，全部死亡。

记者注意到，碎裂的玻璃有数十厘米厚，事发橱窗的旁边正在装修，仍搭着脚手架。受到橱窗爆裂的影响，东方商厦面向南京路步行街的门已经无法进出，经营受到影响。

有关部门目前正在现场处理善后事宜，请过往市民注意安全。

解读

原稿的标题应突出上海“南京路”，因为它是知名度很高的一处景点，中外游人麇集，每天熙熙攘攘，川流不息，增补该新闻背景有利于提升新闻价值。“步行街”遍及每个城市了，不稀罕，而上海“南京路步行街”全国闻名，它具有显著性新闻价值。此外，新闻应以人为本，标题宜简洁准确，故改为现标题。

原稿导语冗长粗糙，与躯干中的信息重复，应精心提炼修改。

原稿对时间的表述格式不统一，会引发受众迷惑。

原稿中从导语到结尾均有重叠与冗余的信息，删改后简洁明晰，有利于增强新闻传播效果。

该新闻的时效性好，但写作仓促，缺憾明显。作为记者，如何在突发事件报道中既快又好，倚马可待且行文规范，尽显新闻文化品位，需要在平时勤学苦练，掌握过硬的采写基本功。

（原稿）

河南4岁幼儿没带作业本被两名教师脱裤子轮流鞭打

2013年1月2日　9:44　来源：大河网　作者：赵檬

大河网讯（记者赵檬　河南手机报豫报员殷勇）12月28日，信阳市潢川县城关育苗小学幼儿园中班的4岁男生黄兴（化名）因为忘带作业本，被该校两名教师轮流用教鞭抽打屁股，伤痕至今清晰可见。据该班同学讲，很多学生都曾被这两名教师鞭打。

黄兴是信阳市潢川县城关育苗小学幼儿园中班的学生。据他讲述，12月28日上午，他由于忘带作业本，使得鲍老师和王老师非常生气，在教室里让他把裤子脱下，用教鞭狠狠抽打他的屁股。一名老师打过之后，另一名老师接着抽打。虽然疼痛钻心，但他依然不敢动一下。回家后，他不敢告诉姥姥自己被打的事，直到洗澡时被姥姥发现，他才说出真相。黄兴说，平时他们班的好多同学都经常被老师用教鞭抽打。

据黄兴母亲代女士介绍，由于孩子的父亲两年前去世了，她独自一人带着两个孩子，平时她就在县城打打工，孩子都是奶奶和姥姥在照顾，事发当天她知道的时候已是晚上8点多，因为没有回去的车，第二天才急忙赶回家看到被打的孩子，今天一大早她就去学校找到打黄兴的老师讨说法，哪料打孩子的老师竟拒绝道歉，并说是黄兴自己上厕所时磕的。

黄兴的姥姥说，当天晚上黄兴回去的时候就发现黄兴的裤子没有拉上去，当时也没有在意，晚上给他洗澡的时候才发现黄兴屁股上的伤痕，开始他还不敢说，后来问好多次他才知道原来是被老师打了。她说，把孩子送到学校是为了让孩子接受教育，如果小孩犯了错，学校应该联系家长，不应体罚孩子。

在育苗小学，4岁半的王红（化名）和5岁的杨杨（化名）说，他们也曾经因为没交作业而被老师用鞭子打过。在学生的证实下，当天鞭打黄兴的鲍老师和王老师都承认了当天打了黄兴的事实，王老师说是因为黄兴平时比较内向，当天没有带作业本一怒之下就打了他，可能是用力过重，才伤到黄兴的。但王老师表示她很爱黄兴，打他也是为了他好。

打人的两位老师都不曾获得教师从业资格证，该小学的另一位汪老师（汪校长的女儿）说："幼儿园的老师一般都没有从业资格证，不要说我们学校，整个潢川县也不会有哪个幼儿园的老师有从业资格证。"

该校汪校长说，这两位老师都是今年刚招聘的，确实没有从业资格证，事情发生后，他已经让老师向学生家长道了歉。

记者试图在潢川县教体局办公室了解育苗小学幼儿园是否有办学资质时，遭到办公室工作人员的拒绝，该工作人员表示会将问题向领导汇报，如有结果再和记者联系。截至记者发稿时，并没有接到潢川县教体局的回复。关于此事的最终处理结果，本网将继续关注。

（对比稿）

忘带作业本 “鞭刑”伺候

河南2名教师鞭打4岁幼儿

大河网讯（记者赵檬　河南手机报豫报员殷勇）信阳市潢川县一名4岁幼儿园男生因为忘带作业本，被两名教师轮流用教鞭抽打屁股，伤痕至今清晰可见。

黄兴（化名）是信阳市潢川县城关育苗小学幼儿园中班的学生。他说，12月28日上午，他忘带作业本了，鲍老师和王老师在教室里让他把裤子脱下，轮流用教鞭狠狠抽打他的屁股。虽然疼痛钻心，但他不敢动一下。回家后，他没敢告诉姥姥，直到洗澡时姥姥发现他屁股上的伤痕，他才说出真相。

孩子母亲代女士介绍，孩子的父亲两年前去世了，她独自一人带着两个孩子，平时她在县城打工，孩子都是奶奶和姥姥在照顾，事发当天她知道的时候已是晚上8点多，因为没有回去的车，第二天才急忙赶回家看到孩子屁股上的伤痕。今天一大早她到学校找到打人的老师讨说法，没想到老师拒绝道歉，还说是黄兴自己上厕所磕的。

在学生的证实下，鞭打黄兴的鲍老师和王老师都不得不承认了打黄兴的事实。王老师说因为黄兴平时比较内向，当天没有带作业本一怒之下就打了他，可能是用力过重，才伤到黄兴的。但王老师表示她很爱黄兴，打他也是为了他好。

该校汪校长说，这两位老师都是今年刚招聘的，没有从业资格证，事情发生后，他已经让老师向学生家长道了歉。

黄兴说，他们班的好多同学都经常被老师用教鞭抽打。育苗小学幼儿园4岁半的王红（化名）和5岁的杨杨（化名）说，他们也曾经因为没交作业而被老师用鞭子打过。

黄兴的姥姥说，把孩子送到学校是为了让孩子接受教育，如果小孩犯了错，学校应该联系家长，不应体罚孩子。

解读

新闻原标题是《潢川四岁幼儿因没带作业本遭俩老师轮流鞭打》，搜狐网转载改为《河南4岁幼儿没带作业本被两名教师脱裤子轮流鞭打》，两者面向的受众群不同，标题开头有差异。搜狐网给标题加上“脱裤子”更具体。

原稿993字，对比稿599字。原稿不够简洁，首先是导语写作没有精益求精。导语要短，怎么短？将新闻事实中最重要的部分放在导语里，如果当事人非名人，不必在导语中提及他的名字；如果非必须，当事人的年龄或身份等个人背景不必放在导语里；如果当事人的职务较多、名称较长，应从中选择一个他最看重的……与新闻当事人无直接关联的信息更不要出现在导语里。导语里就拣最重要的说，越简洁越好，新闻躯干和结尾有足够的空间容纳你感兴趣，受众也感兴趣的信息。这就像咱们中国戏曲一样，主角一出场目光四射，神采飞扬。一句道白、一个姿势、一句唱腔、勾魂摄魄，惊艳全场。然后再展开叙事，徐徐道明原委。导语之后的躯干部分和结尾部分都是围绕着导语中的事实展开的，它们是对导语中最重要事实和未呈现的其他相关事实的延展和补充。

原稿不够简洁的第二个原因是部分事实信息重复叙述。平面媒体的传播特点决定了它更简洁、更深入、更深刻，所以，文字简洁的技巧之一是避免重复。

原稿在结构上也有不足。应先说完主人公的故事（被脱裤子打屁股），然后再简洁提供相关的事实背景（其他小孩也被打过），这样条理分明，逻辑清晰。

原稿的最后一个段落与本报道主体并无因果关系，换句话说，它不是本案发生的充分条件或必然原因，可在后续报道中独立成篇。新闻的主题应该集中。

（原稿）

海空拦截，高速靶弹凌空开花

2012年9月18日　来源：《解放军报》　作者：赵海涛　王朝武

本报浙江宁波9月17日电　赵海涛、特约记者王朝武报道：茫茫海空摆战场，浩浩云天砺长剑。9月14日，东海某海域，装备国产新型战机的海军航空兵某团进行首次导弹实射拦截靶弹演练，命中率达到100%。

上午8时48分，副大队长姚建国和王国烦驾驶两架战机直上云霄，瞬间消失在茫茫天际。飞行指挥塔台里，不时传出飞行员与指挥员的通话声。记者在现场看到，作训、通信、气象、机务等飞行保障人员密切注视着各自业务终端，及时报告最新飞行动态。

数分钟后，双机编队进入攻击航线，迅速开启雷达搜索来袭高速机动靶弹。忽然，一个豌豆般大小的亮点出现在显示器上。

“发现并截获目标，请求攻击！”飞行员沉着地向塔台报告。

“攻击！”塔台指挥员、师长魏文徽果断下令。两架战机迎头对靶弹双机齐射，进行超视距攻击。很快，从指挥所传来信息，导弹准确命中目标。

9时23分，副大队长王兴强、团长代长虹和大队长马瑞凯、副团长李津新也分别驾机编队升空，直扑待战空域。这一次，他们要在近距范围内通过目视发现高速靶弹，进而发动攻击。

数分钟后，王兴强和代长虹驾机率先进入攻击航线。发现高速靶弹后，两人密切协同，迅速调整飞机姿态，开足马力，从侧方攻击。随后，马瑞凯和李津新也迅即进行攻击……导弹如离弦之箭向靶弹直扑而去，靶弹凌空开花。

10时25分，实弹射击靶弹训练圆满结束。师长魏文徽告诉记者，这表明该团改装某新型战机已形成战斗力。

（对比稿）

解放军海军航空兵东海演练

首次导弹实弹拦截高速靶弹命中率100%

新型战机已形成战斗力

本报浙江宁波9月17日电 （赵海涛、特约记者王朝武）海军航空兵某团在东海某海域进行首次导弹实射拦截靶弹演练，命中率达到100%。

9月14日上午8时48分，副大队长姚建国和王国烦驾驶两架国产新型战机直上云霄。飞行指挥塔台里，不时传出飞行员与指挥员的通话声。

记者在现场看到，作训、通信、气象、机务等飞行保障人员密切注视着各自业务终端，及时报告最新飞行动态。

数分钟后，双机编队进入攻击航线，迅速开启雷达搜索来袭高速机动靶弹。

忽然，一个豌豆般大小的亮点出现在显示器上。

“发现并截获目标，请求攻击！”飞行员向塔台报告。

“攻击！”塔台指挥员、师长魏文徽下令。

两架战机迎头对准显示器上“豌豆”大小的靶弹双机齐射，进行超视距攻击。

从指挥所传来信息，导弹准确命中了数十公里外的靶弹。

9时23分，副大队长王兴强、团长代长虹和大队长马瑞凯、副团长李津新分别驾机编队升空，直扑待战空域。

这一次，他们要在近距范围内通过目视发现高速靶弹，进而发动攻击。

数分钟后，王兴强和代长虹驾机率先进入攻击航线。

发现高速靶弹，两人协同，调整飞机姿态，从侧方攻击。

马瑞凯和李津新也按下了发射键……

靶弹凌空开花。

10时25分，实弹射击靶弹训练结束。

师长魏文徽告诉记者，这表明该团改装某新型战机已形成战斗力。

解读

因日本野田政府2012年9月11日抛出蓄谋已久的所谓钓鱼岛“国有化”，激起了海内外华人的强烈愤慨，军事题材的新闻格外受到受众的关注。

原稿标题文学味浓，而且不够具体，没有概括出新闻的主要事实，没有突出新闻价值。新闻网站改为《解放军东海演练：新型战机发射导弹拦截高速靶弹》比原标题好，但仍不够准确、具体，也未凸显新闻价值。对比稿改为三行标题《（引题）解放军海军航空兵东海演练　（主标题）首次导弹实弹拦截高速靶弹命中率100%（副标题）新型战机已形成战斗力》能够突出新闻的核心事实，同时具体、准确地显示了新闻价值。“首次”“命中率100%　”“形成战斗力”是该新闻的最主要的事实——结果，也是重要的新闻背景，不可不提。

新闻原稿导语中“茫茫海空摆战场，浩浩云天砺长剑”这两句华美语言做开头不够妥当，太文学味了。读过军报的多篇新闻报道，类似文学抒情的语言常见于报道中。其实，这没有将文学写作和新闻写作严格区分，文学写作可以虚构，语言可以更多地使用积极修辞，文风可以绚丽唯美，唤起人们的审美想象；而新闻写作必须恪守宏观和微观真实，字字句句都应有出处，主要使用消极修辞，还原事实真相，文字通俗易懂、简洁精确，如果新闻中掺杂文学的浓烈抒情手法，鲜明地表明记者的主观倾向性，反而会有损于新闻的真实性。

原稿还有不足是，对“超视距攻击”这一军事术语没有提供背景，不符合新闻写作的基本要求。经查阅网络资料后，做了补充。

原稿“导弹如离弦之箭向靶弹直扑而去”的表述并不准确，实际上，高科技的导弹远比原始的弓射出的箭速度快得多，用此比喻反而把先进的科技变成了落后的工具，岂不是适得其反？

此外，原稿的修饰词也可少用，文句简洁更有表现力。因该报道动感强，采用跳笔的小段落更有易读性。

（原稿）

东海舰队南京号驱逐舰退役　将移交中国海监使用

2012年9月27日　13:54　来源：人民网　作者：吕宁丰

南报网讯（记者吕宁丰　通讯员张新民　练红宁）9月26日，我市流动国土——南京舰退役仪式在海军东海舰队舟山某军港码头举行。海军、中国海监总队、东海舰队某支队相关领导及南京市委常委、南京警备区政委潘秀成出席并讲话，代表800万南京人民向英雄战舰送别。南京舰全体官兵及我市相关部门领导参加了仪式。

初秋的军港，阳光明媚，风平浪静，舷号为“131”的南京舰停靠在军港码头，舰艇桅杆挂满了全旗，水兵们特意在军舰上挂上了“首航南太平洋万里海疆建功勋”“服役三十五载代代水兵写春秋”两条横幅，身着军服的南京舰全体官兵整齐列队在舰上，向这艘英雄舰致以最后的敬意。

上午9：30，南京舰退役仪式举行，潘秀成在讲话中说，奋斗了35载的南京舰将告别海军，又将履行新的历史使命。受800万南京人民委托，代表江苏省委常委、南京市委书记杨卫泽，南京市市长季建业，南京市委、市政府和800万南京人民来向南京舰送别，表达南京人民对南京舰的眷恋和感激之情。“战舰义重，城市情深。”老南京舰官兵创下的业绩必将铭记在南京人民的心中，镌刻在南京的历史上。未来的新南京舰将会是一支更加现代化的海上劲旅。

南京舰政委黄永说，南京舰服役以来，共航行45万海里，先后接待了40多个国家首脑和政要，被誉为“外交明星舰”，1997年南京舰对南京进行了访问，并向南京市民开放。军舰虽然退役了，但南京舰全体官兵与南京人民的情谊永远不会退服役。

1986年建军节，作为东海舰队首艘国产第一代导弹驱逐舰，海军131舰被正式命名为“南京舰”，自那以后，南京舰就与南京结下了不解之缘，全体官兵成了南京的荣誉市民，舰艇这一“流动国土”成了南京城市重要的组成部分。服役30多年来，英雄的南京舰驰骋万里海疆，出色完成了20多次重大战备和军事演习任务，涌现出了一大批优秀官兵，多次被舰队、支队表彰为军事训练先进单位、科技练兵先进单位、基层全面建设先进单位。特别是近几年来，南京舰全体官兵坚持走科技强舰和中国特色的精兵之路，各项建设取得了显著成绩，为南京市获得全国双拥模范城“七连冠”做出了突出贡献。

据了解，26日南京舰退役仪式，海军将军舰移交给中国海监总队，经过整修和改装后，这艘舰艇将成为我国海上执法船舶，继续书写新的辉煌篇章。

背景资料：

131号导弹驱逐舰又名南京号，是我国旅大（051）级驱逐舰，由中华造船厂制造，1977年服役，所属某驱逐舰支队是海军组建最早的作战舰艇部队。131号导弹驱逐舰排水量有3250吨（标准），长132米，宽12.8米。

（对比稿）

东海舰队南京号驱逐舰退役　将移交中国海监使用

南报网9月27日讯（记者吕宁丰　通讯员张新民　练红宁）南京号驱逐舰昨天在海军东海舰队舟山某军港码头举行了退役仪式，它将移交给中国海监总队，成为海上执法船。

舷号为“131”的南京舰是我国旅大（051）级驱逐舰，也是东海舰队首艘国产第一代导弹驱逐舰，排水量3250吨（标准），长132米，宽12. 8米，由中华造船厂制造，1977年服役。

1986年建军节，该舰被正式命名为“南京舰”，全体官兵成了南京的荣誉市民，舰艇这一“流动国土”成了南京城市的组成部分。

南京舰多次被舰队、支队表彰为军事训练先进单位、科技练兵先进单位、基层全面建设先进单位，为南京市获得全国双拥模范城“七连冠”做出了贡献。

在南京舰退役仪式上，南京市委常委、南京警备区政委潘秀成代表江苏省委、南京市委领导和800万市民向南京舰送别，他在讲话中说：“老南京舰官兵创下的业绩必将铭记在南京人民的心中，镌刻在南京的历史上。”

南京舰政委黄永说，南京舰服役以来，共航行45万海里，先后接待了40多个国家首脑和政要，被誉为“外交明星舰”。1997年南京舰对南京进行了访问，并向南京市民开放。黄永说：“军舰虽然退役了，但南京舰全体官兵与南京人民的情谊永远不会退服役。”

海军、中国海监总队、东海舰队某支队相关领导、南京舰全体官兵及南京市相关部门领导参加了退役仪式。

解读

原稿共990字，有重复的信息，引用领导讲话缺乏提炼且没有对引语加引号。原稿的部分表述如“继续书写新的辉煌篇章”等不是新闻语言，是会议发言稿中的套语。原稿单独列出了131舰的详细新闻背景没有必要，不如与文中的新闻背景融合，减少重复冗余信息。

原稿把非关键新闻要素写入了导语里，致使导语长达118字，对比稿突出整篇新闻中受众最关注的核心要素，仅50字。原稿是党报上比较常见的写作思路，关键的问题出在报道观念上，不是从受众本位意识而是从宣传本位意识出发，将新闻写成了会议材料的浓缩版，特别注重仪式中的领导官衔排位，突出报道主要领导干部的言谈，不管其讲话中有无信息含量，摘录了事，把真正最有新闻价值的信息忽略了。这种构思刻板、语言呆板的文风直接影响到了企业报、校报等媒介。

经过结构调整，删除没有信息量的空话和套话，对比稿523字。

该新闻启示我们：新闻有宣传的功能但并不等同于宣传，新闻要让受众自觉自愿地亲近、接受，产生传播效果，就得尊重新闻的传播规律，用新闻思维、新闻视角、新闻语言去报道新闻事实，学会讲故事，让新闻喜闻乐见。

（原稿）

骑车父子被压公交车底　市民抬起9吨重的公交车

2013年1月10日10:51　来源：都市快报•杭州网　作者：张平　谢晓颖

昨天8:43，周先生来电：刚刚，德胜路再行路口，一辆316路公交车把一个大人和小孩压在车轮下了，几十个过路人和交警一起把车子抬起来，受伤的人被送到省人民医院了。

记者核实报道：德胜路再行路口附近，一辆从华丰开往武林小广场的316路公交车靠边停着，绿化带旁，倒着一辆几乎散了架的红黑色电动车，地上还有不少碎片。

目击者说，刚才是有一个男的倒在公交车下面，一条腿被压住了，“哎哟哎哟”地叫，动不了，有个小男孩从车底下爬了出来。后来好多过路人跑过来，和交警一起，把公交车抬了起来，把人救了出来，“场面看着蛮感动”。

他倒地一瞬间

把儿子紧紧护在怀里

伤者姓于，33岁，安徽阜阳人。昨天上午，于师傅转到了省人民医院骨科病房，左腿上用白纱布绑着一块长夹板，左脚明显浮肿。于师傅的哥哥、姐姐、妹妹都赶过来了，他们都在杭州做家禽生意。

“左腿骨折了，刚拍过片，脚上还要再检查。孩子没事，带回家了。”于师傅侧躺在病床上，说腿还很痛很痛。

于师傅是在昨天早晨送儿子上学的路上出事的。

他住香积寺路，在附近一家农贸市场卖家禽已有十几年。儿子9岁，在体育场路一所小学读书，每天都由他接送儿子上下学。

昨天早上7点半，于师傅骑着电动车，儿子坐在前面，到了德胜路再行路口。“我从再行路过来，要穿过德胜路，路口是绿灯，我直行，316路公交车往德胜路右拐弯，公交车大概没看到我，逼过来了，我车把忙向右边打，可还是没躲开……”于师傅连人带车倒在了地上，左腿一阵剧痛，就在他倒地的一瞬间，他下意识地把儿子紧紧护在怀里。

听见有人喊了句

“大家来帮个忙！”

于师傅说，倒地的那一刻他脑子一片空白，什么也不知道了。公交车马上停了下来，他发现左腿被夹在电动车和公交车右前轮中间，抽不出来，他忙让儿子先爬出去。儿子一把拉住爸爸的手想往外拉，于师傅忍着痛说，不要拉，腿夹住了，你赶紧出去！儿子一边爬，一边吓得哇哇大哭。

“当时公交车上人也不少，都下来了。”于师傅趴在地上，痛得直叫，接着大声喊“救命”，又补了句：“我痛，帮忙抬一下车！”

于师傅脸朝着地下，听到好几个人走过来，有人说，你们抬不动的，不要动，旁边另一个人说，我们试试看。

“路口交警也过来了，我只听见一个三四十岁的男的，用普通话喊了句，大家来帮个忙！”于师傅说，开始来抬车的有十来个人，但根本抬不动车子，“我又听见刚才那人朝边上喊，再来几个，再来几个！这次又来了十几个人，总共20多个人，第二次抬，车子被抬起来了，我被拉了出来。”

于师傅坐在路边，想站起来，但动不了，腿没出血，可痛得很厉害。大概5分钟后，120救护车到了。

谢谢好心人！

孩子没事

事后回想起来，对帮助他的路人和交警，于师傅非常感谢。他记得，当时公交车上下来的人中，也有几个留下来帮忙抬车，可当时他腿太痛，根本顾不上去看别人，这些热心人的面孔，都没什么印象。

于师傅说：“我儿子当时吓坏了，一直哭，旁边有个好心人叫他报家里电话，然后打过去，通知了我老婆，也是那些好心人，帮我叫了120，真的很谢谢！小孩没事，回家休息了，今天没去上学。”

喊人抬车的是交警中队长

其实，当时于师傅听到喊帮忙抬车的人，就是下城交警大队朝晖中队副中队长金钏（音chuàn）乐。

“我们总共去了5个人，接警是早上7点半左右，第一个交警五分钟赶到，我带人赶过去是7点40多分。”金队长当时看到，于师傅的腿在公交车右前轮下方压着，形成夹角，人非常痛苦，公交车往前或往后挪，都有可能对他造成二次伤害。

“当时围观的市民也多，我们想尽快把人救出来，我就说请大家帮帮忙，抬抬看。第一次上来了十来个人，可能人少，着力点又不统一，没成功，我又叫人。”第二次公交车正面、右侧面都站满了人，金队长喊起了口号：“我喊一二三！公交车右前轮一下起来了，保持了5到10秒，旁边的人也过来帮忙，把他拉出来了。整个过程大概2分钟。我听人说，公交车大概有9吨重！”

从交警的监控看，于师傅昨天早上7点48分被成功解救。

金队长说，德胜路再行路口有乐购超市、德胜东村，人流量大，交通繁忙，大家过马路、开车千万要注意安全。

具体事故原因交警正在调查中。

（对比稿）

惊险：父子卷入公交车底　幸运：儿子爬出父亲获救

杭州德胜路再行路口昨天发生一起车祸

儿子安然无恙，父亲左腿骨折

都市快报讯（记者张平　谢晓颖）一辆316路公交车昨天行至杭州德胜路再行路口时，把一对父子卷入车底，父亲左腿骨折被送医，孩子没事。

受伤的于师傅告诉记者，昨天早上7点半，他骑着电动车，儿子坐在前面，到了德胜路再行路口，正要穿过德胜路，这时，316路公交车疾驶而来往德胜路右拐弯，“公交车大概没看到我……我车把忙向右边打，可还是没躲开……”

于师傅连人带车倒在了地上，左腿一阵剧痛，就在他倒地的一瞬间，他下意识地把儿子紧紧护在怀里。于师傅说，倒地的那一刻他脑子一片空白。

公交车立即停车，于师傅左腿被夹在电动车和公交车右前轮中间，抽不出来，他忙让儿子先爬出去。儿子一把拉住爸爸的手想往外拉，于师傅忍着痛劝孩子赶紧出去。儿子一边爬，一边吓得哇哇大哭。

于师傅趴在地上，痛得直叫，大声喊“救命”，“我痛，帮忙抬一下车！”

就在这时，下城交警大队朝晖中队副中队长金钏乐赶到了现场。他召唤20多名路人围拢过来帮忙抬车。他们试了两次，终于将父子俩解救出来。金钏乐说：“整个过程大概2分钟。我听人说，公交车大概有9吨重！”

于师傅被拉出来大概5分钟后，120救护车到了。“我儿子当时吓坏了，一直哭，旁边有个好心人叫他报家里电话，然后打过去，通知了我老婆，也是那些好心人，帮我叫了120，真的很谢谢！”

于师傅是安徽阜阳人，在香积寺路附近一家农贸市场卖家禽已有十几年。儿子9岁，在体育场路一所小学读书，他每天都接送儿子。

金队长说，德胜路再行路口有乐购超市、德胜东村，人流量大，交通繁忙，大家过马路、开车要注意安全。

解读

标题应该概括最重要的事实。原稿标题的不足是：没有交代当事人的生死。作为动态新闻、事件的结果——主人公被公交车压在车轮下左腿骨折、孩子没事是受众最为关注的，是新闻标题的核心事实。公交车多重不是要紧事，要紧的是人的生命安危。再说，公交车9吨重仅仅是一位救援者的估计，用在标题中变成了肯定的结论不够慎重。

原稿1643字，对比稿620字。原稿问题出在哪里？

第一，导语写作失败，没有浓缩新闻最主要的事实。原导语长达245字，几乎将所有的新闻要素全面呈现。导语把新闻事实都讲完了，还需要主体和结尾吗？

第二，叙事节奏缓慢，轻重不分。主体部分应围绕导语中的最重要事实展开叙事，本文紧接着应在导语里交代车祸发生的过程，而原稿却从主人公的背景与现状说起，写了一半了才想起最要紧的事——车祸现场。在材料的统筹取舍上，记者对轻重缓急、主要和次要没有分清。

第三，主题不集中，结构松散，事实重复。原稿采用了当下都市报流行的写作模式，用三到四个小标题框架，事无巨细地装入这个大框子里。该结构明显的不足是，把事件内在的逻辑联系割裂了，每一个小标题叙述一个完整的故事片段，记者忽视了情节自然的紧密的联系，容易将关键事实重复叙述，把无关紧要的事实也写入新闻中。如原稿已在第二个小标题部分中提到了交警副中队长金钏乐救人的事，在第三个小标题部分再次透露了一点，在第四个小标题部分再次浓墨重彩地将这件事详细地叙述了一遍，其实把这个事实集中一次交代清楚多好！记者用了约600字重复了三次才说清楚交警副中队长救人的事，占用了过多的篇幅，构成了本新闻中的第二个主题，实在不应该。一篇新闻只能有一个主题，本篇新闻主题就是主人公于师傅和他的儿子遭遇车祸的前后经过，所有的材料应围绕主人公展开，不能喧宾夺主。事实上，突发事件报道最适合采用倒金字塔结构，如果按照这种框架结构叙事，该新闻不会如此冗长且松散拖沓。

第四，引语不简练。一般而言，新闻写作主要以记者转述新闻来源的话为主，记者叙事为主可以围绕主题，突出重点，详略得当，准确清晰，转换自如。直接引语使用宜精练简约、以少胜多，用在关键地方起到画龙点睛的作用。过多的直接引语会使消息显得篇幅过长，原稿就存在这样的问题，在8个段落里使用了直接引语，对主人公的直接引语用了6次，有的引语无关紧要或与记者叙述重复，显然过多了，尤其是交警副中队长的直接引语用了180多字，多数是没有价值的大白话，只需精选20多字的一句话就够了。如果直接引语不够简洁明了，不如记者转述更准确清晰。

新闻毕竟是文化产品，得讲究文化品位。

（原稿）

莫言航班或因暴风雪无法降落瑞典首都机场

2012年12月5日 20:06　来源：中国新闻网

中新网12月5日电 据外电报道，当地时间周三瑞典遭遇暴风雪袭击，导致斯德哥尔摩机场瘫痪。

北京时间今天中午，作家莫言一行从北京首都国际机场起飞，前往斯德哥尔摩领取诺贝尔文学奖。据人民日报驻瑞典记者刘仲华透露，莫言一行“原本计划今日下午抵达斯德哥尔摩，但由于大雪天气机场已封闭，致使飞机无法降落”。

路透社报道称，当局已经发布天气警告，预计一夜之间将降雪30厘米。另据机场发言人克拉斯•尼尔森介绍，目前有一条跑道仍处于开放状态，但航班仍很有可能会延误。这样的极端天气预计将持续数小时。

诺贝尔奖基金会表示，部分诺奖获得者预定当地时间周三到达斯德哥尔摩。这星期将有一系列的新闻发布会和讲座，正式颁奖仪式预定在12月10日（当地时间周一）进行。

（对比稿）

莫言航班或因暴风雪无法降落瑞典首都机场

中新网12月5日电 据人民日报驻瑞典记者刘仲华透露，莫言一行“原本计划今日下午抵达斯德哥尔摩，但由于大雪天气机场已封闭，致使飞机无法降落”。

据机场发言人克拉斯•尼尔森介绍，目前有一条跑道仍处于开放状态，但航班仍很有可能会延误。这样的极端天气预计将持续数小时。

北京时间今天中午，作家莫言一行从北京首都国际机场起飞，前往斯德哥尔摩领取诺贝尔文学奖。

诺贝尔奖基金会表示，部分诺奖获得者预定今天到达斯德哥尔摩。这星期将有一系列的新闻发布会和讲座，正式颁奖仪式预定在12月10日（当地时间周一）进行。

据外电报道，12月5日瑞典遭遇暴风雪袭击，导致斯德哥尔摩机场瘫痪。

路透社报道称，当局已经发布天气警告，预计一夜之间将降雪30厘米。

解读

该新闻的原标题是《瑞典遭遇暴风雪机场瘫痪 或导致莫言航班延误》，网站转载时改为《莫言航班或因暴风雪无法降落瑞典首都机场》更为简洁。

原稿存在的问题是：首先，导语没有突出这条新闻的核心要素。既然你的传播对象是中国受众，大家当然很关心莫言去瑞典领取诺贝尔奖，作为一个名人，具有显著性的新闻价值，不放在导语里实在可惜。如果导语中没有莫言，那么多数受众会对于遥远的斯德哥尔摩发生暴风雪导致机场封闭不会太感兴趣，因为没有心理上的接近性。

此外，根据倒金字塔结构的特点，按照语义上的逻辑重要性重新调整段落，采用小段落的跳笔写法更有利于其传播效果。

（原稿）

巴金同志遗体在沪火化　贾庆林等到殡仪馆送别

2005年10月24日 19:20　来源：新华网

新华网上海10月24日电　享誉海内外的文学大师，杰出的社会活动家，著名的无党派爱国民主人士，中国共产党的亲密朋友，中国人民政治协商会议第六、七、八、九、十届全国委员会副主席，中国作家协会主席巴金遗体，24日在上海龙华殡仪馆火化。

巴金因病于2005年10月17日19时6分在上海逝世，享年101岁。

巴金病重期间和逝世后，胡锦涛、江泽民、吴邦国、温家宝、贾庆林、曾庆红、黄菊、吴官正、李长春、罗干等同志，前往医院看望或通过各种形式对巴金逝世表示沉痛哀悼并向其亲属表示深切慰问。

受中共中央委托，中共中央政治局常委、全国政协主席贾庆林，中共中央政治局委员、上海市委书记陈良宇，国务委员陈至立，全国政协副主席、中央统战部部长刘延东24日专程前往上海龙华殡仪馆为巴金送别，并慰问其亲属。

24日下午的龙华殡仪馆庄严肃穆，巴金生前最喜欢听的柴可夫斯基第六交响曲《悲怆》在大厅哀婉地回响着。正厅上方悬挂着巴金遗像，巴金遗体安放在鲜花丛中。

下午约2时，贾庆林、陈良宇、陈至立、刘延东在哀乐声中缓步来到巴金遗体前肃立默哀，向巴金遗体三鞠躬，并与亲属一一握手。贾庆林转达了胡锦涛总书记等中央领导同志对巴金亲属的深切慰问。

中共中央办公厅、全国政协办公厅、中央和国家机关有关部门、中国作家协会、上海市等单位负责同志，以及巴金生前友好和家乡的代表也前往送别。

巴金病重期间和逝世后，前往医院看望或通过各种形式对巴金逝世表示沉痛哀悼并向其亲属表示慰问的还有：王乐泉、王兆国、回良玉、刘淇、刘云山、吴仪、张立昌、张德江、周永康、俞正声、贺国强、郭伯雄、曹刚川、曾培炎、王刚、李鹏、万里、乔石、朱镕基、李瑞环、宋平、刘华清、尉健行、李岚清、荣毅仁、薄一波、徐才厚、何勇、李铁映、司马义•艾买提、何鲁丽、丁石孙、成思危、许嘉璐、蒋正华、顾秀莲、热地、盛华仁、路甬祥、乌云其木格、韩启德、傅铁山、唐家璇、华建敏、肖扬、贾春旺、王忠禹、廖晖、阿沛•阿旺晋美、帕巴拉•格列朗杰、李贵鲜、张思卿、丁光训、霍英东、马万祺、白立忱、罗豪才、张克辉、周铁农、郝建秀、陈奎元、阿不来提•阿不都热西提、徐匡迪、李兆焯、黄孟复、王选、张怀西、李蒙、董建华、张梅颖、张榕明和李德生、肖克、张劲夫、黄华、彭冲、廖汉生、王芳、谷牧、吕正操、郑天翔、刘复之、杨白冰、丁关根、田纪云、迟浩田、张万年、姜春云、钱其琛、王汉斌、张震、倪志福、陈慕华、孙起孟、雷洁琼、李锡铭、王丙乾、邹家华、王光英、布赫、铁木尔•达瓦买提、吴阶平、彭珮云、周光召、曹志、韩杼滨、吴学谦、洪学智、钱学森、董寅初、叶选平、杨汝岱、钱伟长、任建新、宋健、钱正英、孙孚凌、朱光亚、万国权、胡启立、陈锦华、赵南起、毛致用、经叔平、王文元、邓力群、张廷发、韩光等。

（对比稿）

巴金遗体在沪火化

贾庆林等到殡仪馆向遗体告别

新华网上海10月24日电　著名作家巴金遗体今天在上海龙华殡仪馆火化。

今天下午，龙华殡仪馆庄严肃穆，巴金生前最喜欢听的柴可夫斯基第六交响曲《悲怆》在大厅哀婉地回响着。正厅上方悬挂着巴金遗像，巴金遗体安放在鲜花丛中。

巴金因病于2005年10月17日19时6分在上海逝世，享年101岁。

下午约2时，贾庆林、陈良宇、陈至立、刘延东在哀乐声中缓步来到巴金遗体前肃立默哀，向巴金遗体三鞠躬，并与亲属一一握手。

贾庆林转达了胡锦涛总书记等中央领导同志对巴金亲属的深切慰问。

中共中央办公厅、全国政协办公厅、中央和国家机关有关部门、中国作家协会、上海市等单位负责同志，以及巴金生前友好和家乡的代表也前往送别。

巴金是杰出的社会活动家，著名的无党派爱国民主人士，中国共产党的亲密朋友，中国人民政治协商会议第六、七、八、九、十届全国委员会副主席，中国作家协会主席。

巴金出生于1904年11月25日，四川成都人，祖籍浙江嘉兴。原名李晓棠，现代文学家、出版家、翻译家。

巴金被誉为五四新文化运动以来最有影响的作家之一，20世纪中国杰出的文学大师、中国当代文学巨匠。晚年提倡建立中国现代文学馆和文化大革命博物馆。

巴金的代表作是“激流三部曲”：《家》《春》《秋》。

解读

原稿长达1116字，关于巴金本人的文字仅198字。换句话说，占据新闻主要内容的900多字与新闻主人公巴金本人无直接关联。巴金是享誉世界的中国当代著名作家，他是20世纪中国文学的一座高峰，他的离去也标志着他那个时代文学名人最后的背影渐渐远去。

这样一位成就非凡的名人去世，新闻当然应该集中笔墨，浓墨重彩地报道他的故事，他理应是新闻唯一的主角。遗憾的是，新华社的新闻稿把主要篇幅留给了巴金病重期间和逝世后，前往医院看望或通过各种形式对巴金逝世表示沉痛哀悼并向其亲属表示慰问的各党派、各中央机关、国家部委的领导人名单。这是宣传本位意识的体现。

如果需要的话，可以集中主题写巴金遗体火化这件事，然后另起炉灶写一篇关于中共中央各级领导、各党派和无党派名人在巴金病重和去世前后对其的关心，花开两朵各表一枝，这样既能体现对新闻传播规律的尊重，凸显受众本位意识，也能体现出新闻的宣传价值。

新闻传播自然应当恪守其本身特有的规律，传者心里装着受众才能有效传播信息。

（原稿）

朝鲜媒体披露金正日逝世前视察活动

2011年12月23日　10:56　来源：新华网

【朝中社平壤12月21日电】领袖金正日去世前最后几天冒着恶劣天气辛苦视察的事迹感动着全国人民的心。

那是12月16日，金正日到一家音乐信息中心和超市视察后，又按预定计划踏上前进的征程。那天非常冷，还刮着大风，气温创下了1985年来的最低纪录。

17日清晨，金正日乘坐火车行进在去对人民进行现场指导的途中，气温比平时骤降4至7摄氏度，是今年入冬以来的最低温度。如此恶劣的天气使人更深切地感受到金正日的辛劳奔波，他冒着刺骨的严寒依旧去进行现场指导，充满了对祖国的热爱与忠诚。

气象专家称，在长途跋涉视察的途中，雨雪等恶劣气候的天数要多于晴好天气，金正日同志在寒风中一直战斗到生命的最后一刻。在这种爱国奉献精神鼓舞下，社会主义朝鲜的繁荣之春一定会到来。

（对比稿）

平壤举行金正日遗体告别式

2011年12月29日　来源：《参考消息》

【美联社平壤12月28日电】数以万计的朝鲜民众今天冒着雪站立在平壤的街道两侧，失声痛哭、捶胸顿足，目送已故领导人金正日的灵车缓缓驶过首都，向人们做最后的告别。

金正恩引领队伍从锦绣山纪念宫出发。他在风中低着头并举起右手敬礼。

过去10天来，数十万朝鲜民众一直在金日成广场表达他们对已故领袖的敬意。站在前排的哀悼群众在寒冷的风雪中摘掉了帽子，跺着脚、哭泣着目送灵车经过。

据信今天早些时候在锦绣山纪念宫内举行了一个由金正恩、朝鲜高层军官和党内官员参加的非公开的仪式。

金正日的灵柩上覆盖着一面红旗，与他父亲1994年去世时的情形相似。一辆载有金正日巨幅照片的豪华轿车引领着整支队伍。军人们跟随灵车缓缓前行，有的则列队站在街道两侧。

从播出的画面中可以听到军乐声。朝鲜国家媒体说，队伍的行程约为40公里。

走在金正恩身后的是金正日的妹夫、国防委员会副委员长张成泽。

平壤下起了大雪。国家媒体称这说明上天也在为金正日的去世感到悲伤。

解读

朝中社平壤的消息与其说是新闻，不如说是新闻评论。其不足是：一、时效性差，金正日是2011年12月19日去世的，但这篇新闻12月21日才报道。对于这样突发的事件，第一时间报道才有价值。二、消息要用事实说话（讲故事），客观真实，而这篇消息却鲜明地表明了倾向性和观点。如其导语“领袖金正日去世前最后几天冒着恶劣天气辛苦视察的事迹感动着全国人民的心”不是对新闻最重要事实的表现，而是笼统的概括，在主体部分和结尾中都有鲜明的观点陈述，如“充满了对祖国的热爱与忠诚”，“在这种爱国奉献精神鼓舞下，社会主义朝鲜的繁荣之春一定会到来”。这些概念化语言比较空洞，宣传意味浓，缺乏信息含量，违反了新闻专业主义写作倡导的客观、公正、准确、平衡的原理。三、新闻语言要准确、具体，而朝中社的消息对背景的介绍语焉不详。如 “那天非常冷，还刮着大风，气温创下了1985年来的最低纪录”“是今年入冬以来的最低温度”“雨雪等恶劣气候的天数要多于晴好天气”等，最好提供一个精确的数字。四、新闻来源“气象专家称”采用了匿名，有损新闻的真实性。

美联社的报道显然体现了其倡导的“客观性法则”，记者中性、客观地交代事实，没有呈现对事实的评判，无观点和意见。对比可以看出，美联社的写法体现了世界媒体所公认的新闻写作的特点——客观、平衡、准确、及时，符合客观性报道的准则。

（原稿）

福田康夫给博鳌论坛执勤哨兵送夜宵被谢绝

2013年4月8日 21:22　来源：南海网

南海网海口4月8日消息（南海网记者陈丽娜　通讯员陈千学　杨瑞明）4月6日至8日，15位国家元首、政府首脑和国际组织政要，覆盖五大洲43个国家、地区的2000余位商业巨子、学界泰斗汇聚海南博鳌，共谋亚洲和世界的美好未来。担负博鳌亚洲论坛2013年年会安保任务的武警海南总队，出色的安保服务，赢得了中外嘉客的赞誉。

据了解，博鳌亚洲论坛2013年年会规格高、规模大、政要多，创历届之最。武警海南总队执勤官兵坚持在“聚光灯”下执勤、在“放大镜”下站岗，在世界的“镜头”前展示了中国武警的良好形象。年会期间，海南气温达32摄氏度，时而太阳曝晒，时而暴雨倾盆，执勤官兵无论是在地面气温高达50摄氏度的专机哨位，还是在蚊虫叮咬的树林哨位，都能似椰树般挺拔屹立，吸引了大批中外记者的聚光灯，受到许多外宾的称赞。在国内外政要下塌的酒店执勤哨位的官兵，以“文明、礼貌、平和、规范”的安保服务，赢得了外国政要的赞许。日本前首相福田康夫，看到哨兵周生欢执勤履行职责认真，专门为他送来夜宵，被小周婉言谢绝。

灵活机动的处置情况，确保勤务万无一失，是海南武警总队今年年会安保工作的核心。面对年会期间政要驻地分散、活动频繁以及与会代表多等实际情况，任务前武警海南总队组织了30余次“实案化”演练，50余次修改完善方案，精心对勤务各区域、部位、哨位逐个评估安全风险，研究力量配置、完善执勤部署，把安保工作部署细化到兵、时间细化到分、责任细化到人。并组织官兵广泛开展专勤专训、专场专训、专哨专训以及以防混入、防投掷、防冲闯、防爆炸、防暴力袭击、防群体性事件和应对尴尬事件为重点开展实兵全要素演练，提高官兵观察、发现、处置情况的能力。

在素有“博鳌第一哨”的东屿大桥执勤的官兵，每天要检查进出车辆上千辆，他们以过硬的功夫，查出没有证件、人有证车无证或车有证人无证等情况120余起。年会期间，执勤官兵坚持依法执勤、文明执勤，以良好的形象、过硬的素质、顽强的作风、坚强的意志连续奋战在一线执勤岗位，有效妥善处置有碍目标安全隐患50余起，确保了年会安全保卫工作万无一失。

（对比稿）

福田康夫曾给博鳌论坛执勤哨兵送夜宵

南海网海口4月8日消息（南海网记者陈丽娜　通讯员陈千学　杨瑞明）日本前首相福田康夫看到武警哨兵周生欢在32摄氏度的气温中似椰树般挺拔屹立，专门为他送来夜宵，被小周婉言谢绝。

4月6日至8日，15位国家元首、政府首脑和国际组织政要，五大洲43个国家、地区的2000余位商业巨子、学界泰斗汇聚海南博鳌亚洲论坛2013年年会。

年会期间，32摄氏度的气温令人闷热难耐，时而太阳曝晒，时而暴雨倾盆，专机哨位的地面气温高达50摄氏度，树林哨位蚊虫叮咬，担任安保任务的武警海南总队哨兵以“文明、礼貌、平和、规范”的安保服务，赢得了外国政要的赞许。

解读

该新闻的原标题是《武警海南总队出色完成博鳌论坛2013年会安保任务》，凤凰网转载时改为《福田康夫曾给博鳌论坛执勤哨兵送夜宵被谢绝》，变原标题的宣传价值为新闻价值。

原稿836字，对比稿304字。原稿中有大量文件式的语言表述，凸显宣传功能。对比稿将其剥离，用具体、简洁、准确的新闻语言突出了新闻价值，传播了受众感兴趣的信息，同时也从侧面起到了宣传的功能，这样的传播效果更好。

原稿作者如果能更深入地采访，了解福田康夫给武警哨兵送夜宵的细节，搞清所有新闻要素，如精确时间、说了哪些话、送的什么夜宵、为什么等，新闻就可以写得更为生动、形象。在中日为钓鱼岛纠纷持续升温，政治关系跌入低谷之时，这条新闻因为主人公是日本前首相而更具有新闻价值。遗憾的是，记者偏偏错过了这么重要的新闻！

这里还牵涉到一个新闻角度问题，记者想宣传武警海南总队的“光荣事迹”，按照正面的角度，用会议材料语言的写作，空洞乏味，传播效果并不好。可能年年都是这样写，谁关心？谁想看？变换思维方式，多角度思考，寻找新亮点才行。这次福田康夫给中国武警哨兵送宵夜就是亮点，是最好的新闻角度，借用他的言行，就能以小见大、从形象生动的侧面展现海南武警的风采。可惜，记者偏偏执迷于固有的思维模式，硬是把没有亮点、不吸引人、信息量小的正常职责范围的总结材料当成了新闻。

新闻写作就是一人一报或一事一报，焦点集中于一个人或一件事，所有材料都围绕这个人或这件事，把人或事用事实完整呈现，其余的都是为突出这个人或这件事服务的。这篇新闻应该把福田康夫给武警送夜宵作为唯一的主线，把这件事说清楚，顺带把会议召开的时间、地点、主题等背景简略交代，再把人们对武警的评价用一句直接引语呈现出来就可以了。

原稿从导语的失败就决定了全篇的失败。导语只能突出一个重点，即新闻中最有价值的内容，它是决定新闻主题的要素，用最少的语言具体、准确地概括全篇事实。而原稿给了读者一堆零散而冗长的空话，说了两个主题，没有具体、准确地凸显核心要素。

（原稿）

云南：一级警督收受5000余元　向糯康组织泄密获刑4年

2012年12月27日 19:01　来源：云视网　作者：江枫

西双版纳州人民检察院昨天通报，该院今年全年立案查办职务犯罪案件41件46人，共为国家挽回经济损失1221万元，其中，湄公河“10•5”案件专案组的一名民警，因为收受5000余元好处费后故意向糯康等境外势力泄露国家机密一审被判刑4年。

今年，西双版纳州人民检察院突出查办司法腐败案件，先后查办涉嫌受贿、徇私枉法等职务犯罪的司法机关工作人员8人。故意泄露国家机密的张某某，本为西双版纳州公安局民警、一级警督，湄公河“10•5”案件发生后，他获准进入专案组。但在办案过程中，他收受别人好处费5000余元，向境外的糯康势力泄露了该案侦办的一些机密。案发后，张某某被查办，一审被判处了4年有期徒刑。

据了解，西双版纳州人民检察院今年共立案查办职务犯罪案件41件46人，其中贪污贿赂案件32件36人，渎职侵权案件9件10人。所查办的案件中，由纪委、监察部门移送的案件为9件10人。

（对比稿）

云南一级警督向糯康组织泄密获刑4年

云视网讯（记者江枫）西双版纳州人民检察院昨天通报，湄公河“10•5”案件专案组的一名民警，因故意向糯康等境外势力泄露国家机密一审被判刑4年。

故意泄露国家机密的张某是西双版纳州公安局民警、一级警督，湄公河“10•5”案件发生后，他获准进入专案组。但在办案过程中，他收受别人好处费

5000余元，向境外的糯康势力泄露了该案侦办的一些机密。案发后，张某被查办。

今年，西双版纳州人民检察院先后查办涉嫌受贿、徇私枉法等职务犯罪的司法机关工作人员8人。

解读

该新闻的原标题为《泄露糯康案机密　专案民警一审获刑4年》，新闻网站转载时修改为《云南：一级警督收受5000余元向糯康组织泄密获刑4年》，更准确、清晰，但有点长。

原稿写作上最大的问题是，导语未能提炼出最受读者关注、最有新闻价值的核心事实，仍旧按照会议材料或总结材料的写法（或仅仅从会议材料或总结材料中摘录出有新闻价值的片段），用总分结构，即主从关系句，概括总的成绩，然后举例说明。

按照新闻写作的规律，新闻是讲故事的艺术，将受众关心的新近或正在发生的事实客观、真实、平衡、准确地报道出来，不掺杂记者个人的观点，让受众自己判断。

在上述新闻中，一级警督收受5000余元向糯康组织泄密获刑4年是受众欲知而不知的新鲜事实，将这个故事作为报道的重点完整呈现符合受众的需求，有传播的价值，至于西双版纳州人民检察院今年共立案查办职务犯罪案件多少件、查处多少人的资料属于工作总结材料，不新鲜，也没有受众感兴趣的事件，枯燥乏味，不是受众最关心的信息，记者可以从中挑选背景材料，但不宜多，尤其是大量的统计数据堆砌反而使新闻失去了可读性。数据不在多，精选其中一句话、引用一个相关数据就可以了。

（原稿）

太原市公安局局长苏浩被调离

2011年11月18日　来源：太原市公安局官方网站

11月17日上午，市委召开全市公安机关干部大会，宣布苏浩同志工作调动，李亚力同志任市公安局党委书记，提名担任公安局长。市委常委、常务副市长李俊明，市委常委、组织部长李志江，省厅党委委员、政治部主任李喜春等领导出席会议。会议由市委常委、政法委书记柳遂记主持。

李志江部长代表市委讲话。他在讲话中对我局近年来的各项工作给予充分肯定，对苏浩同志担任太原市公安局党委书记、局长期间的工作给予高度评价。他指出，近年来，苏浩同志团结市局全体班子成员，带领全市公安干警，在省市党委、政府和上级公安机关的正确领导下，以邓小平理论和“三个代表”重要思想为指导，深入贯彻落实科学发展观，紧紧围绕市委、市政府中心工作，求真务实，扎实工作，很好地完成了市委、市政府赋予的工作任务，为构建平安省城、和谐太原做出了积极的贡献。苏浩同志政治坚定、勤政为民；意识超前，领导有力；勇于改革，锐意进取。希望苏浩同志到了新的岗位后继续关心和支持太原的工作。

李志江部长强调，任命李亚力同志担任太原市公安局主要领导职务，是省委、市委根据我市公安局领导班子建设和工作需要慎重研究决定的。李亚力同志政治坚定，作风严谨，大局意识强，善于把公安工作置于全市经济发展大局中思考、谋划和推进。在政治上、思想上、行动上，与党组织和省市委保持一致。参加工作以来一直在公安岗位工作，熟悉公安工作，经过多警种、多岗位历练，领导经验丰富，工作思路开阔，创新意识强，敢抓敢管，雷厉风行，有较强的组织协调能力和吃苦精神。市委相信李亚力同志在新的工作岗位上，一定能够团结带领市公安局领导班子和广大公安干警，在推进转型跨越发展，建设一流省会城市的征程中取得新的更大更好的成绩。

就深入贯彻落实省市党代会精神，李志江部长要求，一是要加强学习，努力适应新形势、新任务的要求。要履行好职责，完成好使命，必须要加强学习，深刻领会省市党代会精神，提高理论素养、提升党性修养，从思想上、政治上与市里保持高度一致。同时，要切实加强业务学习，掌握与公安工作相关的专业文化知识和技能，不断地适应新形势、新任务的要求，把理论学习和解决工作中的现实问题结合起来，为省城的安全稳定打下坚实的基础。二是以作风建设为重点，加强领导班子和干部队伍建设。要认真落实条例规定要求，提高贯彻民主集中制的自觉性，完善领导班子内部决策和议事程序，进一步建立健全科学的领导体制和工作机制。领导干部要自觉地置身于组织的管理之中、监督之下，带头执行民主集中制，自觉维护班子的团结统一。领导班子成员既要关心全局工作，积极参与集体领导，又要按照分工负责，认真履行职责；既要执行领导集体的决定，又要维护主要领导的权威。要紧密结合推进转型跨越、建设一流省会城市的新形势、新任务，进一步加强作风建设，深入基层，管好干部，带好队伍，建设一支能征善战的威武之师、亲民爱民的文明之师。三是把思想统一到省委和市委的决定上来，确保公安领导班子顺利交接和各项工作的有序开展。此次对公安局主要领导的调整，是省委、市委根据工作需要，通过组织认真、审慎研究决定的。希望全体公安干警特别是中层以上领导干部要讲政治、讲原则，讲党性，讲纪律，讲大局，把思想统一到省委和市委的决定上来，维护班子的团结，支持李亚力同志的工作。班子成员要主动向李亚力同志汇报工作，李亚力同志要加强调查研究，尽快熟悉市局情况，迅速开展工作，不辜负省委、市委的信任和期望。

苏浩同志对省委、市委的决定表示衷心拥护和坚决服从。他深情回顾了在太原市公安局任职期间的工作、生活经历，对党委、政府和上级公安机关的正确领导、有关部门的大力支持、班子成员的团结协作、全市公安民警的辛勤付出致以衷心的感谢和崇高的敬礼。希望太原公安事业在李亚力同志的带领下蒸蒸日上，续写更加辉煌灿烂的篇章。

李喜春主任在讲话中说，省厅党委对太原的公安工作和苏浩同志的成绩是充分肯定的。新任局长李亚力同志担任过多个公安机关的主要领导，具有基层、机关多警种业务经历。省委、省公安厅党委对新一届领导班子寄予厚望。希望太原市公安局领导班子在李亚力同志的带领下，继续努力学习和深入践行科学发展观，坚持解放思想，锐意进取，求真务实，勇于创新，不断开创公安工作新局面，为实现转型跨越发展和综改实验区建设做出新的更大的贡献。

李亚力书记指出，太原稿为省会城市，省、市各级领导和广大人民群众对我们寄予厚望，太原市公安队伍和各项公安工作牵动全省、影响全局。近年来，在太原市委、市政府和省厅党委的坚强领导下，在苏浩副厅长以及历届局党委和全市广大民警的不懈努力下，太原公安工作已经有了良好的基础；太原市公安队伍是一支有着光荣传统的优秀队伍。他表示，此次组织安排来到太原工作深感荣幸和责任重大，将坚决服从组织的安排，竭尽全力履行好党和人民赋予自己的职责。在今后的工作中，一是要深入调研、虚心学习，尽快融入工作、进入角色；二是要解放思想、抢抓机遇，实现争先发展、创新发展；三是要从实际出发，说实话、办实事、出实招、求实效；四是要从严治警、从优待警，抓好班子，带好队伍；五是要时刻忠于党、忠于祖国、忠于人民、忠于法律，为推动太原转型跨越发展做出自己应有的贡献，向省市党委、政府和省公安厅党委交上一份满意的答卷。

（对比稿）

山西太原市公安局局长苏浩被调离

2011年11月19日　来源：中国新闻网

新快报讯（记者刘虎）昨日中午，太原市公安局官方网站发布消息称，17日上午太原市委召开全市公安机关干部大会，宣布山西省公安厅副厅长兼太原市公安局局长苏浩工作调动，李亚力任太原市公安局党委书记，提名担任公安局局长。

向全市民警群发短信致谢

根据这条消息，对苏浩进行调动，是山西省委、太原市委的决定。而苏浩则对此表示了“衷心拥护”和“坚决服从”。

一名山西警方人士向新快报记者证实，当天出席大会时，参加会议的人员均身着警服，唯苏浩着便服。苏浩被宣布“另有任用”。

“苏浩还利用太原市公安局技术处群发了两条短信，对三年多来支持其工作的全市民警表示衷心感谢，为工作中不周不妥之处向大家表示歉意，同时公布了自己的新手机号码。”这位警方人士说。

突然被调离“不符合惯例”

“过去的所有太原市公安局局长，均是回省公安厅当副厅长，还有一名升任了厅长。”一些民警对于苏浩突然被调离公安队伍感到不解，“这极不符合惯例。”

山西省警方一位高层则向新快报记者透露：苏浩极可能是前往山西省司法厅，担任副厅长职务。

据山西警方人士消息，接任苏浩太原市公安局局长职务的李亚力此前为晋城市公安局局长，副厅级，属平级调动。李为山西省警官学校第一届毕业生，一直从事公安工作，被公安系统视为“科班出身”。

今年9月，18岁的奥迪司机苏楠在北京海淀西山华府小区打人，他在派出所接受讯问时自称是苏浩之子。苏浩在接受媒体采访时，对此予以了否认，称苏楠为减轻处理、逃避处罚，编造了亲属关系。

对于此次调离公安队伍是出于何因，将调任何职，苏浩本人没有接受新快报记者的采访。

解读

会议新闻并非不重要，关键看媒体是否从受众关注的角度出发提供新鲜的、需要的信息。与老百姓利益息息相关的会议内容，如关系国计民生的新政策、重大政策的出台、重要领导人的职务变动等是老百姓所感兴趣的，记者只要将重要信息提供给受众，多角度、全方位地将新鲜的信息事实报道出来，跳出会议材料堆砌的固有思维，用鲜活、生动、简洁、准确、形象的新闻语言客观报道事实真相，剔除陈言套话和官腔官调，会议新闻其实是老百姓喜欢的，毕竟政治的影响力凸显了新闻价值的重大性。

党报的会议新闻向来为受众所诟病，原因在于，作为官方的“喉舌”，刊发的会议新闻从宣传的思维定势出发，动辄大段大段地摘抄会议材料，“屁股决定地位”，按照出席会议官员职位的高低，电视逐一扫描其官相，对一把手突出处理，给最多的特写镜头；报纸配发主要领导的会场照片，文字枯燥乏味，俨然一个浓缩版的会议材料，“八股文”腔调，不生动、不鲜活，文风呆板，官话多，模式化写作，占据了宝贵版面的主要位置。凡是主要领导发声了，管他说的话里是否含有信息，受众是否爱听，记者大段地用，而老百姓关注的、感兴趣的信息却被淹没在了冗长无味的会议材料中。第一篇会议新闻即体现了上述“糟糕”的现象：

这条会议新闻长达2128字，整篇消息其实是由“市委常委、组织部长李志江”“省厅党委委员、政治部主任李喜春”“市公安局党委书记李亚力”三个要员的会议发言堆积而成的。从导语看，就注定了这篇消息难以令受众喜欢，其着眼点就是报道会议，而受众所关心的不是哪个领导说了什么“指示”、“指出”和“强调”了什么，而是新闻是否提供了新鲜的信息，是否就受众关注的热点问题做出了解答和回应。官话最大的特点是“政治正确”，但却是一级抄一级，地方抄中央，这样没有什么风险，至于这些重复了很多遍，受众耳朵都听出茧子来的话有没有意义，新鲜不新鲜，写作者根本不在乎，其目的在于让领导看了满意，不在乎受众爱看不爱看。与其这样，这条消息还不如仅用导语就足够了，不就是开了个会，决定谁上谁被替换吗？

这条新闻之所以引起受众关注，原因在于新闻应该报道的主人公“苏浩”与一起事件有关，即2012年9月，18岁的奥迪司机苏楠在北京海淀西山华府小区打人，他在派出所接受讯问时自称是苏浩之子。苏浩在接受媒体采访时，对此予以了否认，称苏楠为减轻处理、逃避处罚，编造了亲属关系。网上有传言说苏楠系苏浩的“私生子”。作为受众，有知情权；作为媒体，有监督权。所以，应该从受众欲知真相的迫切心理出发，从这个角度去采访报道新闻，也就是要跳出会议报道，挖掘“为何苏浩会被突然调离？原因何在？他与苏楠案有无联系？他们之间究竟是什么关系？”这些问题背后的内幕故事。这样才有传播力。

上述报道仅仅是透露苏浩被调离了，没有解释“为什么”，这种信息不完整不透明的“报道”连一个受众最关心的新闻要素都回避交代，遮遮掩掩，真相被蒙上了一层迷雾，怎么会让受众满意呢？三个高官的话不过是内部工作上的要求，不是针对受众传播的，所以没有向大众传播的价值。

相比较之下，广州《新快报》的消息回答了受众的关切，传播了受众欲知未知的信息，体现了新闻的特点。它提醒我们：以受众关心的角度从会议中发掘新闻。用鲜活、生动的新闻语言代替刻板、老套的宣传语言。

（原稿一）

四川炉霍县一藏族警察参加抓捕时殉职　孟建柱等发唁电

2012年2月13日　来源：《甘孜日报》

本报讯（记者袁飞　白玛文/图）鲜水悲歌颂英烈热血铸长城，金盾闪烁映东生豪迈捍平安。连日来，炉霍县各族群众沉浸在无比悲痛之中。12日上午10时，蒲东生烈士的追悼大会在炉霍县霍尔广场隆重举行。

国务委员、公安部部长孟建柱，公安部常务副部长杨焕宁，全国各地市州公安局、州委办、州政府办、州政法委、全州18个县公安局等发来唁电，向蒲东生烈士表示深切哀悼，并向蒲东生烈士的亲属致以亲切的慰问。蒲东生同志，男，藏族，四川省炉霍县人，中共党员，1983年2月9日出生，炉霍县公安局刑警大队干警。2001年9月至2002年12月在四川省体育运动技术学校学习，2002年12月至2004年12月在沈阳军区39集团军65585部队服役，2005年以来先后在炉霍县公安消防大队、县公安局工作。2月9日凌晨，蒲东生同志参加犯罪嫌疑人抓捕行动。在执行任务中，他听从指挥，不顾个人安危，冲锋在前，英勇顽强，在同犯罪分子的斗争中英勇牺牲，献出了年仅29岁的宝贵生命。

广场上巨大挽幛的中央悬挂着蒲东生烈士的遗像，中共甘孜州委、州人大常委会、州政府、州政协、甘孜军分区、省公安厅以及省政协副主席、州委书记刘道平，州委副书记、州长益西达瓦和蒲东生亲属敬献的花圈摆放在蒲东生烈士的遗像下方。

省公安厅副厅长张光华、余建，武警四川总队参谋长唐大淮，武警四川总队副政委肖方举，州委常委、州政法委书记向秋，州人大常委会副主任廖才坤、杨煜康，州政府副州长、州公安局长舒文，州检察院检察长吴长福，武警州支队支队长陈荣华，炉霍县各族各界群众近万人参加了追悼大会。

追悼大会上，张光华宣读了《四川省公安厅关于追记蒲东生同志一等功的命令》，余建代表省公安厅致唁电，舒文代表州公安局致唁电。追悼会上还宣读了《四川省人民政府关于批准蒲东生同志为烈士的批复》，《中共甘孜州委关于追授蒲东生同志为优秀共产党员的决定》（以下简称《决定》）。

《决定》指出，蒲东生同志政治立场坚定，时刻以一名共产党员标准严格要求自己，始终保持共产党人敢为人先、甘于奉献、率先垂范的政治品质。他忠诚于党、忠诚于祖国、忠诚于人民，坚决维护祖国统一和民族团结。在与分裂分子殊死斗争中，英勇作战，冲锋在前，用实际行动展示了一名优秀少数民族干部的政治品质，用鲜血和生命诠释了对党、对祖国、对人民的无限忠诚和深情热爱。

《决定》号召，全州广大党员干部要学习蒲东生同志至死不渝跟党走，旗帜鲜明反分裂，坚决维护祖国统一和民族团结的政治品质；学习他一身正气，不畏邪恶，在关键时刻冲得上、豁得出、敢于牺牲的奉献精神；学习他赤胆忠心，英勇善战，誓死捍卫安定团结政治局面的革命品质，积极投身于推动跨越式发展和长治久安的伟大实践，为建设生态甘孜、和谐甘孜、幸福甘孜而努力奋斗。

炉霍县委书记汪堆在悼词中指出，2月9日是刻骨铭心的一天，也是蒲东生同志29岁的生日。他为保护人民的生命财产安全，永远将自己的人生定格在了这一天，把青春和鲜血洒在了这片土地上，用年轻的生命书写了对党和人民的无比忠诚。

悼词中指出，自成为一名人民警察以来，蒲东生同志对自己高标准、严要求，他努力学习党的路线、方针、政策，不断用科学理论武装头脑，始终坚持忠于党、忠于祖国、忠于人民，立场坚定，旗帜鲜明，表现出了高度的政治觉悟和良好的思想修养，继承和发扬了立警为公、执法为民的优良传统；他兢兢业业，任劳任怨，始终做到工作积极，训练刻苦，不断提高执勤执法能力。2009年3月，他在参加省公安厅“援藏”维稳工作中荣立“三等功”；他服从命令，听从指挥，英勇顽强，不怕牺牲，关键时刻敢于冲锋在前，表现出了大无畏的革命精神。为党和人民的事业做出了突出贡献，体现了一名共产党员和公安干警对党和人民的无限忠诚。他是党和人民的好儿女，他是一名优秀的共产党员和值得我们学习的好民警。

蒲东生烈士的灵柩上覆盖着中国共产党党旗，追悼大会后，在公安干警、驻炉维稳武警官兵和全县各族群众的护送下，蒲东生烈士的遗体被送往炉霍县烈士陵园内安葬。

（原稿二）

安息吧，亲爱的战友

——写在蒲东生烈士追悼大会现场

本报讯（记者袁飞　白玛文/图） 大地无声，江河挥泪。英雄离我们远去，此时此刻，一切热爱平安和谐的人们，为失去这样一位优秀的公安民警而无比悲痛，为英雄的亲友失去年轻的孩子而深感沉痛。滚滚东流的鲜水河见证，傲然屹立的雪山见证，英雄的浩然正气永世长存，英雄的事迹流芳千古。

2月12日，高原小城炉霍寒气袭人，一大早，近万名各族干部群众、公安民警、驻训武警官兵从四面八方涌到霍尔广场，悼念的人群中有搀扶着的老人，也有上学的孩子，有他的战友，也有他的同学，有认识的，也有素不相识的，人们胸佩白花，心情沉重地伫立在寒风中，怀着无比悲痛的心情悼念优秀的公安民警蒲东生烈士，为英雄送上最后一程。

“章谷警英为国捐躯气壮山河，鲜水悲歌风木凛然永垂不朽”，彰显了英雄一生的功绩。哀乐声声，述说不尽人们对英雄的无限哀思，面对蒲东生烈士的遗像，人们深深地鞠躬，久久地向烈士默哀，表达着无尽的哀悼。“英雄一路走好！”“英雄永远活在我们心中”表达着人民对蒲东生烈士的无尽追思。

“2月9日，这一天是我州人民刻骨铭心的一天，就在这一天蒲东生同志为保护人民的生命财产安全，永远将自己的人生定格在这一天，把青春和热血播洒在了生他养他的这片土地上，用年轻的生命书写了对党和人民的无比忠诚。”炉霍县委书记汪堆沉重的话语让人们泣不成声。

“东生是个好娃娃，为了我们的平安他献出了宝贵的生命，虽然他离开了我们，炉霍人民永远怀念他，他是我们藏族人民的骄傲。”悼念现场一位身穿藏民族服装的大妈一边擦着泪花，一边向我们述说着。

“我是看着东生长大的，他走得太早了，他是一个好人，他经常来敬老院看望我们，要是能用我的命去换他的命，换一百次都可以。”60多岁的藏族老阿爸彭措的泪水始终在眼里闪烁。

“东生是我们的好战友，我们一定要学习他服从指挥、听从命令、严守纪律的作风；学习他勇往直前、临危不惧、不怕牺牲的革命精神，一定要化悲痛为力量，继承英雄遗志，坚定信心，万众一心，同仇敌忾，用实际行动同犯罪分子展开英勇的斗争。”悼念现场一位公安民警已是泣不成声。

长歌当哭，英灵已去！安息吧！蒲东生同志！您永远活在人民心中，您的精神将永远鼓舞着我们，为建设美好家园而努力奋斗。

（对比稿）

四川炉霍县近万人追悼一藏族警察

孟建柱等发唁电

本报讯（记者袁飞　白玛）“要是能用我的命去换他的命，换一百次都可以。”60多岁的藏族老阿爸彭措的泪水始终在眼里闪烁。12日上午10时，蒲东生烈士追悼大会在炉霍县霍尔广场举行。

广场上巨大挽幛的中央悬挂着蒲东生烈士的遗像，挽幛两旁的巨大横幅上写着：“章谷警英为国捐躯气壮山河，鲜水悲歌风木凛然永垂不朽。”

省公安厅及甘孜州党政军领导等和蒲东生亲属敬献的花圈摆放在蒲东生烈士的遗像下方。蒲东生烈士的灵柩上覆盖着中国共产党党旗。

蒲东生，男，藏族，四川省炉霍县人，中共党员。曾在四川省体育运动技术学校学习一年后参军，复员后回到故乡，先后在炉霍县公安消防大队、县公安局工作。2月9日凌晨，29岁的蒲东生在抓捕犯罪嫌疑人行动中殉职。蒲东生牺牲的这一天恰好是他29岁的生日。

炉霍县委书记汪堆在悼词中说，蒲东生“用年轻的生命书写了对党和人民的无比忠诚”，“他是一名优秀的共产党员和值得我们学习的好民警”。

人们面对蒲东生烈士的遗像，鞠躬、默哀……

“东生是个好娃娃……他是我们藏族人民的骄傲。”悼念现场一位身穿藏民族服装的大妈擦着泪花说。

一位退休干部说：“我憎恨这些没有一点人性的犯罪分子。”

现场一位公安民警泣不成声。他说：“继承英雄遗志……用实际行动同犯罪分子展开英勇的斗争。”

炉霍县各族各界群众近万人参加了追悼大会。

四川省公安厅副厅长张光华宣读了《四川省公安厅关于追记蒲东生同志一等功的命令》。追悼会上还宣读了《四川省人民政府关于批准蒲东生同志为烈士的批复》和《中共甘孜州委关于追授蒲东生同志为优秀共产党员的决定》，号召人们学习蒲东生“旗帜鲜明反分裂，坚决维护祖国统一和民族团结的优秀品质”。

追悼大会后，在公安干警、武警官兵和各族群众的护送下，蒲东生烈士的遗体被送往炉霍县烈士陵园内安葬。

国务委员、公安部部长孟建柱，公安部常务副部长杨焕宁，全国各地市州公安局、甘孜州各级政府部门和公检法系统等单位发来唁电，向蒲东生烈士表示哀悼，向其亲属致以慰问。

解读

原稿是发表在当地报纸上的两篇报道，其一为当日消息，其二为当日的新闻特写。

第一篇原稿在写作上的问题是，对《中共甘孜州委关于追授蒲东生同志为优秀共产党员的决定》和悼词的引用过多，占了消息三分之二的篇幅。

第二篇特写流于空泛，标题、开头和结尾都是记者的观点，不符合新闻报道的客观性法则。没有突出特写的写作特点，即围绕一个主题，截取一个现场片段，采用描写手法，写好场景，突出画面感。

两篇新闻合计有2468字，但有效信息量少，空话和套话多，修饰语多，有凸显观点的语言，没有突出新闻传播讲求客观、平衡、陈述事实、注重人情味、采用白描手法、追求可读性等特点和规律，不如将两篇合二为一，变成一篇811字的消息。结尾处将原稿一的“全县各族群众”改为“各族群众”可能更符合客观实际。

原稿有一个明显的失误是：没有聚焦主人公蒲东生的事迹。他究竟是怎样殉职的？这个过程应准确告知受众。原文把重点都放在了参加追悼会或表达慰问的各级领导干部身上，这显然是宣传本位意识的反映。

从原稿两篇新闻作品的缺憾中应该获得哪些启迪呢？

第一，新闻即便是无法摆脱宣传的需要，也尽量采用新闻思维、新闻语言和新闻表现手法，尊重新闻传播的规律，从有效传播的效果考虑，心里装着受众，只有这样才能够写出贴近受众、平实生动、入脑入心的新闻。

第二，记者报道之前应想好新闻主题，要提前做好所谓的新闻策划。对于经验或能力不足的记者，编辑部应通过“编前会”集思广益，帮助记者解惑释疑，理清报道思路，明确报道的主题，确定采访报道的重点。

对类似高规格的活动提前做好策划尤为必要，它有利于记者在采访中有的放矢，提高效率，写作更顺畅，传播效果更好。

（原稿）

中华浩浩五千载　谁见铁龙渡大海

今天火车登陆海南

吴邦国出席粤海铁路通道轮渡建成庆典

2003年1月11日　来源：《中国铁路建筑报》

本报海口1月7日电（记者朱海燕）我国第一艘跨海火车渡船——粤海铁1号，像漂移的陆地，载着火车驶向海南。

今天上午9点15分，渡船从琼州海峡北港出发，10点1分抵达海口南港。

6级海风掀起滔天白浪，汪洋大海上不见一片帆影。渡船在波峰浪谷间行进，十分平稳，杯水不摇。

吴邦国站在布满鲜花飘扬彩旗的南岸栈桥上，临风而立，迎接渡船上岛。他满脸喜悦，似乎在对大海说：执政为民的共产党人彻底改写了海南与大陆不通火车的历史。

自古以来，天涯路短，思念情长。苏东坡被贬海南时，这里的路只有1195里；洪武元年，官道仅2230里。苏东坡、海瑞一批千古功臣，均无力将孤悬海外的海南与祖国拉近。

张之洞曾提出“筑铁路至海南腹地”的设想；孙中山勾画了火车轮渡琼州海峡的蓝图。然而这些宏愿终被大海吞没。

1942年，日本侵略者为掠夺财富，在八所一带用4万中国人的生命筑了200公里的铁路。解放后，虽经改建，但作为“孤立的存在”几乎被人遗忘。

交通不畅，物流不旺，经济难上：

1993年启动的洋浦开发区，计划15年建成一座40万人口、600亿元产值的现代化城市，目前生产总值仅3.3亿元，人口不足4万。1995年，海南引进外资14.6亿美元，2001年降到5.7亿美元。去年瓜果菜出岛340万吨，卖了53亿元，而汽车运费付掉18亿元，还有40%因登不上汽车烂在地里。海南有每年2000万人的旅游接待能力，因交通不畅，只能接待1200万人。

党中央、国务院深情关注着海南。江泽民指出，通道是海南经济发展的生命。于是，一条致富线作为实践“三个代表”思想的杰作写进南国热土。

1998年8月开工的粤海通道，投资45亿元、全长345公里，由湛海线、火车轮渡和西环线组成。其中高科技的渡船，减摇能力达50%，在8级风浪中可平稳行进。

通道连接全国7万公里铁路网，将全面整合海南的经济结构和物流资源：90%的港口吞吐量、80%的商贸业、70%的仓储业因铁路正呈现出蓬勃生机。

铁路使海南的交通能力提升一倍，运价降低2/3。仅瓜果菜出岛，一年将多收入50亿元。

10点48分，吴邦国为火车轮渡开通剪彩后，上千海南人涌向码头看热闹。一位老大爷挤进去又被挤出来，帽子都挤掉了，他嘴里喊着：“让我再看一眼。”

这时，一首《春天的故事》骤然响起，人们感受到“铁龙渡大海，琼崖尽是春”。

据悉：由于琼州海峡火车轮渡成功，大连到烟台间火车轮渡即将上马。

（对比稿）

今天火车登陆海南
吴邦国出席粤海铁路通道轮渡建成庆典

本报海口1月7日电（记者朱海燕）6级海风掀起滔天白浪，汪洋大海上不见一片帆影。我国第一艘跨海火车渡船——粤海铁1号载着火车，今天上午9点15分从琼州海峡北港出发，驶向海口南港。

中央政治局常委，十届全国人大常委会委员长、党组书记吴邦国站在南岸栈桥上，临风而立，满脸喜悦，迎接渡船上岛。栈桥上布满鲜花、飘扬彩旗。

自古以来，茫茫大海成为海南与祖国陆地之间的一道天堑。清末著名的政治家、军事家和洋务派代表人物张之洞曾提出“筑铁路至海南腹地”的设想；孙中山勾画了火车轮渡琼州海峡的蓝图。但这些宏愿最终未能实现。

去年海南省瓜果菜出岛340万吨，卖了53亿元，而汽车运费付掉18亿元，还有40%因登不上汽车烂在地里。海南有每年2000万人的旅游接待能力，因交通不畅，只能接待1200万人。江泽民曾指出，通道是海南经济发展的生命。

1998年8月开工的粤海通道，投资45亿元、全长345公里，由湛海线、火车轮渡和西环线组成。其中高科技的渡船，减摇能力达50%，在8级风浪中可平稳行进。

通道连接全国7万公里铁路网，将全面整合海南90%的港口吞吐量、80%的商贸业、70%的仓储业。依靠铁路，优化地域经济结构和物流资源。

铁路使海南的交通能力提升一倍，运价降低2/3。仅瓜果菜出岛，一年将多收入50亿元。

10点1分，粤海铁1号按计划抵达海口南港。

10点48分，吴邦国为火车轮渡开通剪彩，随后，上千海南人涌向码头看热闹。一位老大爷挤进去又被挤出来，帽子都挤掉了，他嘴里喊着："让我再看一眼。"

解读

该新闻主题重大，现场感强，信息量大，结构清晰，在150多家媒体200多名记者报道的同题新闻中一枝独秀。作者七易其稿写就此佳作，敬业精神难能可贵。

原稿也存在着显而易见的不足：文学味浓，宣传味浓，脱离主题的新闻背景多。

原稿为沙漏结构，对照稿改为了金字塔结构。

原稿的标题可以减少到两行，与行文的简洁相配合。

原稿的前三段可以浓缩为一个段落。

原稿对吴邦国的身份缺少了背景介绍，应考虑到并非每一个受众都知道吴邦国的职务，新闻应该提供其政治身份，减少受众的阅读"迷雾"，同时，这也有助于提高新闻的价值。

原稿写吴邦国"他满脸喜悦，似乎在对大海说：执政为民的共产党人彻底改写了海南与大陆不通火车的历史"。这一句话其实表述不当，对方的心理活动记者如何能臆断？这种猜测凸显了新闻的宣传功能，反而无益于新闻的传播效果。

原稿"自古以来，天涯路短，思念情长"这一句表述逻辑有矛盾，既然海南远在天涯，怎么会"路短"？况且这种过于抒情的表述未必适合新闻的客观性原理，不如改为一句更为平实的语言。

原稿"苏东坡被贬海南时，这里的路只有1195里；洪武元年，官道仅2230里。苏东坡、海瑞一批千古功臣，均无力将孤悬海外的海南与祖国拉近"讲的是海南当地的交通情况，这与本文主题所表达的火车登陆拉近海南与大陆的距离缺乏逻辑联系，不如删除。

原稿"1942年，日本侵略者为掠夺财富，在八所一带用4万中国人的生命筑了200公里的铁路。解放后，虽经改建，但作为'孤立的存在'几乎被人遗忘"说的也是海南当地的交通变化的背景，同上一段的表述一样，与本文主题并无密切的关联。

原稿“1993年启动的洋浦开发区，计划15年建成一座40万人口、600亿元产值的现代化城市，目前生产总值仅3.3亿元，人口不足4万。1995年，海南引进外资14.6亿美元，2001年降到5.7亿美元。”从逻辑上讲，当地政府制定的经济发展目标未能实现与交通情况有关，但未必是唯一的原因，经济大环境不好、经济计划与现实脱离、当地的基础设施建设滞后、服务不到位、执行力不强等等原因都可能会造成原定目标不能实现，因此，这一段可删除。除非记者引用新闻来源，肯定其中的重要原因在于海南与内地之间的交通不畅。

原稿“党中央、国务院深情关注着海南。……于是，一条致富线作为实践‘三个代表’思想的杰作写进南国热土”的表述宣传意味浓且十分空洞，未必能够起到期待的传播效果，用事实说话更有说服力。江泽民的讲话最好用直接引语。

原稿“正呈现出蓬勃生机”和“人们感受到‘铁龙渡大海，琼崖尽是春’”都体现了作者个人的主观情绪，未必符合新闻的客观性原理。

原稿结尾信息与本文主题无关，可以另发新闻。

用描写场景结尾，生动而令人回味。

原稿931字，属长消息，其实，可浓缩到604字，变成短消息。最可读的消息字数是500字左右。

（原稿）

欢迎“孕妇”来，不舞彩旗；喜送“母子”去，不敲锣鼓

这段青藏铁路又成“无人区”

请过路吧　亲爱的藏羚羊

2002年8月17日　来源：《中国铁道建筑报》　记者：朱海燕

昨晚，约有500只藏羚羊带着刚满月的儿女们，通过可可西里青藏铁路建设工地，向黄河源头的扎陵湖、鄂陵湖迁徙。

为不惊扰这些可爱的精灵，可可西里至五道梁一线，铁路夜间停止施工，拔走彩旗，灯光休眠，机器熄火；作为高原生命线的青藏公路，过往车辆在夜间停驶3个小时。这里又呈现一种远古洪荒的宁静，只有高原的夜风为这群母子结成的队伍送行。

潜伏下来的观察哨称：跨越铁路线，母藏羚羊若无其事，像跨过自己家的门槛一样，小羊羔紧依着母羊，流露出一种莫名其妙的惊喜。

每年6至8月，藏羚羊集结成群，长途跋涉，前往可可西里腹地的卓乃湖、太阳湖一带产崽，去完成一年一度的延续种群的历史使命。小羔羊满月后，再由母

羊呵护着返回原栖息地。

今年6月20日前后，两万多只雌性藏羚羊北上产崽，铁路夜间停止施工10天，为它们开辟通道。一个多月里，两万只小羔羊诞生在那块神秘的“天然产床”上。估计，从8月4日到8月15日，将有4万只大小藏羚羊跨过铁路安然回迁。

藏羚羊是国家一级保护动物，有“羊绒之王”之称，因此，也招来杀身之祸。近10多年来，偷猎者大量涌入，每年有上万只藏羚羊遭到捕杀。1994年，保护区工委书记索南达杰，为保护藏羚羊，在太阳湖与18个偷猎者搏斗壮烈牺牲。

青藏铁路开工后，环保理念渗透到建设者的血脉之中，青藏高原成为他们心目中环保的圣地。他们精心爱护每寸绿草，善待每一种动物。一年来，他们将5只失去母爱的小藏羚羊送到自然保护区机关，可爱的小宝贝得到妥善的保护。在他们的精神昭示下，没有一只藏羚羊在捕杀的枪声里倒下。

这块拥有野生动物230多种，国家重点保护的一、二级动物有20多种的土地，正在恢复野生动物天堂的动人景象。

可可西里自然保护区党委书记才嘎说，铁路建设的一年间，藏羚羊增添了两万多只，到铁路建成之日，将由现在的7万只增至15万只。

据悉，青藏铁路在设计中专门设立了动物通道，铁路建成后，不影响野生动物正常生活和自由迁徙。

（对比稿）

欢迎“孕妇”来，不舞彩旗；喜送“母子”去，不敲锣鼓

这段青藏铁路又成“无人区”

请过路吧　亲爱的藏羚羊

本报8月17日电（记者朱海燕）约500只藏羚羊昨晚带着刚满月的儿女，通过可可西里青藏铁路建设工地，向黄河源头的扎陵湖、鄂陵湖迁徙。潜伏的观察哨称：小羊羔紧依着母羊，跨越铁路线，“像跨过自己家的门槛一样”。

为不惊扰这些精灵，可可西里至五道梁一线，铁路夜间停止施工，拔走彩旗，灯光休眠，机器熄火；青藏公路上的过往车辆在夜间停驶3个小时。

每年6至8月，藏羚羊集结成群，长途跋涉，前往可可西里腹地的卓乃湖、太阳湖一带产崽。小羔羊满月后，再由母羊呵护着返回原栖息地。

今年6月20日前后，两万多只雌性藏羚羊北上产崽，铁路夜间停止施工10天，为它们开辟通道。一个多月里，两万只小羔羊诞生在那块神秘的“天然产床”上。估计，从8月4日到8月15日，将有4万只大小藏羚羊跨过铁路安然回迁。

青藏铁路开工一年来，建设者将5只失去母亲的小藏羚羊送到自然保护区机关，这些“小宝贝”得到了妥善的保护。

可可西里自然保护区党委书记才嘎说，铁路建设的一年间，藏羚羊增添了两万多只，到铁路建成之日，将由现在的7万只增至15万只。

藏羚羊是国家一级保护动物，有“羊绒之王”之称。近10多年来，每年有上万只藏羚羊遭到偷猎者捕杀。

青藏铁路穿越的可可西里自然保护区拥有野生动物230多种，国家重点保护的一、二级动物20多种。

据悉，青藏铁路在设计中专门设立了动物通道。

解读

原稿新闻价值大，标题富有人情味，新闻形式鲜活，内容生动，段落多而小，层次清晰、简洁、明快、易读。作为一个行业报记者，能写出如此高质量的消息令人赞叹。一般而言，行业报主要报道行业内部的“好人好事”，受众面窄，多为行业内部的干部职工，像朱海燕这样在新闻写作上精益求精且有所作为的行业报记者不多。

原稿有786字，对比稿538字。原稿中有的表述文学意味浓，有点夸张；有的显得不够客观，有宣传的痕迹。如：“这里又呈现一种远古洪荒的宁静，只有高原的夜风为这群母子结成的队伍送行。”“跨越铁路线，母藏羚羊若无其事，像跨过自己家的门槛一样，小羊羔紧依着母羊，流露出一种莫名其妙的惊喜。”“青藏铁路开工后，环保理念渗透到建设者的血脉之中，青藏高原成为他们心目中环保的圣地。他们精心爱护每寸绿草，善待每一种动物。一年来，他们将5只失去母爱的小藏羚羊送到自然保护区机关，可爱的小宝贝得到妥善的保护。在他们的精神昭示下，没有一只藏羚羊在捕杀的枪声里倒下。”“这块拥有野生野生动物230多种，国家重点保护的一、二级动物有20多种的土地，正在恢复野生动物天堂的动人景象。”“铁路建成后，不影响野生动物正常生活和自由迁徙。”

在经济建设与自然保护之间发生矛盾的时候，尽力使两者获得平衡，青藏铁路建设者的环保意识值得称道。但无论采取何种措施，铁路穿越自然保护区对动物的生存栖息都会有影响，至于不利影响减弱到何种程度，最好由权威环保专家来说话。原文的新闻来源仅有一处交代具体、清晰。信源不足或交代不清楚是本新闻的缺憾。

导语中的“昨晚”不新鲜了，不如后移至句中；原稿中的背景“1994年，保护区工委书记索南达杰，为保护藏羚羊，在太阳湖与18个偷猎者搏斗壮烈牺牲”与本文关系不大，不如删除。“作为高原生命线的青藏公路”不如改为“青藏公路”，修饰语能不用就不用，简约的文风有助于新闻简洁、有力。

（原稿）

温州7名游客在海南遭色情敲诈　6名嫌犯被抓

2012年3月28日 20:41　来源：南海网

南海网海口3月28日消息（南海网记者高鹏　通讯员倪平） 3月27日凌晨1时32分，万宁市公安局指挥中心110电话急促地响起，打破深夜的静寂。电话那头一名男子焦急地说："我是浙江温州来海南旅游的游客，现在我们7人在兴隆被不法分子利用色情敲诈1万多元，请求派警察速来处理。"消息很快传到万宁市公安局分管刑侦工作的叶国彪副局长耳里，叶国彪立即拨通市委常委、公安局长张兆腾的手机，只听张兆腾指令说："马上出警，包围山庄，以最快的速度将色情敲诈犯罪嫌疑人一网打尽！"凌晨的黑夜中，由叶国彪率领的市局刑侦大队、飞豹大队20多名民警，分乘坐6辆警车火速向兴隆方向疾驰而去。

包围山庄，色情案犯一网打尽

时针指向深夜凌晨1时55分，叶国彪副局长的车子行驶在通往兴隆的高速路上。这时，报案人赵某某打通叶国彪的电话，问出警了没有。叶国彪说正在赶路，赵某某说，一定要让局长来处理，因为担心会被报复，人身安全得不到保障。5分钟后，叶国彪到兴隆就找到赵某某，并掏出警官证证实身份，赵某某相信叶国彪是分管刑侦的副局长后，就将被宰情况和盘托出。他说，刚才他们7人就是在这间"美容美发"店的二楼看表演时被宰的。

这时人走楼空，为了迅速抓到案犯，叶国彪叫赵某某再次打电话与表演人员联系，说是刚才看节目要钱太多，要求退点钱当路费，要是不退钱就报警。敲诈团伙成员怕真的报警生意受损，嘀咕了一下说，我们要的钱也不多，要是别人要价更高。经过赵某某讨价还价，最后对方同意退还2000元。挂了电话，叶国彪马上部署，叫他们将现金送到B0923房，又安排民警躲在房间里实施抓捕。大约15分钟光景，送钱的案犯来敲门，赵某某赶紧开门让他进去，早已躲在房间里的民警一齐冲上去将其制服。接着，他又供认出其他犯罪嫌疑人的居住地址，民警连夜开车赶到兴隆墟上的出租屋里，将另外4名男性案犯抓捕归案。

据5名案犯供认，他们的色情诈骗团伙共有5男1女。那么，那个表演跳舞的女嫌疑人到底躲在什么地方？经过民警们的缜密侦查，掌握了女犯罪嫌疑人的动向。3月27日下午3时半，民警又从另一间出租屋里将表演节目的吴某某（女）抓捕归案。至此，6名在兴隆某某山庄开设发廊，从事色情敲诈的男子苏某某、姚某某、戴某某、吴某某、李某某和色情表演嫌疑人吴某某（女）全部被抓获。

书记批示，坚决打击色情宰客

万宁兴隆温泉旅游城近年来利用色情宰客敲诈勒索现象屡见不鲜，大部分被宰游客不敢张扬，使得作案分子宰客现象愈演愈烈。2011年11月13日，来自东北的吉林省游客王某某在游完海南后，给万宁市委书记孙新阳写了一封长信，一针见血地披露了兴隆旅游区色情宰客问题，提出兴隆温泉旅游区作为海南国际旅游岛的主要景点，如不狠狠打击犯罪，将严重影响国际旅游岛形象。市委书记在信件上批示："旅游区宰客事件已成为兴隆社会治安的突出问题，公安机关务必引起高度重视，组织警力，深入调查，摸清情况，重拳给予打击，维护兴隆旅游区的形象，为游客创造一个安全、愉悦、健康的旅游环境。"

市委常委、市公安局长张兆腾根据市委领导的指示，从去年底开始，多次召开紧急会议，部署侦破利用色情进行敲诈勒索游客案件，成立了以叶国彪副局长为组长的侦破缉拿小组，带领民警在兴隆地区秘密布控，对可能发生色情活动的按摩店、桑拿店、休闲场所等进行排摸，掌握线索，减少了案件的发生。然而，犯罪分子利欲熏心，近期又秘密潜入兴隆，采取隐蔽手段，他们白天睡觉，晚上出来活动，经常在旅游区游泳池、歌舞厅、发廊等地段观颜察色，看准外地游客下手，通过低价观看所谓"精彩色情"节目诱惑游客就范，进而实施敲诈。作案后，这伙人甚至采取恐吓威逼、掌握证据、隐私曝光等办法，达到游客不敢报案和向外界张扬的目的，使得犯罪分子作案一次又一次得逞。

连夜突审，打掉兴隆一块毒瘤

6名犯罪嫌疑人苏某某、姚某某、戴某某、吴某某、李某某和吴某某（女），连夜押回万宁市公安局进行突审。现已查明，组织脱衣舞的首犯苏某某是万宁人，他勾搭湖南籍的姚某某、戴某某和广东籍的吴某某，选择在兴隆旅游区里租用某某山庄的"美容美发"店作掩体，勾结万宁籍李某某看风联络，雇请现年36岁的湖北籍吴某某（女）专门从事色情活动，他们利用宾馆人来人往，互不相识的特点，白天闭门休息，晚上四出活动。到宾馆游泳池、酒吧、歌舞团里物色人选，并将游客带回驻地，专门对外地游客色情敲诈。

据了解，这个色情敲诈团伙，分工十分明确，由专人担当不同"角色"。具体分为拉客、讲价、表演、收款、把风、打仔。当客人被骗进入表演场地看完表演时，表演的小姐穿衣出去后，接着就有男子进来收款，当与客人在收款中发生纠纷时，扮演不同角色的团伙成员就会对你说："你们刚才观看表演时的录像已被全部录下。"以此对游客进行要挟，若游客反抗不按他们的要求给钱的，他们就对你说："如果不如数付款也可以，但你们出去后的人身安全很难保障。"这时又有一个男子进来，佯装打电话与别处通话大声说："你带二十几个人到这里来摆平此事。"俨然给客人造成错觉，施加压力，让客人们认为这伙人人多势众，有强大后台。你要是说出去报案，他们就说："这里的公安已被我们买通了，就是来了也都是我们的人，你报案也没用。"他们的种种威逼手段，使观看节目的游客不得不就范，交钱出去后忍气吞声，哑巴吃黄连。万宁市公安局这次摧毁这个色情敲诈团伙，铲除了深埋在兴隆地区的一大毒瘤，群众拍手称快。

寻找刺激，误入歧途后悔莫及

在兴隆某某山庄民警办案现场，7名来自浙江省温州农村的受害人后悔莫及。报案人赵某某说，他们是参加“温州新某某旅游团”来海南旅游的，3月26日到达兴隆后，18时从兴隆大剧院看完娱乐节目回来，入住某某山庄B0923房。之后，他们9人又出去吃夜宵，到大约11时多才回来，接着来到游泳池准备下水泡泡温泉。这时，一名衣冠楚楚的男青年走过来说：“要看脱衣舞吗？价格很便宜的，每人68元。”经过多次砍价，最后定每人50元，后来说我们9人进去只收400元。赵某某说，他们随着那名青年进了“美容美发”店二楼“女宾室”，一位小姐正在那里表演节目，大约演了30分钟，女子说表演结束就出去了。不一会，就来了3名男子负责收费，我们给了400元，那青年说：“400元也能看到这么好的节目吗？你们幻想啊!”接着提出每人要交2980元。经过一阵争吵，我们想人生地不熟，又寡不敌众，只好把7人的钱凑够13400元交给那名青年。临走时，那青年还威胁说，你们出去要是报案，那你们在下站三亚旅游的人身安全就无法保障了。

赵某某等人出来觉得看节目被这伙人“杀猪”宰得很亏，个个情绪低沉，心情沮丧，准备向公安机关报案。但其中6人却说事情过去了，就花点钱买个教训吧。但赵某某认为不报案把这伙人抓起来，今后不知还要坑害多少人。27日凌晨1时32分，赵某某经过再三考虑，掏出手机向万宁市公安局110指挥中心报了案。接着就出现了本文开头的一幕。

为方便赵某某等7名游客的行程，万宁市公安局3月27日破案当天，就将13400元现金准备好，当面交给被敲诈的7名游客。受害人接到公安局民警还给他们的钱时，一再握住破案民警的手表示感谢，并对自己的行为懊悔莫及。目前，这起在兴隆旅游区里专门利用色情敲诈游客案件的6名犯罪嫌疑人已被刑拘，万宁市公安局正对案件作进一步的侦查。

（对比稿）

海南抓捕6名色情敲诈温州游客的嫌犯

南海网海口3月28日消息 （南海网记者高鹏 通讯员倪平） 6名利用色情表演敲诈温州游客13400元的犯罪嫌疑人被万宁警方抓获。警方昨天将现金当面交还7名游客。

昨天凌晨1时32分，温州游客赵某报案说，他们跟团来海南旅游，3月26日到达兴隆，18时从兴隆大剧院看完娱乐节目回来，入住某山庄。一名男子以观看脱衣舞表演9人只收400元把他们骗进了“美容美发”店二楼的“女宾室”。节目大约演了30分钟后，突然来了3名男子，强令每人要交2980元。赵某等7人在恐吓之下不得不交出13400元。

警方查明，组织脱衣舞的首犯苏某勾搭姚某、戴某和吴某，选择在兴隆旅游区里租用某某山庄的"美容美发"店作掩护，勾结李某看风联络，雇请现年36岁的女子吴某从事色情表演。他们白天闭门休息，晚上到宾馆游泳池、酒吧、歌舞团里物色人选，并将游客骗到租用的某山庄"美容美发"店，专门敲诈外地游客。

解读

原稿长达2901字，内容与标题不吻合，主题不集中，对破案的过程交代过于琐碎，宛如流水账。有570多字内容讲述当地领导如何重视保护游客利益、当地案发如何频繁等，这不是该报道的主题，叙述空虚，有事实没信息，应删除。

原标题用被动句，对比稿改写为主动句。一般而言，新闻中最好少用被动句，因为主动句更容易理解。

从事件本身来看，这起案件并不复杂，破案过程比较顺利，缺乏冲突性，没有曲折或离奇的情节，也没有人情味，不适合写特稿，因此，只能删繁就简，改编成336字的消息。

现在有的报纸喜欢用诸如"李某某"这样的模糊表述，其实不如改为"李某"，一个"某"就代表了其本人的名，何必用两个重叠的字代表其名？不但增加了字数，读者看了还是一样的感觉，不就是出于保护当事人隐私，只交代其姓嘛！加再多的"某"字，也是一样。

此外，新闻中有无必要指出每个犯罪嫌疑人的籍贯？本人认为，这得视情况而定，除非他们是外国人或特定区域的人，也许确有必要交代。既然大家都是中国内地人，刻意划清其省籍恐怕会助长地域歧视。新闻的功能之一在于凝聚社会共识，减少社会族群的纷争。

这篇稿件提醒我们：采访前记者应先准确判断新闻价值，这是记者应具备的新闻敏感。然后记者应悉心琢磨报道的主题，采访后反复斟酌，最终确定主题、新闻角度和报道的体裁，力求内容与形式的契合，完稿后只有反复修改，才能写好报道。

（原稿）

武汉东湖摇蚊暴发　满地蚊尸致货车打滑失控

2012年11月15日　3:33　来源：《武汉晚报》

昨天一早，为避对向来车，货车司机高师傅连踩刹车，谁知车辆突然失控，一头栽进东湖。侥幸逃生后，高师傅依然大惑不解："当时我连踩了几下刹车，却怎么都刹不住。”原来，最近有大量摇蚊聚集东湖沿岸，在被车辆碾压后形成了长长的“油污带”，给过往车辆造成安全隐患。

货车离奇失控栽下东湖

事发环湖路磨山景区老大门至梅园段。记者赶到现场时，事故车辆已被吊出水面。这是一辆车牌号为“鄂JA6337”的后八轮货车，车头上到处都是淤泥，而且还在不断向下滴着水。从车身上散落的零部件掉得一地都是，路面的边缘也被压坏，地面留着20多米长的刹车印迹。

司机高师傅告诉记者，昨天清晨6点30分左右，他驾车给附近一工地运送砖头。从磨山老大门方向返回时，前方一辆小车从路边“探头”，高师傅遂立刻刹车减速，并打方向避让。谁知车辆竟突然失控，径直向湖中冲去。所幸在车头栽下水后，车的底盘被路沿搁住，车身没有完全落水。随后，司机从驾驶室自行爬出上岸。

事发时正值早高峰时段，导致该路段车辆拥堵。中午11点30分，货车才被拖离现场。据处理事故的交警韩警官介绍，沿湖路是不允许大型货车通行的。按照相关规定，司机高师傅还将面临罚款100元，记3分的处罚。

遍地蚊尸造成路面打滑

据高师傅本人称，这辆货车的车况一直良好，“又不是雨雪天气，为什么一踩刹车就会失控侧滑呢？”

记者注意到，该路段上空和树梢都聚集着大片黑色的摇蚊，时不时还有成团的摇蚊从空中落下，掉在地上和湖里，看起来颇为瘆人。而路面上还布满了黑色的“油污”，好似漏洒的机油。韩警官告诉记者，这都是地上的摇蚊被过往车辆碾压后留下的印迹。由于“油污”造成路面摩擦力减小，货车刹车和变线时就容易打滑。

该路段的多位环卫工师傅一致表示，每年这个时候，东湖沿线都会出现类似的景象，他们每天都要清扫几麻袋的虫尸。为了避免车祸，他们只能用水管冲洗路面。只是由于当天事发时间较早，他们还没来得及对该路段进行清扫。

东湖水质富营养化是摇蚊暴发重要因素

记者查阅过往报道后发现，每年11月至12月，武汉各大湖泊周围都会出现摇蚊暴发的景象。记者咨询了有关专家后得知，这种现象主要与气候和水体质量有关。

武汉动物园高级工程师杜有顺告诉记者，每年秋末冬初是摇蚊繁殖期，加上近日白天气温回暖，其生长发育速度大大加快，大量摇蚊便开始集中出现。但由于昼夜温差较大，夜里冻死的摇蚊纷纷落在地面上，在被车辆碾压后造成了交通隐患。

除了气温之外，东湖水质的变化也是一个重要因素。杜有顺表示，摇蚊幼虫主要以水底的甲壳、藻类、水生植物为食。东湖水体出现富营养化，给摇蚊幼虫的栖息创造了良好的条件。水体底部每平方米可栖息4万条摇蚊幼虫，摇蚊羽化时每平方米可达到数千只。

另外，水体的变化也造成了各种野生鱼类难以生存。由于不少鱼类都以摇蚊幼虫为食，一旦失去天敌，摇蚊的繁殖就变得更加迅速。

再过一周，摇蚊即将覆灭

记者注意到，在远处的湖面上，还聚集着大量白色鸟类。鸟类专家、武汉大学动物标本馆馆长唐兆子介绍，这种鸟名叫红嘴鸥，和近日在武汉频繁出现的丝光椋鸟一样都是摇蚊的天敌。每年冬天，这些鸟类都会从北方迁徙至南方。在途经武汉时，为了捕食摇蚊而聚集停留。它们的捕食量极大，等到摇蚊被掠食殆尽后就会继续南飞。

同时，随着气温的降低，摇蚊也将面临自然死亡。唐兆子预测，随着武汉气温的继续降低，在一周左右的时间内，这批摇蚊便会结束生命周期，市民无须过度困扰。

武汉市疾控中心的工作人员表示：摇蚊以植物汁液为食，并不叮咬人类，也不会传染疾病。（记者杨京）

（对比稿）

武汉东湖摇蚊爆发

一货车在遍地蚊尸路面打滑坠湖

武汉晚报讯（记者杨京）一名货车司机为避开相向来车连踩了几下刹车，谁知车辆竟突然失控，径直向东湖冲去。司机逃生后，大惑不解：“怎么都刹不住。”

事发环湖路磨山景区老大门至梅园段。记者赶到现场时，事故车辆已被吊出水面。这是一辆车牌号为“鄂JA6337”的后八轮货车，车头上到处都是淤泥，而且还在不断向下滴着水。从车身上散落的零部件掉得一地都是，路面的边缘也被压坏，地面留着20多米长的刹车印迹。

高师傅告诉记者，昨天清晨6点30分左右，他驾车给附近一工地运送砖头。从磨山老大门方向返回时，前方一辆小车从路边“探头”，高师傅刹车减速，打方向避让，不料刹车失灵。因底盘被路沿搁住，车身才没有完全落水。

据高师傅本人称，这辆货车的车况一直良好，“又不是雨雪天气，为什么一踩刹车就会失控侧滑呢？”他感到不可思议。

记者注意到，该路段上空和树梢都聚集着大片黑色的摇蚊，时不时还有成团的摇蚊从空中落下，掉在地上和湖里，看起来颇为瘆人。路面上一层黑色的摇蚊尸体好似漏洒的机油。韩警官告诉记者，正是由于铺在路上的摇蚊尸体造成路面摩擦力减小，货车刹车和变线时就容易打滑。

该路段的多位环卫工表示，每年这个时候，东湖沿线都会出现类似的景象，他们每天都要清扫几麻袋的虫尸。为了避免车祸，他们只能用水管冲洗路面。由于当天事发时间较早，他们还没来得及对该路段进行清扫。

事发时正值早高峰时段，导致该路段车辆拥堵。

中午11点30分，货车才被拖离现场。据处理事故的交警韩警官介绍，沿湖路不允许大型货车通行。

按照相关规定，司机高师傅将面临罚款100元，记3分的处罚。

专家称，摇蚊一周后即将覆灭

武汉晚报讯（记者杨京）记者查阅过往报道后发现，每年11月至12月，武汉各大湖泊周围都会出现摇蚊暴发的景象。记者咨询了有关专家后得知，这种现象主要与气候和水体质量有关。

武汉动物园高级工程师杜有顺告诉记者，每年秋末冬初是摇蚊繁殖期，加上近日白天气温回暖，其生长发育速度大大加快，大量摇蚊便开始集中出现。但由于昼夜温差较大，夜里冻死的摇蚊纷纷落在地面上，在被车辆碾压后造成了交通隐患。

除了气温之外，东湖水质的变化也是一个重要因素。杜有顺表示，摇蚊幼虫主要以水底的甲壳、藻类、水生植物为食。东湖水体出现富营养化，给摇蚊幼虫的栖息创造了良好的条件。水体底部每平方米可栖息4万条摇蚊幼虫，摇蚊羽化时每平方米可达到数千只。

另外，水体的变化也导致了各种野生鱼类难以生存。由于不少鱼类都以摇蚊幼虫为食，一旦失去天敌，摇蚊的繁殖就变得更加迅速。

记者注意到，在远处的湖面上，还聚集着大量白色鸟类。鸟类专家、武汉大学动物标本馆馆长唐兆子介绍，这种鸟名叫红嘴鸥，和近日在武汉频繁出现的丝光椋鸟一样都是摇蚊的天敌。每年冬天，这些鸟类都会从北方迁徙至南方。在途经武汉时，为了捕食摇蚊而聚集停留。它们的捕食量极大，等到摇蚊被掠食殆尽后就会继续南飞。

同时，随着气温的降低，摇蚊也将面临自然死亡。唐兆子预测，随着武汉气温的继续降低，在一周左右的时间内，这批摇蚊便会结束生命周期，市民无须过度困扰。

武汉市疾控中心的工作人员表示：摇蚊以植物汁液为食，并不叮咬人类，也不会传染疾病。

新闻背景

摇蚊是什么蚊子?

摇蚊是双翅目长角亚目摇蚊科的通称，是蚊子的一个种类，它遍及世界各大区，已知有5000余种。摇蚊幼虫生活在水中，靠水中浮游生物为食。摇蚊一般有春季和秋季两个繁殖期，其繁殖量非常大，繁殖周期5天到10天，生命期1个月到3个月。因此每年繁殖期时会出现大量摇蚊，但繁殖期一过就大多消亡了。

摇蚊大面积出现和湖泊水质有关系。摇蚊是鱼虾喜欢的食物，鱼虾多时，摇蚊幼虫绝大部分在水里被吃了，只有少数才能羽化飞上岸。而水质差了鱼虾少了，摇蚊自然会大规模出现。

摇蚊以植物汁液为食，不吸人血，对人体没有多大危害。

解读

这篇新闻的原标题为《小小蚊子害得货车一头栽进东湖》，考虑到传播范围和传播对象不同，网站在转载这篇新闻时改为《武汉东湖摇蚊暴发　满地蚊尸致货车打滑失控》。对比稿改为《武汉东湖摇蚊爆发　一货车在遍地蚊尸路面打滑坠湖》。

原稿采用了当下都市报流行的写作模式：长篇幅、多个分标题、语言琐碎。这种写作的不足是，记者可能将大量的信息塞进了一篇报道中，导致主题不突出、不鲜明，信息重复，报道的脉络被分割，缺乏张力。

以上述报道的原稿为例，它包含了两个主题，即“满地蚊尸致货车打滑失控”和“专家称，摇蚊一周后即将覆灭”。按照消息的写作规律，一篇新闻应该只有一个主题，报道材料应围绕一个主题来组织。因此，将两篇主题不同的新闻捏合在一篇报道里，不如“花开两朵，各表一枝”来得清晰、简明，更易于受众接受信息。此外，原报道的重复信息删除后，可使报道变得简洁。

原稿还有不足的是，没有提供清晰的新闻背景，即“摇蚊”与日常生活中叮咬人类的蚊子有何不同，有哪些特征。新闻传播知识，所以应该提供这方面的知识背景。

（原稿）

男子观棋多嘴被老人推搡致死

2012年9月24日　来源：《深圳晚报》

深圳晚报讯（记者朱冠宇）俗话说：“观棋不语真君子，落子无悔大丈夫。”9月22日傍晚6时，在龙岗区长龙长兴大厦楼下发生一起命案，两位花甲老者在下象棋时，一中年男子围观且多说了几句，就把命给丢了。

记者在现场看到，下水径派出所民警封锁了现场，封锁线内可看到被害男子的尸体。据附近餐馆的老板娘介绍，案件发生在下午6时左右，当时住在长兴大厦的两名60多岁老人在下象棋，附近做拉货生意的司机周先生在餐馆吃完饭后闲着无聊，走过去观棋。周先生37岁，江西人，平时常来该地方吃饭。他在观棋时看到一步好棋，便脱口而出提醒其中一老者，结果导致另一老者被将死。输棋的老者大动肝火，大骂周先生，结果双方逐渐由口角之争升级为肢体冲突，老者推搡并且打了几下周先生后，周先生忽然脸色惨白，倒在地上一动不动，嘴里鲜血流出。事后老人拨打了急救电话，布吉人民医院120急救车到现场后立即抢救，3小时后医生宣布其死亡。警察赶到现场后控制了老人，向周围的居民了解情况后将打人老者带回派出所。随后，民警在死者身上找到手机，并通过手机找到死者的哥哥，最终确定了死者身份。

据附近一家超市的监控录像拍摄事发经过显示，老者确实和周先生发生冲突与推搡，但并不很激烈，大家都认为老者的推搡不至于将周先生毙命。目前，案件仍在进一步调查中。

（对比稿）

中年男子观棋支招被推打倒地身亡

深圳晚报讯（记者朱冠宇） 俗话说：“观棋不语真君子。”9月22日傍晚6时，在深圳龙岗区，一中年男子因为观棋支招竟然丢了性命。

记者在长龙长兴大厦楼下事发现场看到，下水径派出所民警封锁了现场，封锁线内可看到被害男子的尸体。

据附近餐馆的老板娘介绍，案件发生在下午6时左右，当时住在长兴大厦的两名60多岁老人在下象棋，附近做拉货生意的司机周先生在餐馆吃完饭后闲着无聊，走过去观棋。周先生37岁，江西人，平时常来这里吃饭。

静观棋局的周先生突然看到一步好棋，禁不住脱口而出提醒一位老者，结果另一老者被这步好棋将死了。输棋的老者恼羞成怒，大骂周先生，双方互不示弱，从口角之争升级为肢体冲突，老者推搡并且打了几下周先生后，周先生忽然脸色惨白，倒在地上一动不动，嘴里流出鲜血。

布吉人民医院120急救车接到当事老人的电话后赶到现场抢救，3小时后医生宣布周先生死亡。

随后，警察赶到现场控制了老人，向周围的居民了解情况后将打人老者带回派出所。

警察在周先生身上找到手机，并通过手机找到他的哥哥，最终确定了其身份。

据附近一家超市的监控录像拍摄事发经过显示，老者确实和周先生发生冲突与推搡，但并不很激烈。

解读

这篇消息的优点是，记者在案发后第一时间赶到了现场并及时进行了采访，获取了第一手材料。但原稿有以下不足：

首先，原稿的标题有主观推断之嫌，在死者的确切死亡原因被法医鉴定之前，记者不应该主观臆断，应客观中立地概括事实为宜，这样不至于最终与权威鉴定发生抵触令自己陷入尴尬境地。原标题与结尾本身也是冲突的。“多嘴”含有记者主观观点，不如改为中性词“支招”。

其次，原稿的导语不精炼。复杂的地点不宜都放在导语里，叙述语言应简洁浓缩新闻事实。

最后，原稿的结构层次不够清晰，仅有三个段落且主要事实集中在第二个段落，致使第二个段落信息量过于集中，段落显得比较臃肿。其实，该消息为动态新闻，细分段落有助于提升易读性。

另外，该新闻的信源均比较模糊，不具体、不准确。

结尾的问题是，监控录像是别人转述的还是记者自己看过的？录像里老人是如何推搡死者的？大概肢体冲突有几分钟？之前的段落里交代老者不但推搡还动手打了周先生，这里却没有提到“推打”，冲突最关键的信息没有交代清楚。记者采访了几位目击者？是不是第一目击证人？叫什么名字？这些都没有提供准确清晰的信息。而且“大家都认为老者的推搡不至于将周先生毙命”的表述不够规范，“大家”是谁？记者最好提供准确的新闻来源并引用其原话更为客观真实。通过结尾这个段落可以断定，记者的采访还是出现了纰漏，不够精确和细致。

（原稿）

河南民警武斌抓歹徒途中英勇负伤

2012年6月17日 来源：大众新讯社 作者：记者胡小民 通讯员王磊 杨德清

6月1日下午，河南省西平县公安局专探派出所代理所长武斌在追赶犯罪嫌疑人过程中，为阻止犯罪嫌疑人逃脱，冒着生命危险死死抓住犯罪嫌疑人的车辆不松手，在被歹徒开车拖行400余米后被推下车撞树昏迷，英勇负伤。目前，正在医院接受治疗。

武斌的事迹在当地新闻媒体报道后，引起社会各界的强烈反响。西平县委、县政府，驻马店市公安局有关领导先后多次前往医院看望慰问。当地社会各界群众纷纷自发前往医院看望武斌，武斌在外地市的多名同学、好友在媒体上看到武斌的事迹后，也从外地赶到西平看望武斌。

6月1日下午5点50分左右，从该县专探中学维持秩序刚回到派出所的武斌和副所长赵书亮正在院子里讨论“三夏”防火工作。突然，专探村委一村民急冲冲地跑进派出所，指着派出所外大喊：“快点吧！出大事了！要出人命了！”听到这，武斌对赵书亮说了一句：“你上楼去拿录像机，我先去看看！”说完，他就快速跑向距离派出所200余米的现场。

跑至专探乡政府老办公区大门口时，武斌看到一群人掂着砖和棍从西边跑来，正准备坐上两辆无牌面包车逃跑。武斌来不及多想赶紧追了上去，拦住其中一辆车，大声说：“我是派出所的，快停车！”并从副驾驶旁的车窗伸手进去准备控制方向盘。这时车辆不但没有停下来，反而加速行驶，武斌随机抓住车顶扶手，跟着车跑了起来。当行至专探乡政府新办公区门口时，歹徒见武斌死死抓住不丢，就让车上的人员迅速转移到另外一辆车上逃跑。随即，这辆车上的剩余歹徒疯狂地拖着武斌加速逃窜，并威胁武斌：“快放手！不放手就弄死你！”此时因车速较快，武斌已双脚悬空，但仍不松手。车里人接着用手卡武斌的脖子，猛推武斌的胸部，掰武斌的手，想把武斌推下去，但是武斌就是死死地抓住车顶扶手不放。在被车辆强行拖了400余米后，因体力不支，武斌被歹徒推下车后撞到路边的树上，当场失去了知觉，陷入昏迷。

这时，副所长赵书亮和民警李宁等人开车追上。他们把武斌抬上车后，在将武斌送往医院救治的同时，继续追赶犯罪嫌疑人，并及时将情况向县局当天值班的冯战武副局长汇报，冯战武立即带领巡特警在前方堵截。当他们追赶至专探乡张坡村委大陈庄村路段时，武斌因车辆颠簸苏醒，他对驾车的赵书亮说：“别管我，赶快追，一定要抓住歹徒！”追至西平县郜庄转盘处时，民警将嫌疑车辆堵住，嫌疑人弃车逃窜，赵书亮等人奋力追赶，赵书亮一个抱腿前摔将其中一名犯罪嫌疑人杨某擒获，交给了及时赶到的冯战武副局长。直到这时，他们才顾得上把受伤的武斌送往医院抢救。武斌在半昏迷中还念念不忘对民警交代：“别碰他们车上的东西，保护好现场！”之后，武斌又昏了过去。

案件发生后，西平县公安局党委高度重视，局党委书记、局长余伟，党委副书记、政委杜玉坤在第一时间赶到现场，督导指挥破案，并及时赶到西平县人民医院，协调县医院组织有关专家对武斌进行全力救治。余伟局长再三嘱托医生：“一定要全力救治我们的民警！”得知这一情况后，西平县委常委、县政法委书记边镇西立即与县人民医院院长联系，要求一定要派最好的医生、提供最好的条件，全力救治武斌。

经过抢救，直到6月2日凌晨，武斌下半身才恢复知觉，神智恢复清醒。他头上被缝了5针，背部大面积挫伤，手臂也被车窗挤伤，浑身伤痕累累。当大家问他：“当时那么危险，你为啥还抓住车不放呢？就不怕要你的命？”他回答说：

“当时我就想着：一定得把车或人留下一样，给破案留下线索，既然抓住了我就不会放过他们。”

好民警武斌英勇无畏，面对众多穷凶极恶的歹徒，不顾个人安危，奋力冲上前去，死死抓住嫌疑车辆不松手，迫使嫌疑人无法迅速逃脱，从而为抓获犯罪嫌疑人杨某赢得了时间。经查，事情起因是西平县专探乡村民宋某与焦某因经济纠纷产生矛盾，焦某指使杨某纠集二十余人，将宋某及其母亲、祖母打伤。目前，西平县公安局已抽调精干力量成立专案组，正全力侦办此案。

（对比稿）

河南民警抓歹徒负伤

本报讯（记者胡小民　通讯员王磊　杨德清）“快放手！不放手就弄死你！”车内的犯罪嫌疑人吼叫着，对悬挂在车外的警察卡脖子，猛推胸部，掰手，但警察抓着车顶扶手不放。车行400余米后，这名警察被推下车，撞到路边的树上……

6月1日下午5点50分左右，西平县公安局专探派出所副所长武斌接到群众举报称有人行凶，他在赶往现场途中，在专探乡政府老办公区大门口碰到一群嫌犯掂着砖和棍正准备坐上两辆无牌面包车逃跑。

武斌追上去拦住了其中一辆车，大声说：“我是派出所的，快停车！”说着，他从副驾驶旁的车窗伸手进去准备控制方向盘。

这辆车不但没有停下来，反而加速行驶，武斌随机抓住车顶扶手，跟着车跑了起来。

当车行至专探乡政府新办公区门口时，歹徒见武斌死死抓住车顶扶手不丢，就让车上的人员迅速转移到另外一辆车上逃跑。后来，体力透支的武斌被歹徒推下车，陷入昏迷。

就在这时，副所长赵书亮和民警李宁等人开车追了上来。他们把武斌抬上车后，继续追赶犯罪嫌疑人。在专探乡张坡村委大陈庄村路段时，武斌因车辆颠簸苏醒，他对驾车的赵书亮说：“别管我，赶快追，一定要抓住歹徒！”

在西平县邵庄转盘处，民警将嫌疑车辆堵住，嫌疑人弃车逃窜，赵书亮等人擒获犯罪嫌疑人杨某并将其交给了及时赶到的县公安局冯战武副局长。直到这时，他们才顾得上把受伤的武斌送往医院抢救。

直到6月2日凌晨，武斌下半身才恢复知觉，神智恢复清醒。他头上被缝了5针，背部大面积挫伤，手臂也被车窗挤伤。

经查，事情起因是西平县专探乡村民宋某与焦某因经济纠纷产生矛盾，焦某指使杨某纠集二十余人，将宋某及其母亲、祖母打伤。案情正在侦破中。

解读

原稿有1660字，对比稿660字。原稿不像新闻，像是先进模范人物汇报材料。作为消息，它显而易见写得过长了。新闻写作要在采访前明确报道思想，围绕中心选择材料，把最能表现新闻主题的材料有机地组合好，删繁就简，突出主题，起到良好的传播效果。

为何这篇新闻写得如此之长？原因在于记者采访获得的材料比较丰富，在写作时舍不得割舍，结果将所有搜集来的材料都叠床架屋堆积在了新闻中，不长才怪。写消息一定要善于“舍”掉与主题关系不紧密的材料，如此才能够“得”到获得最佳传播效果的新闻。有“舍”才有“得”。这篇消息的主题就是讲派出所副所长武斌如何与歹徒搏斗的故事，因此，所有的材料都应该围绕着他展开，其他的要么略写，要么舍弃，否则，主题就散了。

还有，无关紧要的细节均应果断地删除。比如工作的流程、职场内部的工作程序都不需要赘言，就像拍电影，所有的戏都应该围绕着主角展开，其他都是陪衬。

新闻的语言要准确、简洁、具体、形象、生动，所谓要言不烦，多一字不如少一字。空话、套话、官话都应删除。如今人们的生活节奏越来越快，获取信息的途径也越来越多，新闻尽量短一点，活一点，只有这样才能吸引受众的关注。

原稿标题冗长，其中“英勇”体现了主观倾向性，应删除。此外，原稿的导语时效性差、不简洁，在无新鲜由头的前提下，改用描写式导语突出场景，呈现画面感，能吸引受众眼球。

原稿洋洋洒洒，却连基本事实都没有调查清楚，如行凶的犯罪嫌疑人起初交代是“一群人”，结尾交代是“二十余人”，没有一个准确的数字。这二十余人的违法事实没有交代。截止到记者发稿时，究竟抓住了几个犯罪嫌疑人？主犯有没有抓到？记者为何没有采访被抓的犯罪嫌疑人？

（原稿）

老板兑毛票侮辱殴打讨薪农民工除夕夜被抓获

2013年2月10日　20:03　来源：中国新闻网

中新网惠州2月9日电（严初）9日大年除夕晚上7时，广东惠州市博罗县公安部门通报，经该市、县两级公安机关的共同努力，于9日下午成功将博罗县龙溪镇万胜五金塑胶厂故意伤害他人的涉案主要犯罪嫌疑人童某、钟某抓捕归案。

据了解，2月8日，博罗县龙溪镇万胜五金塑胶厂负责人童某采取支付11万元零碎散钱（从1角到20元不等）的做法故意刁难追讨工程款的李某父子，并将两人打伤。案发后，由于案件性质恶劣，博罗县公安部门成立专案组，全力抓捕打人厂长。

在实施抓捕过程中，市、县两级公安机关组织多队工作组积极开展涉案犯罪嫌疑人追捕工作，奔赴东莞桥头、茶山、洪梅等地，最终在东莞桥头成功将嫌疑人抓获。

（对比稿）

广东警方抓获殴打讨薪农民工的犯罪嫌疑人

中新网惠州2月9日电（记者 严初）广东惠州市博罗县公安部门通报称，两名兑毛票侮辱讨薪农民工的犯罪嫌疑人因打伤讨薪人于9日下午被捕。

据南方电视台2月7日报道，在广东惠州博罗县龙溪镇打工的工头老李，在向龙溪万德五金塑胶厂讨要工人们一年的11万元工钱时，工厂的厂长扔出110万张1毛钱纸票堆出的一座“钱山”，然后让老李和工人们在里面一张一张地数出11万元来。在老李数钱过程中，厂长和手下对其进行了殴打，老李身上受伤，去医院缝了十来针，未能领到薪水。

新京报报道，该事发生在1月29日。龙溪镇信访办李主任称，事发后该厂长派人去医院看了老李，同时给老李的银行卡打去了11万元的工资，1月31日亲自去道歉并垫付了1万多元的医药费。

龙溪镇村建所杨副所长透露，经过他们事后调查，在11万元中，“1毛的大概有5000元，其他的有5元、10元、20元的”。

该事件2月7日经媒体曝光后在网络上引发了网友的广泛关注。

根据《中华人民共和国治安管理处罚条例》第二十二条规定：殴打他人，造成轻微伤害的“处十五日以下拘留、二百元以下罚款或者警告”。

解读

《老板兑毛票侮辱殴打讨薪农民工除夕夜被抓获》写作不严谨。

存在的问题是：首先，标题与事实不符。新闻导语中交代，犯罪嫌疑人是2月9日（腊月二十九）下午被捕的，标题竟然宣称是“除夕夜被抓获”，这不准确。嫌疑人被抓是因为殴打民工致伤违法，不是因为兑毛票，这个逻辑一定要理清，所以修改为《广东警方抓获殴打讨薪农民工的犯罪嫌疑人》更准确。

其次，导语冗长。消息写作最忌讳导语啰嗦，直叙式导语应该简洁明了。只要交代最重要的事实即可，更详尽的信息可以在新闻主体中补充。

最后，该新闻将事件发生的时间搞错了，从南方电视台和《新京报》早先的报道中可以查证，冲突发生在1月29日。真实是新闻的生命，时间是新闻价值的要素之一，该新闻将时间写成2月8日明显是记者的疏漏。这反映出记者的工作责任心不强，对新闻的要素缺乏核实。

另外，该新闻缺乏细节、语言空洞，该交代的完整故事没有交代清楚，应删除没有信息量的表述，同时引用其他媒体的内容充实新闻背景。

还有，这条新闻在采访上不深入不全面，信源没有交代，缺乏对事实的多方求证、核实，缺乏引语。要补充一点的是，新闻编辑的把关意识缺位也是导致新闻质量不佳的重要原因，网上查阅，几乎所有的网站转载该新闻都没有发现其存在的明显失误。

经查阅对照南方电视台和《新京报》的报道，对上述新闻稿进行了如上修改。

一条看上去并不复杂的消息竟然出现了如此缺陷，由此可见，当一个合格的记者并不容易，新闻写作也并不像有些人想象的那样简单，没有踏实勤勉的工作作风、严谨细致的敬业精神和扎实过硬的新闻技能是当不好记者的。

（原稿）

兰州军区哨兵百米追击窃贼　1分钟将其制服

2012年12月12日　3:32　来源：人民网

商报讯（记者郭秀睿　通讯员杨忠杰） 听到“捉贼”的喊叫声后，值班哨兵寻声望去，在发现贼影的同时，飞速追击而上，仅用1分钟就将窃贼扑倒在地，成功制服并夺过了窃贼手中的凶器。记者了解到，12月10日凌晨4时50分，窃贼在南昌路东段盗取通讯电缆时被及时发现。就在黑影逃窜时，听到呼救声的战士迅猛出击，迅速将逃跑中的窃贼制服。目前，该案件已交东教场派出所调查。

听见“捉贼”声　夜色中窃贼逃跑

12月10日凌晨4时50分，深冬里的兰州寒风刺骨，兰州军区某部战士李志伟像往常一样在寒风中放哨。“快来捉贼啊，抓住他。”突然间，一声捉贼的喊叫声打破了凌晨时分的寂静，放哨的李志伟即刻寻声望去，只见在南昌路东段，夜色下一个黑影正在向东面逃窜，其后面有个男子在边追边喊。李志伟立即飞奔而上，在距离窃贼100米的时候，跨大步，迅速追击，窃贼还没反应过来，李志伟就从侧面将其扑倒在地，迅速夺下了窃贼手中的车用铁锁，前后用时不过1分钟。

窃贼被送派出所　案件正在调查中

窃贼被成功制服后，李志伟协同另一名抓贼的男子将其送到了东教场派出所。目前，此案件正在进一步调查中。昨日上午，记者见到了奋勇擒贼的优秀战士李志伟，对于自己神速般的擒贼义举，李志伟十分谦虚地说道，作为一名解放军战士，自己每天都要训练，看到逃跑的窃贼后，第一反应就是迅速追上去，把小偷抓住。记者了解到，由于窃贼偷盗电缆，已造成几十户住户通讯受到了影响。幸亏发现及时，才没有受到更大的损失。

（对比稿）

兰州军区哨兵百米追擒窃贼

商报讯（记者郭秀睿　通讯员杨忠杰）一名乘着夜幕掩护盗窃电缆的窃贼真不走运，他在逃跑时遇到了比他跑得快的对手。

12月10日凌晨4时50分，深冬里的兰州寒风刺骨，突然间，一声“捉贼”的喊叫声划破了寂静的黑夜，“快来捉贼啊，抓住他！”正在站岗的兰州军区某部战士李志伟循声望去，只见在百米开外的南昌路东段，一个黑影正在向东飞跑，后面的男子边追边喊。

李志伟立即追了上去，在接近歹徒的一刹那间，他从侧面一个鱼跃，没等窃贼反应过来，就将其扑倒在地，一把夺下了其手中的车用铁锁。随后，李志伟协同抓贼的男子将犯罪嫌疑人送到了东教场派出所。

记者了解到，由于窃贼偷盗电缆，已造成几十户住户通讯受到了影响。

解读

原标题《兰州军区哨兵百米追击窃贼　1分钟将其制服》改为《兰州军区哨兵百米追擒窃贼》更简洁。原标题“1分钟将其制服”看上去精确，但缺乏可靠的依据，难道有人掐秒表？这不是体育比赛，紧要关头哨兵出击哪里顾得上看表？就那么一刹那的工夫，根本没时间想别的。再说，记者也没有交代如此精确的时间来源于哪里。新闻真实既包括全面真实，也包括局部真实，每一个细节、每一个事实都要经得起检验，不能像写小说，想当然地虚构，搞所谓“艺术真实”。

原稿中所称“李志伟立即飞奔而上，在距离窃贼100米的时候”也存在上述问题。这个精确的数字记者怎么得来的？记者事发时不在现场，即便在现场也在毫无准备的情况下没法精确测量，在夜色中哨兵也只能大约估计双方的距离，所以不如用模糊的数据反而更准确、更真实。

这条新闻警示我们：新闻写作一定要准确，字字句句都要落实，所有的要素都应忠于事实。

原稿293字，文字不够简洁，有重复冗余信息。对比稿287字。

（原稿）

丈夫候机大厅欲跳楼　只为不让妻子“飞走”

2011年11月28日　来源：浙江在线•《温州都市报》

浙江在线11月28日讯　11月27日晚11时40分许，发生在温州机场候机大厅的一场闹剧终于收场，田某和许某各自离开，并称回去冷静一段时间再考虑双方今后的生活。因感情纠纷，湖北籍男子田某爬上候机大厅10余米高处要跳楼，坚持不让妻子许某“飞走”。

事情发生在当晚7时许，当时许某正准备办理登机手续，搭乘航班从温州去昆明，丈夫田某事先不知此事，闻悉后赶来，拦住妻子不愿放行，两人就在机场候机大厅吵了起来。机场民警将两人带回了警务室。女方坚持要走，男方不让走。经民警做半个多小时思想工作后，田某有点想通了，出了警务室的门，他还帮着妻子办理登机手续。

本来以为这事告一个段落，没想到又起了变化。在昨晚8时左右，田某爬到了候机大厅一中餐厅高10余米的标志牌上方，叫嚣着不把妻子叫回来，就跳下去。

机场民警一边通知消防、救护人员，一边寻找到还没有登机的许某，让她一块儿过来劝服田某。当晚9时15分许，持续了1个多小时的劝解，田某才爬了下来。

据民警介绍，田某和许某1996年结婚，男的在温打拼多年，事业小有所成，女的跟着丈夫来温，还没有孩子，双方在感情上经常有小摩擦。

矛盾积蓄一段时间，一朝爆发。于是有了开头的一幕——女的铁了心要走，向人借了钱买机票回老家，打算一去不回；男的又舍不得对方，于是在机场以死相逼。

妻子许某说了一句大有深意的话：走还是不走，取决于他，他什么时候想好跟她好好过日子了，再来找她。但田某并没有现场给妻子一个肯定的答复。

温州市公安局机场分局治安大队民警表示，田某的这种行为已经触犯了《治安管理处罚法》第二十三条，属于扰乱公共场所秩序，此事还在进一步调查中。

（对比稿）

妻子想“飞”　丈夫要跳楼

温州都市报11月28日讯　一名男子不情愿妻子乘飞机去外地，爬上温州机场候机大厅10余米高处威胁要“跳楼”。

昨天晚7时许，许女士正准备办理温州飞昆明的登机手续，丈夫田某因事先不知情，闻讯赶来，拦住妻子不愿放行，两人在机场候机大厅吵了起来。

机场民警将两人带回了警务室。女方坚持要走，男方不让走。经民警半个多小时的调解，田某似乎想通了，出了警务室，帮着妻子办理登机手续。

不料，随后田某又想不通了，晚8时左右，他突然爬到了候机大厅一中餐厅高10余米的标志牌上方，叫嚷着不把妻子叫回来，就跳下去。

机场民警一边通知消防、救护人员，一边紧急把尚未登机的许某找回来劝服田某。

劝解持续了1个多小时，田某才爬了下来。

据民警介绍，田某和许某都是外地人，1996年结婚，双方尚无孩子，感情不和，常有小摩擦。

晚11时40分许，田某和许某各自离开了机场，称双方回去冷静思考一段时间。

温州市公安局机场分局治安大队民警表示，田某以跳楼相威胁的行为触犯了《治安管理处罚法》第二十三条，属于扰乱公共场所秩序。

解读

原稿时效性强，鲜活，有吸引力，但标题和导语都过长了，文中也有一些啰嗦的叙述。因这条新闻的冲突性强，情节本身有张力，其实可以使用金字塔结构，这种结构的好处是导语留有悬念，读者必须一口气读完才能知晓最终结果。

原稿有一些表述是文学语言，不是新闻语言：

“男的在温打拼多年，事业小有所成，女的跟着丈夫来温，还没有孩子，双方在感情上经常有小摩擦。”

“矛盾积蓄一段时间，一朝爆发。于是有了开头的一幕——女的铁了心要走，向人借了钱买机票回老家，打算一去不回；男的又舍不得对方，于是在机场以死相逼。”

“妻子许某说了一句大有深意的话：走还是不走，取决于他，他什么时候想好跟她好好过日子了，再来找她。但田某并没有现场给妻子一个肯定的答复。”

这些语言流畅、生动，但模糊、含蓄，不符合新闻语言具体、准确、直白、平实的规范。

从全文看，通篇都是记者的叙述，没有现场描写，没有直接引语，没有清晰的信源。原因出在采访上，记者可能从机场民警处获得了新闻来源，根据民警介绍写作了新闻。采访的人少，自然写出来的报道就显得材料不够扎实、不够充分。

原稿也没有介绍提供新闻来源的民警的姓名和身份。为了显示新闻的真实客观，新闻来源应该交代清楚，如提供者的姓名、职务、年龄等，有据可查。除非是牵涉到消息来源的隐私或担心引发不安全的因素要求匿名，一般情况下，记者应该如实地交代新闻来源。

此外，“浙江新闻在线”也应清晰注明新闻来源。

原稿有654字，对比稿425字。

（原稿）

湖北一镇家养土狗集体发狂袭人　警方击毙70余条

2012年9月21日　22:12　来源：荆楚网

近日，蕲春青石镇突然出现险情，一条条家养土狗发狂伤人，致20多名群众被狗咬伤。经当地派出所派出狩猎队，截至9月19日70多条疑似疯狗被击毙。

9月9日至11日，地处蕲春北部山区的青石镇连续发生多起土狗发狂伤人事件，包括2名孕妇在内的20多名群众不同程度受伤。不仅如此，两只发狂的土狗还与其他的家犬互相打斗，一些原本性情十分温顺的家犬被咬伤也性情大变，见人就咬。

“狗都发狂了！”随着一起起土狗伤人事件的传播，镇里的居民们都感觉十分恐慌，就连一些远在外地打工的年轻父母因担心在家的孩子受到伤害，都纷纷辞工回乡照看孩子上学。

“群众的困难就是我们的工作不到位！”刚调任青石派出所不久的所长蔡俊明在组织事发各村治保干部召开协调会议，稳定群众情绪的同时，决心组织狩猎队清除这一隐患。

12日，在县公安局治安大队的全力支持下，蔡俊明将狩猎队分成4个小组，由民警带队深入各事发村落，开展打狗专项行动。经过5天的细致工作，该镇共清理疯狗70余只。

相关链接：狂犬病的危害

狂犬病是迄今为止人类病死率最高的急性传染病，一旦发病，病死率高达100%。全球有87个国家和地区有狂犬病发生，但主要分布在亚洲、非洲和拉丁美洲等发展中国家，其中98%在亚洲。狂犬病乃狂犬病病毒所致的急性传染病，人畜共患，多见于犬、狼、猫等肉食动物，人多因病兽咬伤而感染。临床表现为特有的恐水怕风、咽肌痉挛、进行性瘫痪等。恐水症状比较突出，故本病又名恐水症。

狗是狂犬病的主要来源

因为世界各地都有养狗的习惯，在动物中，狗与人的接触最为密切。加之狗的流动性大，还具有咬人的行为特点，所以狗就成了狂犬病流行中的主要环节。据统计，人被各种动物咬伤患狂犬病的比例为：被狗咬伤占80.07%，被猫咬伤占9.25%，被狼咬伤占0.64%，被狐狸咬伤0.03%，被农畜咬伤占 0.64%。其中狗占的比例最高，所以说，狗是最主要的传染源。

狂犬病有主要有以下三种传染方式

1.被狗或其他动物咬伤或抓伤皮肤或被其舔黏膜而感染，狂犬病毒通过伤口和黏膜侵入神经而发病。这是主要的传染方式。

2.宰杀或剥皮当中不慎刺伤手部感染发病。据统计86例狂犬病人中，被咬伤者78人，宰杀狗剥皮刺伤手感染者8人。

3.经消化道感染。得狂犬病死的动物，被埋入地下，冬天被冻，被野狗或其他动物扒出，将肉吃掉，感染而得狂犬病。（通讯员 董剑飞）

（对比稿）

湖北蕲春击毙70余条发狂土狗

荆楚网讯（通讯员董剑飞）截至9月19日，湖北蕲春青石镇共击毙70多条疑似疯狗。

9月9日至11日，地处蕲春北部山区的青石镇连续发生多起土狗发狂伤人事件，包括2名孕妇在内的20多名群众不同程度受伤。

“狗都发狂了！”随着信息的传播，湖北蕲春青石镇居民一度陷入了恐慌，就连一些远在外地打工的年轻父母因担心在家的孩子受到伤害，纷纷辞工回乡。

9月12日，青石镇派出所组织成立了狩猎队，由民警分头带领4个组深入各事发村落。5天后，疑似疯狗被纷纷击毙，百姓的心理恐慌得以缓解。

狂犬咬伤人会因病毒感染而导致狂犬病，临床表现为特有的恐水怕风、咽肌痉挛、进行性瘫痪等，其中，恐水症状比较突出，故狂犬病又名恐水症。狂犬病是迄今为止人类病死率最高的急性传染病，一旦发病，病死率高达100%。

解读

原稿927字，对比稿324字。这条新闻在多家网站传播，受到了网民关注，但它在采访和写作上都存在不足。

首先，不论被咬伤的人、派出所成立狩猎队的人数、辞工回乡照看孩子上学的人数还是被击毙的疯狗均无准确的数字，这太粗心了。准确与新闻的真实性有直接的关联。其次，没有采访被咬伤的群众，没有提供引语，没有让受众感受到他们的心理状态或者情绪，受众也不知道他们面临的具体痛苦和困难。2名孕妇的情况尤其值得关注，大人和孩子怎么样？都安全吗？还有，既然被疯狗咬伤可能会导致狂犬病，那就应该采访当地的领导或者医生，了解当地政府是否采取了措施为村民提供医疗救治。

新闻采访时要把新闻的几个要素挖掘清楚，只有这样才能避免写作时含混不清的叙述，否则影响新闻的真实、准确、客观、公正、平衡，这是新闻采访写作必须恪守的专业主义精神和规范。

在写作中，稿件作者明显地带有宣传的意识，刻意凸显了当地派出所所长的所作所为，还引用了其一句口号式的引语。其实，这是他应尽的职责，如果一个国家公务员做了自己该做的事，履行岗位义务，不必在新闻中突出地褒扬其个人。如果他说过更有人情味或者反省的话，引用的效果会更好。其实，更应该关注的是受伤最严重、家庭受打击最大的普通人的生存状态。由于原稿的材料不足，对比稿也留下了遗憾。

此外，原稿中的背景显然是从网站资料中摘录的，但过于琐碎，应精简。

新闻要以人为本，如果涉及人的生命安全，新闻就应该体现人道主义精神和人文关怀的情怀，把关注的目光聚焦到那些最应该受到帮助和关心的人身上。采用贴近受众的视角，平衡客观地报道事实，这是新闻客观性原则的出发点，仅仅突出领导反而会起到不好的传播效果。

美国新闻学家、深度报道概念的创立者尼尔•高普鲁说：“当你写一个马戏班子的矮子的时候，不必提他的周薪多少，而要告诉读者，在这一切为‘高’人而设的世界里他生活遇到的困难。不要写一个百万富翁如何挥金如土，而写他进餐前看到菜单上的价目时是否面有难色。不要写北极地带到处都是熊和鹿，而写那里的居民如何洗涤衣服。”这段话启示我们：记者要有人文关怀精神，贴近生活，眼睛向下，同情关注被压迫者和社会底层的弱者。

（原稿）

杭州：游客用雪球砸狮子　狮子躲闪怒吼

2013年1月6日 3:03　来源：光明网•《都市快报》作者：许康平

昨天下午，杭州动物园狮山，一群游客一看到非洲狮，就开始在搓雪球。狮子觉得不妙，母狮子迅速躲在一块木板下，公狮子则利用树干当掩护，双眼直视游客。

“嗖”，一个年轻人用力把雪球扔向非洲狮。狮子慌忙躲闪，没扔中，但游客还是笑得很大声。另外几个游客和孩子有样学样，向狮子扔雪球。其中一个拿一整块一整块的雪，使劲砸下去。

母狮子吓坏了，绕了一大圈，和公狮子躲在一起，紧紧缩在角落。每次雪块、雪球落下，它们都不知该往哪里躲。终于，游客“尽兴”离去的那一瞬间，公狮子大吼一声，死死盯着他们的背影。

在动物园逛了一圈，羊驼园、猴山、长颈鹿馆、小动物乐园、虎山，都看到人们用雪球袭击动物。

后来看到文新派出所昨天凌晨发的一条微博，说的是楼下的邻居打雪仗，楼上的看着热闹，也想加入，闷声不响做了个大大的雪球炸弹砸了下去。楼下的不乐意了，报警说："我们不跟他们玩儿，他们偏偏要跟我们玩儿。"

先不说人和人互相尊重、爱护动物之类的大道理，就算是开玩笑、闹着玩，也要有个分寸，问问人家乐意不乐意吧。

（对比稿）

杭州：游客用雪球雪块袭击动物取乐

都市快报1月6日讯（记者许康平）"嗖"，一个年轻人用力把雪球扔向非洲狮，狮子慌忙躲闪开，游客开怀大笑。

昨天下午，一群游客冒着飘扬的雪花游览杭州动物园，来到狮山，看到非洲狮，一个年轻男子顺手抓起地上的积雪开始搓雪球。感觉不妙，母狮子迅速躲在一块木板下，公狮子则利用树干当掩护，双眼直视游客。

见这个男青年没砸中，另外几个游客和孩子也开始有样学样，向狮子扔雪球。其中一个拿起凝结成块的雪，连续使劲砸下去。

母狮子吓坏了，绕了一大圈，和公狮子躲在一起，紧紧缩在角落。

每次雪块、雪球落下，它们都不知该往哪里躲。

游客"尽兴"离去的那一瞬间，公狮子死死盯着他们的背影，一声吼叫。

记者在动物园逛了一圈，羊驼园、猴山、长颈鹿馆、小动物乐园、虎山，都看到人们用雪球袭击动物。

解读

该报道的原标题是《动物园游客搓雪球掷非洲狮　公狮子双眼怒瞪　如果它没关着你们谁敢砸它》，显然这个标题太长。凤凰网改为《杭州：游客用雪球砸狮子　狮子躲闪怒吼》，这个标题稍好些，但没有概括出新闻的主题。不如改为《杭州：游客用雪球雪块袭击动物取乐》更为切题。由此可见，为新闻取个好标题并不简单，需要吃透主题，高度浓缩，精心提炼。

原稿的导语没写好，没有交代出该新闻的核心事实——游客用雪球雪块袭击动物。其实将第二自然段（躯干的第一段）提炼出一个细节作为导语更合适，它更契合消息的主题。写好导语需要记者具有多年积累的丰富的新闻经验和娴熟的业务技能，要善于思考，善于把握新闻的主题。毕竟，导语是新闻的起点，要准确、简洁、鲜明、生动，用最精彩的核心事实吸引受众。记者要从新闻的五要素中提炼出最需要凸显的要素置于导语中，不能全部都堆砌在导语里，一次把要素用尽。

这篇新闻原稿显示记者的文笔不够流畅，文字滞涩，磕磕绊绊。重要的新闻背景也有疏漏，比如应该交代杭州在下雪，不然，外地受众看到这条新闻会有疑虑：游客在杭州动物园里怎么会有雪球？

原稿最糟糕的是最后两个自然段，即躯干的最后一段和结尾。躯干的最后一段与新闻主题完全无关。新闻写作不同于散文，必须紧扣主题，不偏离一丝一毫。结尾完全属于记者观点的流露，写新闻评论可以，写新闻不行。新闻就是讲故事，将一个故事完整地呈现给受众，结论让受众自己去总结。事实与观点分离是新闻的特点。

（二）延缓性新闻

（原稿）

农运会新项目使农味更浓　农民积极参与热情高

2012年9月19日　10:56　来源：天津网•《天津日报》

随着发令枪响，肩挑两个小竹篮的运动员像离弦的箭快速飞出，在15米处装上秧苗，再冲到一块铁板上将秧苗一撒，接着麻利地将300颗秧苗插到铁板上的孔内，完成任务后拔掉红旗快速跑向终点，用时最短者获得冠军。

这就是农运会女子60米插秧比赛，像这样充满农民生产和生活元素的比赛项目还有很多，如抢收粮食进仓、抛撒秧苗、抗旱提水保苗赛跑、自行车负重赛等，都是农民兄弟非常熟悉、年复一年辛勤劳作的场景。农运会自1988年创办以来，在项目的设置上，除了篮球、乒乓球和武术等农民喜爱的传统比赛外，更多带有农味、贴近农民生活的比赛项目被引进来，只有农民的参与热情被调动起来，农运会才更有生命力。

在本届农运会赛场，让记者吃惊的是，群众的观赛热情特别高，男女老少，携家带口到赛场上为运动员们加油，很多还都是远道而来，田径比赛有的场次达到万人以上，开始以为是当地集体组织的，一问才知是误解了，原来除了部分在院校举行的比赛，怕干扰学生，其余场馆全部开放，观众凭身份证就可以领票观看比赛。南阳有1100多万人口，农村人口就达900多万，富裕起来的农民，他们对美好生活的追求也更渴望，这次农运会在家门口举行，他们要来为自己的兄弟姐妹们加油，看着一些运动员近乎“滑稽”的表现，汗水砸在地面的艰辛，犹如看到了自己的影子。

参加女子60米插秧赛的天津运动员冯莉雅虽获得预赛小组第一名，但仍被淘汰，赛后讲出了她内心的感受：比赛名次并不重要，真正看重的是我能够参与，现在很多农村青年对插秧已很陌生，而自己凭借对插秧农活的了解，也才有对这项比赛的热情。（本报记者王纪强　王健）

（对比稿）

中国举行农运会

2012年9月23日　来源：《参考消息》

今日美国报网站9月20日报道（记者马龙发自中国南阳）姜和（音）努力把一些装有重物的袋子塞入一个麻袋，不小心折断了自己的长指甲，又在赛道上让她的三轮车冲向裁判，引来了体育场内观众的笑声。

19岁的姜说："我落在最后，但得到了最响的掌声。这些比赛都是需要大家参与的，很有趣。"

正在中国中部河南省南阳市举行的第七届中国农民运动会（农运会）与其他运动会不同。来自中国各地的3000多位农民参加包括滚轮胎和插秧在内的一系列农村"体育项目"。

而运动员未必是真正的农民。正如姜手上的皮肤所显示的，她不是农民。她是东北林农的女儿，正在读书，也不想追随父母的道路。

在南阳市体育场内，巨大的横幅上写着社会主义口号。运动员通道上写着"兴奋剂检查站"的指示牌。

兴奋剂检查组组长丛军说，尽管参赛运动员都是业余的，但组委会仍要对他们的血样和尿样进行检测。

裁判李嘉西（音）说，在人造稻田里快速插秧需要在地里学到的实实在在的技巧。他说，这贴近农民的实际生活，不同于中国通常非常重视的精英竞技体育。

来自中国重庆的22岁的插秧运动员戴龙（音）说，大多数农民不知道他们的日常劳动能与体育结合起来。戴龙说，他是小时候在地里帮助父母干活时学会插秧的，目前他正在城里当篮球教练。

除了提高南阳在全国的知名度外，市领导还希望提升农民的"幸福指数"。"幸福指数"是政府最近采用的衡量成功的标准。

农民出生的餐馆老板李福军（音）似乎对现在的生活很满足。

现年60岁的李福军在观看了20日的比赛后说："现在农民的生活比解放前地主的生活还要好。"

然而这并非人人都感到满意。

城市化进程加快导致大片农田消失。在南阳市卧龙区，一家制药厂排放的废水污染了空气和河水。

35岁的店主刘祥子（音）说："可以把开农运会的钱花在其他项目上。"

解读

同样的农运会，同样的主题，不一样的写法。前者658字，后者725字，就字数而言相当，但写作上呢？对比阅读之后，懂新闻的人不难得出结论：从新闻专业主义精神和新闻写作的客观性法则而言，后者在写作技巧上更为高妙。

美国记者马龙的报道采用了"跳笔"，层次清晰，段落简洁，易读性好。马龙使用了三句直接引语，增加了新闻语言的张力和文风的活泼。马龙提供了6个信源——来自不同社会阶层的人，提到了两名年轻运动员并非真正的农民，也提到了政府倡导的"幸福指数"与城市化导致农田消失、污染加重的真实现实，这使得其新闻显得更客观、更全面。马龙呈现了采访对象对农运会的两种互相冲突的评价，体现了新闻专业主义所提倡的平衡技巧——不偏不倚、立场中立。还有，马龙的新闻中所显露的信息量更多、更丰富，没有一句冗余的空话和套话。总之，美国记者的报道立意好、结构佳，作品现场感强、画面感好，节奏明快，用细节说话，故事形象生动，轻松有趣。

国内记者的报道仅一个信源，全都是运动员，且没有交代她们真实的身份。没有一句直接引语。同美国记者报道有14个轻巧的段落相比较，国内记者的报道仅有4个比较"肥胖"的段落，易读性明显不足。在客观性、平衡等新闻专业主义倡导的新闻写作技巧上，国内记者的报道显然有缺憾，单一叙事，说"一面理"，说服力不足。此外，国内记者的报道标题冗长，是观点，不是对新闻事实的概括。还有，第一篇报道的新闻语言使用欠火候，如"只有农民的参与热情被调动起来，农运会才更有生命力"也是观点，不宜写进讲事实的新闻当中；"看着一些运动员近乎'滑稽'的表现，汗水砸在地面的艰辛，犹如看到了自己的影子"是文学语言，是记者自己的想象，不是客观事实的记录，不符合新闻语言准确、具体、直白的要求。

两相对照，高下之别如秃子头上的虱子。通过对比，我们不难得出结论：新闻写作是有技巧的，探索其中的方法和原理，以敬畏之心对待每一次写作，力求写好每一个词、每一句话是新闻人应有的职业态度。

《天津日报》报道的标题像是评论，主观倾向性和观点展现得十分鲜明。该报道中没有时间要素。

如何提升新闻的传播效果？这两篇新闻作品给我们提供了一面镜子。

（原稿）

昔日伐木建功　今朝栽树“还债”

江总书记说：“马永顺了不起！”

1994年11月17日　来源：《工人日报》　作者：刘继章

一位82岁高龄的离休工人，在大半辈子的伐木生涯中，为国家采伐原木3.6万多棵，成为闻名全国的劳动模范，14次受到毛泽东、周恩来等老一辈革命家的接见。离休后，他带领全家历经20多个春秋的风风雨雨，又在荒坡上种下了3万多棵树木，了却了多年的夙愿，还上了一笔他心中的“欠债”。他，就是黑龙江省伊春市铁力林业局的老工人马永顺。

今年10月28日，在伊春市暨铁力林业局召开的向马永顺学习动员大会上，伊春市委副书记魏秉仁宣布：“在这里，我受省委书记岳岐峰委托，郑重转达江泽民总书记对马永顺同志的亲切问候。”话音一落，会场上爆发出经久不息的掌声，与会的上千名林业局职工为他们的老模范感到由衷的自豪，更为马永顺造福后代、献身林业的精神深深感动。

马永顺是新中国的第一代林业工人，曾靠弯把子锯在一个冬天采伐木材1200立方米，1人完成6人的工作量，创下全国手工伐木产量最高纪录。时至今日，马永顺还忘不了1959年全国群英会上周总理对他说的一番话：“林业工人不但要多生产木材，还要多栽树。”总理的教诲印在了他的心底。从那时起，栽“还债”树成了他念念不忘的心事。离休后，马永顺开始实施他的“还债”计划，带领全家人抓荒坡踏荒岗，栽下一棵棵幼树苗，年年不间断，整整22个年头，共栽下3万多棵树，还完了全部“欠债”。

今年9月，黑龙江省委书记岳岐峰、代省长田凤山在北京向江泽民总书记汇报工作时讲到全国劳模马永顺离休后，带领全家植树造林，向大山“还债”的感人事迹。江总书记听后赞扬说：“马永顺了不起！”并请岳岐峰转达他对马永顺的亲切问候。

听到江总书记问候自己的消息，马永顺非常激动，表示感谢总书记的关怀，只要身子骨不散，还要上山栽树，为青山常在、造福子孙再献余热。

（对比稿）

昔日伐木劳模　如今环保英雄

1998年10月30日　来源：《参考消息》

【路透社中国铁力10月25日电】题：昔日伐木劳模成为今天的环保英雄（记

者 马特•波廷杰）

在散发着清新空气的山林里，黑龙江省具有传奇色彩的昔日伐木工、现年85岁的马永顺放开嗓子喊道：“倒了！”不过，这次他并不是真的在提醒人们躲避一棵已被截断，即将倒下的大树，而是在为记者演示当年劳动的情景。今天让马永顺闻名遐迩的是种树，而不是伐木。

作为新中国第一代伐木工人，现为年龄最大的在世劳模的马永顺一生曾砍倒3.65万棵树。但在他伐木生涯的中途，他也开始种树。他认为种树是一种爱国行为。

在中国政府已经认识到环境恶化是造成今年夏天特大洪水的根源的时候，宣传马永顺的事迹显得尤为重要。

在过去半个世纪，中国伐木工业已经使中国的原始森林减少到专家所说的“濒临灭绝的边缘”。中国世纪末的这场特大洪水敲响了要重视环保的警钟。

中国政府正在为放下斧头的伐木工人创立新的就业渠道。一些伐木工已被政府部门聘为兼职的植树者。

为了提高他们种树的积极性，中国宣传部门已将马永顺树为保护森林的模范。朱镕基总理号召人们向他学习。

马永顺在他家附近的树林里接受了记者的采访。他一边轻轻地抚摸着那些他亲手栽下的树木，一边对记者讲述他是怎样从伐木工变成植树者的。

他说：“在1959年庆祝建国十周年的时候，周恩来总理接见了我。他对我说，我们不仅要栽树，还要植树，要让大山总是绿的。我记住了他的话。”

当年周总理接见他的照片现在挂在他的家中。他说，从那以后，他已种了3.5万多棵树。即使在他1982年退休以后，他也没有停止种树。他说：“在我死前，我还要种1000棵树。”他认为他是在向森林还债。

解读

《工人日报》的消息获得了第五届中国新闻奖消息二等奖，全文700字。路透社记者的同题消息610字。从字数上看，两条消息差不多，但从写作的技巧上比，高下有别。

从时效性来看，后者胜过前者。前者写的是半个月前的“新闻”，由头是时任国家领导人江泽民赞扬了马永顺；后者注重了时机性，由头是1998年中国长江流域发生的重大洪水灾害，中国政府意识到环境保护的紧迫性和危机性，出台对原始森林的“禁伐令”。

从主题来看，前者用了大量篇幅介绍国家领导人和地方领导如何重视马永顺的先进事迹，也突出了马永顺的“了不起”的伐木与种树的非凡人生，马永顺作为主人公反而显得成了配角；而后者浓墨重彩聚焦马永顺从伐木劳模变为环保英雄的传奇故事，始终以马永顺为主角，主题单纯集中。

从写作的结构上看，从导语的比较可以看出，前者没有新鲜由头，采用了总结概括式文字，都是背景资料，比较长，文字如同先进人物总结材料，不鲜活，吸引力不足；后者采用了场景描写，呈现了画面感，短且活，十分形象、生动，有吸引力。

主体部分对比，前者均为背景资料，主体第一段结尾有不当的主观观点表述，3个段落只有一个段落直接写马永顺，其他均为领导对他的赞扬，3句直接引语都是领导的；路透社记者写了7个段落，大部分为新闻背景，也有现在的场景描写，有3句直接引语，其中两句为马永顺的。前者各级领导在每一个段落中都有出现，马永顺的形象仅仅是数据和资料，呈现的是平面的人物形象，没有鲜明可感的故事细节，没有现场场景，写作严肃刻板；路透社记者深入现场采访，让马永顺模拟当初砍树的场景，生动鲜活，直接引语均为马永顺的，简洁地提到了周恩来和朱镕基对马永顺的认可，故事性强，细节比比皆是，马永顺的形象是立体的丰满的，可读性好，文风活泼，富有趣味性和人情味。

结尾对比，差距也是明显的：前者的结尾信息量小，比较空洞；后者的结尾信息量大，具体、准确，有人情味。

前者字数多出90个字，仅5个段落；后者有9个段落，层次更为分明，阅读更为轻松。前者段落大，后者段落小，后者易读性好。虽然后者少了90个字，但从信息量上比较，后者占优。

仅从一个数据对比就可以看出后者的新闻专业主义态度，前者称马永顺一生砍伐了3.6万多棵树，后来两次提到的种树数据是3万多棵，而路透社记者提供的砍树数据是3.65万棵，种树数据是3.5万棵，由此可见，路透社记者采访写作更为严谨、准确、具体。

从传播意识来看，前者突出的宣传本位意识，后者突出的是受众本位意识，从全球传播的效果而言，后者领先。前者更看重新闻宣传的功能，而后者看重新闻本身的意义，就全球传播的效果而言，后者占优。

从两篇报道的对比可以看出，国内记者也许没有采访马永顺本人，通篇看不到场景描写；而后者是特意赶到现场去采访主人公。采访质量就决定了写作质量。

（原稿）

中国南海舰队2艘护卫舰日前赴黄岩岛海域巡逻

2013年1月30日 14:28 来源：中国海军网

据中国海军网报道 为适应未来海上作战方向延伸需求，拓展和深化本级使命任务，前不久，南海舰队某水警区组织2艘护卫舰赴黄岩岛以西海区训练巡逻。

出发前，任务指挥所以及参训舰骨干力量深入进行三情研究、风险预判、严密筹划本次训练活动。科学制订训练计划，在训练内容上突出值更官训练、海上编队攻防作战、数据链联通、支援掩护地方执法力量训练等。训练中，根据海上训练保障条件，突出“背靠背”组训，组织连续36小时搜潜训练。突出信息主导，全程数据联通，坚持实案化训练，从难从严从实战要求出发摔打磨砺部队，有力促进了参训舰、指挥舰远离港口基地连续作战能力的提升。

据悉，此次训练，在筹划准备、海区研究、计划拟制、组织指挥、训练监督等方面贯穿全程坚持任务牵引、战训一致的原则，有效克服了以往偏重训练、统筹谋划不够、训为战意识不强、训练作战“两张皮”的现象。

（对比稿）

中国南海舰队2艘护卫舰日前赴黄岩岛海域巡逻

据中国海军网报道，南海舰队某水警区前不久组织2艘护卫舰赴黄岩岛以西海区训练巡逻。

本次训练内容突出值更官训练、海上编队攻防作战、数据链联通、支援掩护地方执法力量训练等。根据海上训练保障条件，训练中组织了连续36小时搜潜训练。

这次训练巡逻突出信息主导，全程数据联通，坚持实案化训练，从实战要求出发，注重提升参训舰、指挥舰远离港口基地连续作战的能力。

2012年4月10日，菲律宾海军企图在南海黄岩岛附近“抓扣”中国渔民，遭到中国海监船制止，随后中菲双方发生对峙事件。

2013年1月26日，菲律宾总统阿基诺称，中方船只近期两次驱逐进入黄岩岛海域躲避风浪的菲渔船，菲方因此决定把南海争端提交国际仲裁。对此，外交部发言人洪磊28日在例行记者会上说，黄岩岛是无争议的中国领土。

解读

该新闻的原标题为《南海舰队某水警区训练巡逻一体化》，凤凰网编辑将其改为《中国南海舰队2艘护卫舰日前赴黄岩岛海域巡逻》突出了新闻价值。

原稿的明显缺点是，宣传本位意识浓厚，没有按照新闻的规律进行采访写作，通篇文字都是干巴巴的专业工作汇报，味同嚼蜡。

出于军事上保密的原因，可以不及时报道，但在训练结束后刊发报道，用最新的时间（如2艘护卫舰返回驻地、舰队召开表彰会等由头）也能够突显新闻的时效性，模糊的时间总归不是好新闻应该拥有的“时效性”。

原稿还有不足是，应该采访参加此次训练巡逻的指挥者或新闻发言人，由其对此次训练巡逻的特点、意义等做出评价，记者从中选择有信息含量的简洁表述引用到新闻中，增强新闻的权威性和说服力。用引语也能突显新闻的真实性、提供潜信息，增强可读性，丰富新闻的文风。

此外，该新闻缺乏相关的新闻背景，信息量少，无益于彰显新闻传播信息和知识的功能，也无益于突显新闻主题，降低了新闻的价值。一次例行的普通的军事训练巡逻何以成为互联网上受人关注的话题？如果不交代其新闻背景——菲律宾企图非法掠夺中国南海资源，霸占黄岩岛等岛礁，不惜挑起事端，那么，该新闻就没有新闻价值。过去记者需要剪报搜集新闻背景，而今有了网络，搜索新闻背景变得十分容易快捷，在写作时，查阅相关报道并从中筛选先前的新闻事实做背景何乐而不为？

新闻应该有消息头，有作者的姓名。

（原稿）

教育局回应女生在校被强奸：在野地里还追野地责任？

2012年12月03日 14:07 来源：大河网

大河网讯（记者王书栋）12月3日，一网友微博爆料称，原阳县太平镇一中学教导主任致使一留守女生堕胎被刑拘，受害人家属在要求县教育局追究学校责任时遭雷人回应，该教育局一名负责人告诉受害人家属："如果这件事发生在漫天野地里，你们是不是还要追究漫天野地的责任？"

微博：班主任致女生堕胎

微博博主刘先生讲述了这件事情的大致情况。生于1994年的女孩小花是一位留守女生，父母都在外地打工，她跟着近90岁的祖母和小她两岁的妹妹一起生活。

2008年，小花在原阳县太平镇某中学读初一。有天晚上，班主任兼学校教导主任把小花叫到办公室，不顾小花的反抗强暴了她。

2009年末、2011年初，这名班主任再次强奸小花，并导致小花怀孕。为此，小花独自一人到某黑诊所堕胎。

2011年中考前，这名已婚的班主任威逼小花写下婚约，否则不让她参加中招考试。婚约内容大致：这辈子非他不嫁，并要还为其生一个儿子……

2011年，小花上高中后，该班主任冒充小花家长给小花高中班主任打电话，对小花进行威胁，如果不同意，将把婚约复印成多份印发到原阳县各个学校，让小花永远无法做人。

今年4月左右，小花的班主任再次到小花所读高中，拿刀威胁小花，并称："今天如果不是有其他人在，我早就把你捅死了。"

教育局回应雷人

小花的父母向太平镇某中学校长反映了情况，校长说："只能先让他经济上受点儿损失，我暂时还会让他教学的，等到放假后，我会给乡中心校打个报告，把他调到其他学校。"对学校的这种说法，小花的父母并不认同。

2012年4月，小花的父母报警。随后，这名披着人民教师光环的班主任被原阳县公安局刑警队依法刑事拘留。

小花的父亲要求教育局追究学校的责任，而教育局的一名负责人说："这件事发生在学校，你们就追究学校责任，如果发生在漫天野地里，你们是否还要追究漫天野地的责任？"

调查：教育局否认说过雷人话

11月3日该局回应称，绝没有说过"追究漫天野地责任"之类的话。而受害人家属则证实："说这话的人是在县教育局办公室说的，办公室里的工作人员都叫他'局长'。"

主抓原阳县太平镇中学的教育局娄副局长告诉记者，太平镇中学负责人向他汇报过这个案件，但他本人没有和小花父母见过面，更谈不上说过这样的话。原阳县教育局汪局长没有正面回答问题，而是称自己在"开会"。

原阳县公安局刑警队李警官是小花案件的负责人，他在接受记者采访时说："犯罪嫌疑人刘某因涉嫌强奸被刑事拘留，至于猥亵另外的3名女生目前还没有证据。另外，此案已于近日移送到检察院了，下一步就要面临公诉。"

（对比稿）

中学教导主任强暴一女生致堕胎被刑拘

大河网讯（记者王书栋）原阳县太平镇一中学教导主任因涉嫌强奸致使一留守女生堕胎被刑事拘留。

12月3日，刘先生微博爆料，2008年的一天晚上，原阳县太平镇某中学已婚的班主任兼学校教导主任把初一女生小花叫到办公室，不顾她的反抗强暴了她。随后两年时间里，该班主任又两次强奸小花并致其怀孕。小花独自一人到某黑诊所堕胎。生于1994年的女孩小花是一位留守女生，父母都在外地打工，她跟着近90岁的祖母和小她两岁的妹妹一起生活。

据爆料人透露，2011年中考前，该班主任以"不让参加中考"为名威逼小花写下婚约：这辈子非他不嫁，并要还为其生一个儿子……小花上高中后，该班主任冒充小花家长给小花高中班主任打电话，对小花进行威胁。

今年4月左右，该班主任再次到小花所读高中，拿刀威胁小花，并称："今天如果不是有其他人在，我早就把你捅死了。”小花的父母报警。犯罪嫌疑人被原阳县公安局刑警队依法刑事拘留。

原阳县公安局刑警队李警官在接受记者采访时说：“此案已于近日移送到检察院了，下一步就要面临公诉。”

小花的父母向太平镇某中学校长反映了情况，校长说：“只能先让他经济上受点儿损失，我暂时还会让他教学的，等到放假后，我会给乡中心校打个报告，把他调到其他学校。”

小花的父亲要求教育局追究学校的责任，而教育局的一名负责人说：“这件事发生在学校，你们就追究学校责任，如果发生在漫天野地里，你们是否还要追究漫天野地的责任？”

11月3日，主抓原阳县太平镇中学的教育局娄副局长告诉记者，太平镇中学负责人向他汇报过这个案件，但他本人没有和小花父母见过面，更谈不上说过这样的话。原阳县教育局汪局长没有正面回答问题，而是称自己在“开会”。

解读

原报道的标题是《原阳一班主任致女学生堕胎　家属称教育局回应雷人》，新闻网站转载时改为《教育局回应女生在校被强奸：在野地里还追野地责任？》更为具体，但含义相同。通过阅读该新闻标题和导语即可得知，原稿把主题放在“教育局对女生在校被强奸的评价不当”上去了。

其实，这是避重就轻的写法，没有处理好新闻所涉及的两个问题（女生被奸污、教育局轻描淡写）孰重孰轻的关系。对比这两件事，肯定是前者性质更恶劣，它是犯罪行为，而教育局未证实的官人雷人话语虽然令人愤慨，但性质上不属于犯罪，仅仅是人情冷漠，往受害者伤口上撒盐，理应在道德上受到谴责而已，所以，前者是伤害受害人的根本，是所有伤害的源头，基于此，应该把报道的重心定在曝光犯罪嫌疑人的犯罪事实上，突出这个主题才抓住了事物的本质矛盾，教育局当事人的缺德言语顺带客观报道出来，留给受众去思考、关注，或者单独写一篇新闻短评，对教育主管领导丧失人情味的错误言行给予批评。但新闻中对矛盾性质判断不准，本末倒置，反而掩盖了女生被教导主任强奸的悲惨事实，转移了主要矛盾，减弱了对犯罪嫌疑人特殊身份犯罪的关注度。

写新闻和照相一样，焦点只有一个。所有的材料都应该为一个主题服务。

原稿1013字，采用了平行的结构，呈现了两个主题。对比稿将主题突出集中于事物的矛盾根源，重新提炼导语，修改标题和新闻的主体部分，删繁就简，去掉重复叙述的信息，仅692字。

顺便插一句，新闻要求准确客观，这没有错，但新闻语言还要讲究可读性，如果像原稿那样采用法律文书的写法，把犯罪嫌疑人的犯罪事实均一一精确时间罗列，虽然科学准确但未免枯燥乏味，传播效果反而受损，趣味性不足。

（原稿）

公安部A级通缉犯马汉庆在新疆被枪决

2005年12月24日　来源：《乌鲁木齐晚报》

本报讯　前日10时30分，身背7条人命的马汉庆在新疆被枪决。自2004年11月11日在海南三亚被捕后，马汉庆在乌鲁木齐市公安局六道湾看守所度过13个多月。

临刑前，41岁的马汉庆说："终于等到这一天了。回想我做的事，整天内疚和后悔，有时痛不欲生，我犯下了不可饶恕的罪行，所以死对我来说是一种解脱，我想这对我的亲人来说也是一种解脱。我希望我死后，那些被害人的家属可以平安幸福。"

12月21日，马汉庆的妻子和孩子、哥哥一起来到了六道湾看守所，探望了即将行刑的马汉庆。探视前，马汉庆还要求，能不能将脚上的脚镣取掉，不想让孩子看到自己这副模样，怕给孩子幼小的心灵留下阴影。

见到4岁半的女儿时，马汉庆神情凝重起来。"我能抱抱她吗？"看守所满足其要求后，马汉庆一把将女儿搂进怀里。

从1993年至被捕前的12年里，马汉庆以抢劫为谋生手段，6次抢劫杀人，致使7人死亡，5人重伤，共抢得现金803345余元，捷达轿车1辆，富康车2辆等。作案足迹遍及武汉、重庆、乌鲁木齐等地。马汉庆自1996年负案在逃，至被捕前逃亡9年之久。

（对比稿）

公安部A级通缉犯马汉庆在新疆被枪决

本报讯　身背7条人命的马汉庆12月22日在新疆乌鲁木齐市被枪决。

马汉庆在乌鲁木齐市公安局六道湾看守所关押13个多月后被执行了死刑。

临刑前，41岁的马汉庆说："我犯下了不可饶恕的罪行，所以死对我来说是一种解脱，我想这对我的亲人来说也是一种解脱。"

12月21日，马汉庆的妻子、孩子和他的哥哥来到六道湾看守所与他见了最后一面。

见到4岁半的女儿时，马汉庆神情凝重起来。经看守所同意，他将女儿搂进怀里。

从1993年至被捕前的12年里，原籍湖北武汉市的马汉庆6次抢劫杀人，致使7人死亡，5人重伤，共抢得现金803345余元，捷达轿车1辆，富康车2辆等。作案足迹遍及武汉、重庆、乌鲁木齐等地。

2004年11月11日，被公安部列为A级通缉犯的马汉庆逃亡9年后，在海南三亚落入法网，被押往新疆。

根据相关法律，几个公安机关都有权管辖的刑事案件，由最初受理的公安机关管辖。必要时，可以由主要犯罪地的公安机关管辖。

解读

原稿写作上的不足是，首先，导语的时效性差。导语的开头强调哪一个新闻要素应根据其在新闻中六个要素的“地位”来决定，即哪一个要素重要。媒体上常见的报道总是将时间要素作为导语的“起点”，这种写法未免机械简单了。对于已经迟报的新闻，不宜将时间置于开头。使用“前日”这个词也不妥，因为受众一时难以精确地获悉是哪一天。其次，时间该不该如此精确到几分几秒也值得思考。一般而言，突发事件报道、新闻价值重要的报道宜提供精确时间，刑事犯罪分子被执行死刑不是突发事件，没必要交代精确的时间。另外，导语显得冗长，第二句是新闻背景，可以后置于新闻主体部分，并非导语不可或缺的要素。

还有，原稿用了一半多的篇幅描写了马汉庆与家人别离的情景以及马汉庆的悔恨（引语）。这本来是故事最鲜活、最生动的部分，也极富人情味。但记者忽略了另一方，即受害者亲属内心的创痛。仅仅描写杀人犯的“温情”一面，受难者的家人却被完全忽略，在题材的安排上违反了新闻的平衡性原则，即在事实的叙述上不偏不倚、客观公正。也许记者没有采访到审判的过程，也没有到现场采访，仅仅根据法院提供的卷宗写作了该新闻，新闻来源单一，报道只能写成这样。因为采访不够深入全面，有的信息不完整，比如马汉庆见孩子时请求去掉脚镣，看守是否批准？记者没有下文，只给了半截子信息。

给受众的感觉是，马汉庆被行刑有点“残忍”。原稿引用马汉庆的话也过多了，如“我希望我死后，那些被害人的家属可以平安幸福”，试想，受害者家属看到这里心理能够平静吗？自己的亲人，也许是唯一的儿子或女儿无辜惨死，难道杀人犯死了就可以“平安幸福”？

上述消息还有一个“硬伤”，即杀人犯马汉庆多地犯案，为何在新疆被行刑？这牵涉到司法上的专业知识，记者理应提供新闻背景。不然，受众会感到疑惑不解。

消息的主体结构是对导语的展开和延伸，因此，上述消息的主体结构宜根据导语做调整。按照法律规定，马汉庆如果9年前从新疆的监狱逃亡或者在新疆犯案最重都是其最终在新疆受死的原因。遗憾的是，原稿记者没有提供相关新闻背景，对比稿无法做清晰的说明。

这条消息启示我们，看上去如“豆腐块”一般不起眼的短消息并不容易写好，首先得熟悉消息写作的技巧，采访前就应该斟酌构思写作的主题，采访中必须挖掘完整的“故事”，该有的材料一个也不能少。

（原稿）

深圳女同性恋大摆婚宴　家长称多个女儿是幸福

2013年1月5日 2:49　来源：南方新闻网

201314是个神奇的数字，36岁的冬冬和30岁的七七要将特别的爱在特别的日子给特别的对方。昨晚，她们在深圳罗湖区某酒店大摆宴席16桌，用庄重和热闹告诉全世界：她们彼此相爱，至死不渝。她们也是深圳首对公开恋情并大摆婚宴的女同性恋者。这场婚姻虽历经曲折，所幸得到双方父母的祝福。

她与她，患癌见真情

结婚前一个晚上，在罗湖区百货大厦某酒吧，记者与冬冬、七七这对恋人深聊。七七说，之所以不用原名，是因为冬冬与七七在圈内更有名气，她们向更多人宣告：201314，“拉拉”的幸福正式开始。

2008年夏天，冬冬与七七相识是在圈内的qq群上。一次偶然，冬冬无意中撞进了七七的空间，“我们都比较喜欢文学，她的日志写得很凄婉”，冬冬说，从七七的字里行间，她看到这个女孩对生活有独特的领悟，“她就像沙漠里的一棵仙人球，在人群中独来独往”。

那时，冬冬在北京，七七在深圳。之后两人在交往中逐步了解对方。

冬冬说，去年1月份，自己查出乳腺癌早期，需要动手术，七七请假3个月飞往大连去照顾她，“我170斤，她90多斤，搀着我跑上跑下，她每天端屎端尿照顾我生活的一切，这辈子我不选她还选谁？”

家人说“多个女儿是幸福的事”

昨日下午，冬冬的母亲告诉南都记者，她尊重孩子的选择，她曾经反对过，跟孩子讲了很多，“但是我想，无论孩子是跟男人或者女人在一起，她(冬冬)始终是我的女儿，我就当家中多了一个女儿，这也是一件幸福的事情”。

“双方的结合不是炒作”，深圳首部女同性恋电影《她“他”》制片人郑亮亮说，冬冬和七七已经到成熟的年龄，双方事业相对稳定，也得到家人支持，经过三年的沉淀，不像闪婚的同性恋者，应该说感情基础较稳定，“对于这段婚姻，个人非常看好”。

（对比稿）

深圳首对公开恋情并大摆婚宴的女同性恋者喜结良缘

201314谐音是“爱你一生一世”，很多新人选择这一天作为婚姻的良辰吉日。深圳首对公开恋情并大摆婚宴的女同性恋者昨晚喜结良缘。

2008年夏天，冬冬与七七相识是在圈内的qq群上。一次偶然，冬冬无意中撞进了七七的空间，“我们都比较喜欢文学，她的日志写得很凄婉”。那时，冬冬在北京，七七在深圳。之后两人在交往中逐步了解对方。

去年1月份，冬冬查出乳腺癌早期，需要动手术，七七请假3个月飞往大连去照顾她。冬冬说：“我170斤，她90多斤，搀着我跑上跑下，她每天端屎端尿照顾我生活的一切，这辈子我不选她还选谁？”

冬冬的母亲告诉记者她曾经反对过女儿的选择，“但是我想，无论孩子是跟男人或者女人在一起，她（冬冬）始终是我的女儿，我就当家中多了一个女儿，这也是一件幸福的事情”。

“双方的结合不是炒作”，深圳首部女同性恋电影《她“他”》制片人郑亮亮说，冬冬和七七已经到成熟的年龄，双方事业相对稳定，也得到家人支持，经过三年的沉淀，不像闪婚的同性恋者，应该说感情基础较稳定，“对于这段婚姻，个人非常看好”。

女同性恋现象从古至今一直存在，在漫长的岁月中，饱受歧视、批判和争议。在今天的社会中，女同性恋已经从精神疾病的名单中被删除。

1973年，美国心理协会、美国精神医学会，将同性恋行为自疾病分类系统去除。2001年4月20日，《中国精神障碍分类与诊断标准》第三版出版，在诊断标准中对同性恋的定义非常详细，“同性恋的性活动并非一定是心理异常”。

链接

在中文网络中，女同性恋也被称作“拉拉”、“拉子”（les的谐音）、“蕾丝边”（lesbian的谐音）、“百合”。

同性恋是一种文化现象，但是直到一个世纪之前，同性恋一直被认为是邪恶的“行为”，而不是一种“状态”。

在中国古代的小说《金瓶梅》与《红楼梦》等名著里，都有同性恋人物或同性恋行为的描写。冯梦龙所著的《情史》里有一章“情外篇”就是专门描写同性恋的。

解读

该新闻的原标题为《深圳“拉拉”公开恋情摆婚宴》，这个标题有个术语“拉拉”恐怕会有受众不解其意；网站转载时改为《深圳女同性恋大摆婚宴 家长称多个女儿是幸福》有点长，上述两个标题都没有突出新闻价值。对比稿改为《深圳首对公开恋情并大摆婚宴的女同性恋者喜结良缘》以背景“首对”突出了新闻价值，准确、具体、简洁。

原稿的导语不够简洁，有130个字，经过提炼，对比稿导语仅58字。

原稿最大的不足是对新闻背景的使用不够用心。比如导语中第一句就称：“201314是个神奇的数字”，为什么神奇？未做交代。记者理解的东西未必每一位受众都理解，所以，记者应该考虑到新闻传播中的效果，应该对于任何可能会引起受众疑惑不解的新名词、新科技、新知识等做简要的交代。此外，原稿对同性恋的解释阙如，这不能不说是一个遗憾。新闻的传播功能之一是传播知识，凡是新闻中涵盖的、并非人人懂得的知识都应该用新闻背景来释疑解惑，这能够满足受众的求知欲。

对比稿增加了323字的新闻背景知识，目的在于满足受众对知识的探求，深化新闻主题。原稿683字，对比稿747字。

（原稿）

近50岁妈妈早产“拇指姑娘”：手掌仅指甲大小

2012年12月6日3:01 来源：北京晨报　作者：杨世尧

据新华社电（记者杨世尧） 记者近日在秦皇岛市妇幼保健院新生儿科看到，医生正在给被称为“拇指姑娘”的新生儿小花（化名）检查身体、按摩。“拇指姑娘”是河北省昌黎县一位近50岁高龄的孕妇因胎盘早剥，孕27周时被迫提前来到这个世上的女婴。

据小花的主治医生王月怡介绍，小花8月13日出生时，头只有鹅蛋大小，手臂只有成人小指般粗细，脚掌和手掌只有成人指甲大小，全身皮肤犹如一层保鲜膜般晶莹剔透，孕27周，身长28厘米，体重580克，各脏器发育非常不成熟。养儿育女、传宗接代对一个家庭来说是简单而顺其自然的事，然而对小花的父母来说却是如此的艰难。第一个孩子人工流产，第二个孩子生后夭折，第三个孩子出生时摔在了地上，导致颅内出血脑瘫，养了13年后夭折，第四个孩子自然流产，小花是他们的第五个孩子。

为了挽救小花的生命，医院专门成立了一个由多名新生儿医疗专家和经验丰富的护士组成的医疗救护小组。小花出生20天后，心脏超声检查证实患儿存在动脉导管未闭，如果不给予手术结扎治疗，将在新生儿期夭折。9月8日，心脏只有鹌鹑蛋大小的小花，在她出生后的第25天，医疗专家为其实施了床旁动脉导管结扎手术。

（对比稿）

河北一高龄孕妇产“拇指姑娘”　身长仅28厘米

据新华社电（记者杨世尧） 不知你是否读过丹麦作家安徒生写的著名童话《拇指姑娘》？讲述一个只有拇指大小的姑娘的历险故事。在秦皇岛市妇幼保健院新生儿科有一位新生儿，身长仅28厘米，堪称现实版的“拇指姑娘”。

这位“拇指姑娘”是河北省昌黎县一位近50岁的高龄孕妇因胎盘早剥，孕27周时被迫提前产下的女婴。

据主治医生王月怡介绍，小花（化名）8月13日出生时，头只有鹅蛋大小，手臂只有成人小指般粗细，脚掌和手掌只有成人指甲大小，全身皮肤犹如一层保鲜膜般晶莹剔透，孕27周，体重580克，各脏器发育非常不成熟。

养儿育女、传宗接代对一个家庭来说是简单而顺其自然的事，然而对小花的父母来说却是如此的艰难。第一个孩子人工流产，第二个孩子生后夭折，第三个孩子出生时摔在了地上，导致颅内出血脑瘫，养了13年后夭折，第四个孩子自然流产，小花是他们的第五个孩子。

童话中的“拇指姑娘”向往光明，不向黑暗屈服，最终得到了幸福的结局。新生儿小花在秦皇岛市妇幼保健院新生儿科也得到了医护人员的关爱。为了挽救小花的生命，医院专门成立了一个由多名新生儿医疗专家和经验丰富的护士组成的医疗救护小组。小花出生20天后，心脏超声检查证实患儿存在动脉导管未闭，如果不给予手术结扎治疗，将在新生儿期夭折。9月8日，心脏只有鹌鹑蛋大小的小花，在她出生后的第25天，医疗专家为其实施了床旁动脉导管结扎手术。

记者查阅网络资料得知，“拇指姑娘”小花可能属于原始侏儒症，它和普通侏儒症不同，其病因至今未明，医学界尚未找到治愈的方法。原始侏儒症患者的身体比例像正常人一样协调，只是身体发育很缓慢。据资料显示，迄今为止，全世界被确诊的原始侏儒症患者仅58人。

医学上所称的“高龄产妇”，是指年龄在35岁以上第一次妊娠的产妇。一般来讲，高龄产妇的胎儿宫内发育迟缓和早产的可能性较大。具体表现是：早产儿或足月新生儿的体重低于同孕周龄的正常儿，不明原因的死胎也增多，先天性畸形率也相对增加。因此，应特别注意产前监测和检查。

解读

该新闻的原标题是《近50岁妈妈早产“拇指姑娘”》，网站改为《近50岁妈妈早产“拇指姑娘”：手掌仅指甲大小》。对比之下，原标题不够具体、形象，而修改后的标题形象但不够准确，文中交代：女婴小花（化名）“脚掌和手掌只有成人指甲大小”，省略掉“成人”是不妥当的，要是把这句话补全，标题又太长。基于此，改为《河北一高龄孕妇产“拇指姑娘”　身长仅28厘米》能避免上述两个标题的不足。

原稿的导语没有体现新闻价值的精粹，时效性差，对“拇指姑娘”的最关键特征——身高没有交代，不出彩，不吸引人。其实，一提起“拇指姑娘”这个词汇，就会让人想起安徒生的著名童话，何不用这个故事引出新闻？既生动有趣，又增添了新闻的文化品位。

原稿存在的不足是缺乏新闻背景，即对故事主人公小花（化名）所患症状的介绍以及对“高龄产妇”的解释。新闻的功能之一是传播知识，这正是新闻背景的功用。人们看新闻不仅仅为了满足好奇心，还有对知识的需求。如果忽略了对新闻涉及的相关专业知识的浅显解说，不仅降低了新闻的传播价值，有损其传播效果，也不利于受众理解新闻并从中获得有益的启迪。

（原稿）

农三师男子非法携带枪支　枪顶警察脑袋

2011年3月4日　来源：亚心网

亚心网讯（记者王前喜　通讯员唐志文）当年伙同案犯盗窃未遂被民警发现后，竟然用枪顶着民警的头，所幸民警迅速将持枪案犯制服，而其中的夏某却趁机逃跑了。目前，新疆农三师喀什垦区公安局已派民警专程赴甘肃省临洮县押解夏某，不日将回新疆。

据新疆农三师喀什垦区公安局扎拉特派出所指导员艾尼买买提回忆，2008年3月2日，他带领民警阿里木江及一名协警员执行夜间巡逻任务，他们在对一辆白色车辆进行检查时，发现车内有一对脚扣、两把断线钳等工具后。此时，车上一名男子掏出一把手枪顶在了艾尼买买提的头上，并恶狠狠地说：“放了我们，要不，打死你。”

经过一番斗智斗勇，艾尼买买提和同伴控制了两名犯罪嫌疑人，而另一名却趁乱逃跑了。两嫌疑人向警方交代，非法枪支是由逃跑的夏某所提供。

而逃跑的夏某，在潜逃至甘肃省后，（已）于今年2月25日被该省临洮县太石镇巴下派出所抓获。

（对比稿）

非法持枪嫌犯逃亡3年终落网

亚心网讯（记者王前喜　通讯员唐志文）×月×日，逃亡3年的犯罪嫌疑人夏某被民警押回新疆喀什农三师垦区。

2008年3月2日，喀什农三师垦区公安局扎拉特派出所指导员艾尼买买提带领民警阿里木江及一名协警员执行夜间巡逻任务，在对一辆白色车辆进行检查时，发现车内有一对脚扣、两把断线钳等可疑工具。就在此时，车上一名男子突然掏出一把手枪，顶在了艾尼买买提的头上，大声威胁："放了我们，要不，打死你。"

艾尼买买提和同伴乘嫌犯不备出手缴械，控制住了两名犯罪嫌疑人，另一名趁乱逃走。被抓获的两嫌疑人交代，非法枪支是逃犯夏某提供的。

今年2月25日甘肃省临洮县太石镇巴下派出所抓获了被通缉的夏某。

解读

看完新闻发现，标题有漏洞。3年前枪顶警察脑袋的不是发稿时落网的嫌犯夏某，因此，标题哗众取宠。根据内容，准确的标题应该是《非法持枪嫌犯逃亡3年终落网》。

这条新闻时效性过了。新闻如何凸显时效性？应该寻找"最新时间点"，即找新鲜的新闻由头，比如这则新闻，案发时间不新鲜了，可以先获取新闻材料，写好稿件后不急着发，等到新疆警方将犯罪嫌疑人夏某从甘肃押解回疆的当天，将这一最新时间作为新闻的由头，刊发报道，这样，旧闻就变成"新闻"了。

这条消息的导语部分与结尾部分内容重复了。为了简练、清晰，内容最好不要前后用同样的表述重复。此外，作者采访不够深入，一些细节未挖掘，如警察与案犯遭遇的精确时间？为什么会拦住嫌犯的车？嫌犯乘坐的是轿车还是面包车？嫌犯车上载的这些工具与犯罪有何联系？当时他们要干什么？已经干了什么？犯罪嫌疑人使用的是制式手枪还是土手枪？作案的车辆是偷窃来的、抢来的，还是自备车？……新闻中"经过一番斗智斗勇"这一句概括式叙述不生动，完全可以通过采访当事人，深入挖掘一下，然后用凝练的一句话表现当时的现场情景，以画面来呈现细节，赋予作品以色彩和动感，增强其感染力。如果作者再引用当事民警的一句直接引语，作品会更生动。

原稿的标题和正文中表达不够洗练。考虑到对外传播的效果，案发的大环境背景是喀什地区，导语里用"喀什"代替"农三师"既简洁又更能引起受众的关注，毕竟喀什的名气大，知道的人多，有显著性。具体地点可在正文中交代清楚。

（原稿）

网曝三亚开警车泡温泉民警已婚　"坑警女友"系小三

2012年12月20日　20:34　来源：南海网

南海网海口12月20日消息（南海网记者高鹏　实习生蒙职宇）近日，网络上热议的“坑警女友”“雨美人O”销声匿迹，其真实身份引起了广大网友的关注。12月20日，有网友在新浪微博再次曝出，事件中的男民警王鹏飞是她大学女同学的丈夫，而“雨美人O”网友的身份竟是“小三”。南海网记者由海南省公安厅了解到，该事件仍在进一步调查中。

12月20日，有媒体曝出：三亚警方初步了解，该事件中的当事女子叫严某雨，1990年出生，22岁，在单亲家庭长大，一直都是跟着妈妈生活。而且严某雨的前前男友李杰（化名）透露，严某雨家住湖北武汉武昌区某小区，某专业学校毕业生，现在在海南工作。

12月20日13时25分，网友“faye•007”在新浪微博上发出微博称，“坑警女友”事件中的民警王鹏飞是她大学同学小戴（化名）的丈夫，两人在几年前拿（结婚）证，去年摆的酒。狗血的是，照片上带出去泡温泉的女子，不是小戴，而是“小三”。直到该事件曝出后，她同学小戴才知道其丈夫有了婚外情。还表示：“你们可以去民政部门查，他是已婚！”该条微博发出后，引起了网友骂声一片，纷纷声讨该民警对爱情、婚姻的不负责。

南海网记者辗转联系上了该网友“faye•007”，经耐心沟通，该网友透露，她的大学同学叫戴某某，目前在儋州是公务员，还是选调生。南海网记者随后联系了儋州相关部门负责人，经他们确定，确实有位女公务员叫戴某某，但对其家庭、婚姻等情况不了解。

南海网记者由省公安厅相关部门了解到，对于该事件的有关情况还在进一步调查中，若有结果会尽快向社会公布。

（对比稿）

网曝三亚开警车泡温泉民警已婚

南海网海口12月20日消息（南海网记者高鹏　实习生蒙职宇）网友“雨美人O”如果早知微博炫耀自己和警察男友开警车泡温泉的事闹成了今天这样，被网友声讨，成了过街老鼠，也许悔不当初。

12月14日，网名为“雨美人O”的新浪微博用户晒出了多张乘坐警官“老公”警车去吃饭、泡温泉的照片，炫耀幸福，没想到被网民转发引起围观。

12月20日，有网友在新浪微博再次曝出猛料，事件中的男民警王某已婚，而“雨美人O”的身份是“小三”。12月20日13时25分，网友“faye•007”在新浪微博上发出微博称，“雨美人O”事件中的民警王某是她大学同学D某的丈夫，两人在几年前领了结婚证，去年摆的酒席。直到该事件曝光后，D某才知道其丈夫有了婚外情。“faye•007”声称：“你们可以去民政部门查，他是已婚！”该条微博发出后，引起了网友骂声一片，纷纷声讨该民警对爱情、婚姻的不负责。

南海网记者辗转联系上了该网友“faye•007”，她透露，她的大学同学D某目前在儋州是公务员。南海网记者随后联系了儋州相关部门负责人，经他们确定，确实有位女公务员叫D某，但对其家庭、婚姻等情况不了解。

有媒体爆出：三亚警方初步了解，该事件中的当事女子“雨美人O”22岁。其前男友李杰（化名）透露，她是湖北武汉人，现在海南工作。

南海网记者由省公安厅相关部门了解到，对于该事件的有关情况还在进一步调查中，若有结果会尽快向社会公布。

解读

原稿标题和文中引用了网友对“雨美人O”贴的标签“坑警女友”，这个称谓不准确，等于认定责任在女方，男方被坑害了，倾向性明显，不客观，也不符合事实，实际上，双方都有责任，而身为警察的男当事人更应该承担主要责任。原标题称女方“小三”也显露了记者的观点和倾向性，这是个蔑称，文中引用消息来源打引号可以，但标题不加引号就是记者的主观意见。

原稿的导语比较啰嗦，也比较平淡，精心构思导语是记者写作新闻中花费时间最多的一件事。好的导语有助于吸引受众，提升受众的阅读兴趣，还可以提升新闻的文化品位。

原稿中缺乏事件缘起的新闻背景即对已报道的旧事实的适当引用，作为新闻人要考虑到并非每一个受众都清楚你所传播的新闻的来龙去脉，因此，为了避免阅读迷雾，必须对新闻的背景有清晰的交代，以利于提升新闻价值，增强新闻的传播力。原稿还有一个术语“选调生”未做解释，也许记者懂，但新闻是给受众看的，记者应该问自己：这个术语所有受众都懂吗？

原稿主体部分到结尾都有一些表述缺乏提炼，文字不够准确、凝练。

其实，除去上述写作技巧上的问题，原稿深层次的问题是记者对当事人个人隐私的不尊重，如公开了涉事警察的名字、对武汉女性严某个人信息的半公开披露、对涉事警察妻子姓氏和个人信息的半公开透露（因为姓戴的人不多，同单位的人看到此新闻即可对号入座，等于公开了当事人的隐私）。记者应该提醒自己：你是公众的耳目喉舌，是公众利益和公共利益的代言人，应该超越个人的道德和情感好恶，以职业的要求客观地把真相告诉受众，理性中立，不偏不倚。新闻自由是有边界的，记者要依法尊重当事人的公民权利，包括其名誉权、隐私权等。

（原稿）

男子献17岁女友给“大哥”强奸　自己旁观

2012年10月26日 21:44　来源：中国江苏网

中国江苏网10月26日讯（记者米格）开放女孩一年内和11个男人上床，当遇到真爱时，却被“真爱”当成“炮友”。记者今日从常州金坛法院获悉，小伙潘城出让女友给“兄弟”孙逸杰，任由“兄弟”强奸女友，自己乐得一边“听床”……日前，孙逸杰被金坛市人民法院以强奸罪判处有期徒刑3年8个月。

孙逸杰无业，通过向家人伸手将自己装扮成“大哥大”，整日厮混于夜总会、网吧等娱乐场所，认识不少小弟小妹，吃饭娱乐从没掏过钱，还经常引得开放的丫头主动爬上他的床，他认为自己混得不错，玩玩女孩没什么，都是你情我愿的。思维定势让他在“性福”上无所顾忌，最终他还是栽在了女孩身上。用案件原始卷宗的记录来说，他“上”了“小弟”的“老婆”。

他“上”了“小弟”潘城的“老婆”被判强奸，但“老婆”却是“小弟”潘城主动献上的。事发时，潘城和孙逸杰认识才一天，潘甘做小弟。知情者调侃其为“新时期的孔融献梨”。

女孩郭晨怡才17岁，就自称是潘城的“老婆”。她对潘城有着深深的爱，深到他和潘城做爱时都不在乎有“兄弟”旁观。而潘城只拿她当成“炮友”，当然更不在乎“兄弟”旁观了。

今年4月26日夜，孙逸杰在QQ上约潘城去吃夜宵，要求潘城带两个姿色好的女孩。潘城意会，刚认的“大哥”，也应该意思一下，“以证丹心”，便按照要求带了自己的女友郭晨怡和郭晨怡的小姐妹李霞芸一同前往。他的想法，是献上李霞芸。孙逸杰这次很大方，在美女面前买了单。

酒毕，郭晨怡提出去上网，潘城拦住她，提议说酒大了，去开房睡觉。郭晨怡明白“老公”话里意思，欣然答应。

4人共同进入一间有两张床的标间后，潘城把灯关了，和郭晨怡滚在一张床上做爱。孙逸杰带着李霞芸躺在另一床上也没闲着，待想进一步深入却遭到了李霞芸拒绝。孙逸杰没了兴致，李霞芸悄悄离开房间后，他又无法忍受身边的肉搏，竟伸手去摸郭晨怡的胸部。

潘城心领神会，待自己快完事时，拍了拍孙逸杰肩膀。毕竟是“同道中人”，孙逸杰立即笑纳了“小弟”的好意，欣喜若狂地爬上了郭晨怡。潘城此时无视“老婆”的奋力反抗，坐在边上抽烟听床……

孙逸杰完事后，李霞芸返回发现郭晨怡在哭。案发。

面对民警的询问，郭晨怡说自己是潘城的“老婆”，她说：“虽然过去一年里和11个男人发生过性关系，和潘城认识还不到一个月，但好像已经是认识很久了，我很爱潘城，可怎么也没有想到他会把自己的女人让给刚认识的哥哥‘上’。”

而潘城则说郭晨怡不能算是自己真正的女朋友，充其量她只是自己的“炮友”。

4月27日凌晨2点，警方将孙逸杰抓获。面对公安的讯问，孙逸杰并没有意识到事情的严重性，他态度十分积极，全力配合警方的工作，但一直否认自己对郭晨怡实施了强奸，说只是朋友之间玩玩而已，认为郭晨怡报案是由于自己事后没有给她钱的原因。（文中人物系化名）

（对比稿）

男子献17岁女友给“大哥”强奸

中国江苏网10月26日讯（记者米格）一男子因强奸朋友的女友被判处有期徒刑3年8个月。

记者今日从常州金坛人民法院案件卷宗记录中获悉，犯罪人孙逸杰，无业，整日出入夜总会、网吧等娱乐场所。

今年4月26日夜，孙逸杰在QQ上约请刚结识了一天的朋友潘城去吃夜宵，要求潘城带两个姿色好的女孩。潘城带上了自己17岁的女友郭晨怡，郭晨怡还邀请了自己的朋友李霞芸。

酒毕，潘城以喝多了为由提议去开房睡觉。4人共同进入一间有两张床的标间后，潘城把灯关了，和郭晨怡在一张床上做爱。孙逸杰企图强奸李霞芸遭拒绝。李霞芸悄悄离开房间后，孙逸杰竟伸手去摸另一张床上郭晨怡的胸部。

女友被非礼，潘城非但不制止，反而暗示“大哥”孙逸杰奸污她。郭晨怡在男友的旁观下受辱。

4月27日凌晨2点，警方接到郭晨怡报警后将孙逸杰抓获。（文中人物系化名）

解读

该新闻的原标题是《“小弟”献女友给“大哥”强奸自己乐得观“战”》，凤凰网将其改成了《男子献17岁女友给“大哥”强奸　自己旁观》。原稿将肉麻当有趣，极力渲染犯罪细节，语言低俗，格调低下，堪称当代版的“黄色新闻”。凤凰网显示，短短三天内，该文的点击率达3192348次，可见其影响力。

按照李彬《全球新闻传播史》的解释，所谓黄色新闻就是一种以轰动性、刺激性和趣味性为宗旨的新闻报道模式及其风格，其基本特征就是“耸人听闻”。黄色新闻意思比较特定，一般多指色情、凶杀、恐怖之类的血腥的肉麻的报道，主要具消极功能，是一种“没有灵魂”的新闻。需要提醒的是，“黄色新闻”并不等于“色情新闻”，所有题材的新闻但凡文风“耸人听闻”极具煽情特点，都属“黄色新闻”。

以原稿为例，“炮友”、“‘上’了小弟的老婆”、“虽然过去一年里和11个男人发生过性关系”等表述都体现了记者肉麻煽情的文风。原稿第七、八自然段的猥琐细节绘声绘色，更是凸显了“性”与“膻”，极力渲染，诱惑受众。

“黄色新闻”源自19世纪末美国纽约报业大亨赫斯特和普利策为招徕读者，获取商业利润而展开的报业竞争。普利策办的《星期日世界报》因刊登奥特考尔特的彩色连环漫画《霍根小巷》（Hogan's Alley）而受到读者青睐，漫画的主人公总穿一件黄色睡衣讲述纽约市新近发生的逸闻趣事，被称为“黄孩子”（Yellow Kid）。赫斯特不甘心落后，将奥特考尔特挖到自己的报社，也办了一个相同的专栏，结果两个报业大亨的报纸版面上都出现了一模一样的“黄孩子”。后来，黄孩子这个漫画人物也成为一种象征，象征着赫斯特《纽约新闻报》和普利策《纽约世界报》竞相追求的那种高度耸人听闻的煽情作风。因赫斯特玩得过火，被冠之以“黄色新闻大王”的名称。

可以说，黄色新闻是美国大众报刊时代不正当竞争的产物。历史总是惊人地相似，100多年后的今天，我们再次看到了国内小报上刊登的上述与“黄色新闻”媲美的消息。难怪有湖南省衡阳市网友“haonankan8”留言：“纯粹的黄色段子。”凤凰网广东省网友“钓鱼岛向来是中国的”也感叹：“发这样的消息是不是太无聊了！”

新闻媒介既要追求社会效益，也要追求经济效益，但首先应当担负起社会良心的守望者角色，不能为了钱出卖社会责任。

（原稿一）

湖南78岁老太怀孕了？当事人自信老来得子

2006年3月6日 13:48 来源：红网

“这是菩萨赐予我的儿子啊！应该是个皇帝命！”78岁的湖南省涟源市枫坪镇人朱玉梅摸着自己隆起的小腹，笃定地告诉记者，她的确是怀孕了。

2006年3月5日，记者来到湖南省涟源市枫坪镇枫坪村朱玉梅家里，了解到78岁的朱玉梅老太“怀孕”的有关情况。据78岁的朱玉梅老人介绍，他们夫妻身体一直很好，曾经生育过4儿4女8个小孩。从去年农历九月二十日开始，她发现自己出现了恶心、呕吐等症状，感觉自己肚子里“咚咚”跳，而且肚子不断“长大”，原本干扁的乳房也慢慢挺了起来，还常常流出奶水。朱玉梅老太根据自己多年的经验，感觉自己有“怀孕”的情况。

据朱老太太介绍，她与丈夫年前曾经同过房，老太太很自信是怀孕。她在同样已经78岁高龄的丈夫谢丰村陪同下，来到当地的白马镇卫生院妇产科进行检查。当地医院经过检查，认为朱老太太怀孕的可能性极大。由于朱老太太深信是老天赐予她一个儿子，她现在每天都要坚持敬拜菩萨。

（原稿二）

湖南涟源7旬老太“怀孕”？原是鹿茸作怪

2006年3月8日　来源：《潇湘晨报》

近日来，湖南涟源市枫坪镇枫坪村竹山组78岁的妇女周玉梅成了当地的名人，原因是她从去年9月以来，肚子慢慢鼓胀变大，常常感觉里面有东西在动，她以为怀了孕，所以对村里人说了。这一说不打紧，一时间传言四起，原本寂静的村子里来了许多记者，但周玉梅是否真怀孕了，没有一个明确说法。昨日（7日），记者邀请长沙市妇幼保健院VIP国际妇产中心主任丁虹来到周玉梅家一探究竟，经过查证，所谓怀孕原来是鹿茸作怪，周的肚子鼓胀只是脂肪堆积所致。

“78岁老太怀孕了”

周玉梅见记者与医生来访，脸马上红了。据她78岁的老伴谢丰村说，去年9月，已绝经30年的妻子突然说自己总感觉肚子里有东西在动，自此之后食欲大增，天天想吃肉，肚子也日渐隆起。周玉梅说：“肚子慢慢变大后，乳房也慢慢挺了起来，还有奶水流出，我越来越相信自己怀孕了。”消息传出，“78岁老太太怀孕了”，一时间成了村民热议的话题。

腹部堆积寸余厚脂肪

据丁虹介绍，一般妇女在50岁以上就已绝经，不能再生育了，78岁的老人怀孕，按常理来说应该没有可能。为了弄清真相，丁虹用能测量是否怀孕的医学仪器和一系列设备为周玉梅进行了检查。经过检测，丁虹肯定地说，周玉梅腹部鼓胀处是寸余厚的脂肪层，她只是变胖了，没有怀孕。

“老人应该是吃了某种含有激素的食物，才使身体重现年轻女子的某些迹象。”

原来是鹿茸在作怪

听医生这么一说，老夫妻恍然大悟。原来，去年9月，他们的小女儿买来一些鹿茸片孝敬他们，周当时吃了很多，后来慢慢就越来越爱吃，尤其是肥肉。丁虹表示，导致老人“怀孕”的原因找到了，应该就是鹿茸片。鹿茸能刺激食欲，老人吃肉吃得多，脂肪积淀在腹部，导致腹部鼓胀，走路时就能感觉到肠胃蠕动，自己就误以为怀了孕。丁虹说，鹿茸是名贵滋补品，能增强人体免疫力，但不宜多吃，尤其是老人。俗话说：“多服人参鹿茸，不如多吃蔬菜瓜果。”不论是治病还是养生，用饮食而不依赖药物，是老年人应该采取的正确方法。

（对比稿）

湖南涟源7旬老太“怀孕”？真相：脂肪堆积

潇湘晨报讯 78岁的妇女还能怀孕？妇产科专家对湖南涟源一位“相信自己怀孕”的村妇做了鉴定：腹部脂肪堆积。以讹传讹的“新闻”别信了。

近日，湖南涟源市枫坪镇枫坪村竹山组78岁的妇女周玉梅成了当地的名人，从去年9月以来，已绝经30年的周玉梅突然说自己总感觉肚子里有东西在动，肚子也日渐隆起。

周玉梅说，她的乳房也慢慢挺了起来，还有奶水流出，“我越来越相信自己怀孕了”。

“78岁老太太怀孕了。”消息传出，原本寂静的村子里来了许多记者，但周玉梅是否真怀孕了，新闻报道并没有一个明确说法。

昨日，记者邀请长沙市妇幼保健院VIP国际妇产中心主任丁虹来到周玉梅家，用医学仪器设备为周玉梅进行了检查。

经过检测，丁虹肯定地说，周玉梅腹部鼓胀处是寸余厚的脂肪层，她只是变胖了，没有怀孕。

“老人应该是吃了某种含有激素的食物，才使身体重现年轻女子的某些迹象。”据丁虹介绍，一般妇女在50岁以上就已绝经，不能再生育了，78岁的老人怀孕，按常理来说应该没有可能。

听医生这么一说，老夫妻恍然大悟。原来，去年9月，他们的小女儿买来一些鹿茸片孝敬他们，周当时吃了很多，后来慢慢就越来越爱吃，尤其是肥肉。

丁虹说，鹿茸能刺激食欲。老人吃肉吃得多，脂肪积淀在腹部，导致腹部鼓胀，走路时就能感觉到肠胃蠕动，自己就误以为怀了孕。

丁虹说，鹿茸是名贵滋补品，能增强人体免疫力，但不宜多吃，尤其是老人。

解读

按照科学的解释，妇女绝经后是不可能怀孕的，78岁的妇女竟然能怀孕，这不是神话吗？按理说，记者应该采访权威的妇产科专家对此现象做一个科学的解释，遗憾的是，湖南某媒体竟然采访了一个镇卫生院的医护人员就下结论：这名妇女“怀孕的可能性极大”。更令人匪夷所思的是，很多网络媒体纷纷跟风转载，宛如一场娱乐狂欢，完全违背了科学常识。这条被广为转载的新闻最可疑的是，竟然连卫生院妇产科的医生姓名和身份都没有提供，究竟记者是否采访过

“专家”，只有记者自己知道。记者不经过权威的认定，也不做全面深入采访，任凭当事人自己说什么就是什么，听风就是雨，貌似客观，其实是偏听偏信，制造兜售虚假新闻。

第一篇报道的记者知识修养有所欠缺，女性过了40岁就可能绝经，失去生育能力，78岁的老人怎么可能怀孕？即便不懂这个常识，网上查阅资料或翻阅医学书籍补课也可以得出正确的判断。此外，它还暴露了记者对新闻采访写作专业技巧的生疏，面对专业性较强的问题，自己拿不准，用两个以上信源引证才有说服力，才能避免新闻失实。

此外，一个乡镇卫生院的医务工作者有何权威？记者对其姓名身份都没有准确清晰地介绍，这种模糊不清的信源就更令人难以置信了。正确的做法是，记者采访这个乡镇卫生院的人并清楚地交代信源后，应该再采访权威的专家才有说服力。

《潇湘晨报》记者跟进报道，通过采访权威专家，这条虚假的新闻才“寿终正寝”。这条正本清源的新闻值得称赞，但结构松散，小标题阻隔了新闻内在的逻辑张力，信息重复，长726字。对比稿563字。

（原稿）

18岁驴友夜宿重庆竹海　醒来发现帐篷外围满野猪

2013年1月1日 5:45　来源：《重庆财报》

实习生 朱婷婷　通讯员 王心友　张盛涛，四川泸州人，旅游爱好者。前天来到永川，原本打算泡温泉，但他突发奇想，选择夜宿竹海。哪想到，晚上醒来，帐篷外晃动着好多黑影，还不时传来“哼哼哈哈”的声音……

18岁驴友

一步步陷入困境

18岁的小张是四川泸州电力部门的员工。前年开始，就迷上了旅游，先是跟着母亲去了成都的欢乐谷等，后来工作后又和同学、同事去了重庆武隆、广东、南京等地。

不顾母亲的反对

早就听说竹海的美景，他告诉母亲，想一个人去永川竹海玩玩。母亲李女士不同意，“你一个人没怎么出去旅行过，万一出点什么事，咋办？”

小张也倔强，告诉母亲，是去泡温泉。李女士听了后，觉得泡温泉肯定是在城里，虽然还是反对，但是也没有明说出来。

上个月29日晚，李女士夜班没有回家。30日早晨7点，小张给在家的外婆道了别后，独自一人往竹海前行。

看到美景决定扎营

小张说，他背着背包一路往竹海方向行进，经过了“十面埋伏”（张艺谋拍电影的外景地）的大门进山，徒步近40分钟后，看了看时间，下午4点。他觉得风景很美，当即决定在此露营。

扎好帐篷，又累又乏，小张倒头就睡着了，一觉醒来，已经是晚上8点过了。

“开始判断是野猪”

小张原本打算出帐篷看看，但他很快听到帐篷外有异样的声音：开始时很远，嘀嗒嘀嗒……听了会儿，感觉有马蹄声，但又不像，声音很乱，没有节奏。

小张耳朵紧紧贴在帐篷上听：声音很快又变了，有“哼哼哼”的声音，很粗。过了会儿，帐篷上就看得见有怪异的影子投在上面。

“我开始判断是野猪，但我自己没有见过，也不敢断定。”小张说，声音很嘈杂，有些黑影还在他的帐篷上顶来顶去，这让他感到十分恐惧，但是又对外面的情况不清楚，不敢贸然出去。

先前的兴奋和新鲜瞬间变成了恐惧。

冷静求救，他受了惊吓但最终得救

他偷偷给妈妈发了求救短信

几分钟过去了，帐篷外的怪影子还在。

小张把手机换来换去找信号。他用的是苹果手机，换了几个位置，终于有点微弱的信号。他赶紧把编辑好的短信发给了妈妈。

当天晚上8点50分，正在泸州家中的李女士突然收到了儿子发来的短信，念完后，人吓得愣了一会，短信的内容是：

帮我打求救电话023-4968××26（我们事后查了下，这是当地景区的一个号码），我在茶山竹海顶上搭帐篷，我周围全是野猪什么的，叫他们接下我，速度点！

李女士急了，赶紧拨打119报警，结果接警的是当地消防部门，他们建议李女士在119前面加一个023，联系重庆消防部门。

李女士一边打了重庆消防的电话，一边赶紧坐车往永川赶。

接到报警后，重庆消防部门立即调集了永川消防支队的消防员赶往现场。

儿子在电话里小声说：处境危险

打了不知道多少次电话，李女士终于打通了儿子的手机。

儿子的声音很小，显然是不敢惊动什么。他告诉母亲：“这些怪东西有时候叫起来的声音像猪，但数量有点多，围着帐篷大约有三四只，甚至更多……”

听着儿子低声的说话，李女士说，自己的心都抓紧了。她不知道儿子帐篷外面是什么，但肯定儿子遇到了危险。

永川消防支队的消防员和当地公安机关的民警组成了联合搜救队，从山脚开始搜救。竹海景区占地116平方公里，张盛涛所在的位置手机信号极不稳定，具体位置不明，搜救难度很大。

情况十分紧急，消防官兵只好从竹海景区山脚开始沿途搜救，同时不断拨打张盛涛的手机。

消防员叮嘱：关闭光源千万不要出帐篷

21时30分，近半小时反复拨打，张盛涛的手机终于打通。

他告诉搜救人员，他是当天16时30分到达的景区，从“十面埋伏”（张艺谋拍电影的外景地）的大门进山，徒步近40分钟后，在山顶宿营，然而在20时30分左右，听到帐篷外有3只野兽的声音，并且还不时袭击帐篷，可能会有生命危险，由于手机没有信号，他便通过短信告知了他的亲人和朋友。

消防官兵在电话里让他关掉一切光源，千万不能走出帐篷，等待救援。茶山竹海多为原始生态景区，景区内地势险要，加之夜晚，很容易迷路。

消防员和民警三人一组，一路上山，一路呼喊：“有人吗？听到请回答！”

22时30分，一名消防员看到前方有光源回应，救援官兵立即加快了步伐，朝着光源方向疾驰前往。

22时40分，张盛涛被成功找到，随即被官兵护送下山。

获救后回到家睡到中午才醒来

看到儿子平安无事，李妈妈急忙带着儿子开车回到泸州的家。

一路上，李女士说，她也不敢多问孩子的遭遇，担心孩子惊吓后再次回忆会带来伤害。回到家，已经是昨天凌晨3点过，小张到家后倒头就睡，一直睡到中午12点过，醒来后就喊饿，吃了大大一碗饭后，才心有余悸地告诉母亲：以后再也不敢一人出去冒险了。

元旦假期来临，消防官兵提醒广大游客，外出游行，必须要先了解当地情况，最好是结伴同行，以免造成不必要的伤害。

野外遇到野猪怎么办?

资深驴友总结道：野外遇到野猪的确麻烦，但有个有效而且简单的办法，就是不要和它目光对视，别直勾勾地看着它，它会以为你在挑衅，会冲过来。

也不要背对着它，它更加会攻击你。

最好是：看着其他方向，左前或右前偏离它目光的角度，然后之字形慢慢后退。

（对比稿）

驴友夜宿竹海遭“野猪”围困　消防官兵解围

重庆时报讯（实习生朱婷婷　通讯员王心友）重庆永川竹海是张艺谋《十面埋伏》电影的外景地，四川泸州一名驴友夜宿竹海意外遭遇“野猪”的“十面埋伏”。

前天，爱好旅游的泸州青年张盛涛来到永川，经过了“十面埋伏”（张艺谋拍电影的外景地）的大门进山，在下午4点到达竹海景点。

扎好帐篷，又累又乏，小张倒头就睡着了。一觉醒来，已经是晚上8点过了。这时，他突然听到帐篷外有异样的声音：听了会儿，感觉像是马蹄声，但又不像，声音很乱，没有节奏。

小张耳朵紧紧贴在帐篷上听，有“哼哼哼”的声音。过了会儿，帐篷上有怪异的影子投在上面。这时，声音变得很嘈杂，有些黑影还对着帐篷顶来顶去。几分钟过去了，帐篷外的怪影还在。

小张把手机换了几个位置，终于有点微弱的信号。他赶紧编辑好短信发给了妈妈。

当天晚上8点50分，正在泸州家中的李女士突然收到了儿子发来的求救短信，她向重庆消防电话报警，随后赶紧坐车赶往永川。

李女士在路上试了几次，终于打通了儿子的手机。儿子悄声说：“这些怪东西有时候叫起来的声音像猪……围着帐篷大约有三四只，甚至更多……”

永川消防支队的消防员和当地公安机关的民警闻讯后，组成了联合搜救队。

竹海景区占地116平方公里，张盛涛所在的位置手机信号极不稳定，具体位置不明，消防官兵只好从竹海景区山脚开始沿途搜救。

21时30分，搜救队终于打通了张盛涛的手机，告诉他关掉光源，待在帐篷里等待救援。

22时40分，搜救队员找到了张盛涛，将他护送下山。

解读

该新闻原标题《18岁驴友独自夜宿竹林　发现帐篷外围满野猪》和新闻网站改编的标题《18岁驴友夜宿重庆竹海　醒来发现帐篷外围满野猪》大同小异，都没有交代新闻的重要事实“结果”。改为《驴友夜宿竹海遭“野猪”围困　消防官兵解围》比较切题。

关于这篇新闻，有一个问题需要思考：当事人是否被野猪围困？从文中看，并无直接有力的证据，仅仅是当事人自己的猜测。如果是当事人被其他野生动物“围困”或者完全是个人心理作用产生的恐惧幻觉呢？杯弓蛇影的现象在特殊环境和条件下是存在的。记者最好采访参与营救的军人，引用其新闻来源印证这个问题。可以采访当地林业管理部门或林业公安，还可以采访熟悉情况的当地山民，用多信源构筑一条完整的证据链，让受众相信当地确实有野猪出没，这样才不至于怀疑这条新闻主人公被“野猪”围困的真实性。其实，如果记者负责任，有专业主义精神，应该在事后跟随林业部门或者山民到事发现场去寻找证据，然后再报道。基于这些疑虑，新闻标题给“野猪”打上引号显得更为理性、客观，毕竟真实性是新闻的生命，它是媒介公信力的核心要素。

原稿1995字，事无巨细悉数收录，有闻必录，似流水账。像是记者的采访记录。记者在采访新闻之前就应该凭借新闻敏感对新闻线索进行悉心考量，准确地判断出其新闻价值，反复斟酌新闻主题，考虑最合适的体裁，然后列好采访提纲，完成采访。事实证明，确定了新闻主题之后，采访写作才能事半功倍。

记者应对素材进行筛选，从中挑选出符合主题需要的题材，围绕中心取舍，从头至尾都要“咬定青山不放松”，紧扣主题、突出主题。

在新闻中，记者应清楚地交代新闻来源，确保新闻客观、真实、准确、平衡。

因不能确定当事人是否被“野猪”围困，再加上双方并未遭遇，因此删除“链接”。经过删改，对比稿599字。

（原稿）

车牌造假的“李鬼”遇到被造假的“李逵”

2011年7月21日　来源：《南京晨报》

晨报讯（通讯员罗盛平　记者姚均祥）日前，某单位司机吴先生（化名）遇到一件烦心事，有几个违法曝光让他感到莫名其妙，在曝光的时间，他根本就没有驾车驶过那些路段。6月27日，去建邺路办事的吴先生，在看到一辆本田雅阁后，终于解开了心结。

吴先生驾驶的是一辆黑色帕萨特轿车，车牌号码为苏A★★638。当时，吴先生将车停好后，坐在车内等人。突然，一辆本田雅阁停在他的车旁边，吴先生无意间瞄了一眼本田雅阁车牌，结果大吃一惊，本田车牌号和他的车牌号一模一样。于是，吴先生连忙下车，一边报警，一边拦住本田车。本田车司机是一名中年男子，姓曹，也是一名单位司机。

交警二大队民警赶到现场后，发现车牌的最后一位数字“8”有异样。随后，民警随手一扳，这个“8”就掉下来了，露出了藏在“8”后面的数字“5”。其实，那辆本田雅阁的真实牌号是“苏A★★635”。曹某为躲避曝光，便在一块真车牌上剪下了数字“8”，然后将这个数字卡在车牌上，就变成了“苏A★★638”。让曹某没有想到的是，他将车停在吴先生的车旁，让“李鬼”遇到了“李逵”。对此，根据《道路交通安全法》规定，交警二大队对曹某处以行政拘留3天、罚款2000元，并记12分。目前，曹某已经被行政拘留。

（对比稿）

男子挂假车牌被行政拘留3天　罚款2000元

晨报讯（通讯员罗盛平　记者姚均祥）《水浒传》中有一个小贼李鬼假李逵威名劫道，不料有一天碰到了真李逵，结果被打趴下。现实中也有这样的巧合，南京市一男子假冒他人车牌被主人碰到报警，结果该男子被处以行政拘留3天、罚款2000元，记12分。

某单位司机吴先生最近遇到一件烦心事，连续有几个违反交通规则的信息被公开曝光，曝光所显示的时间内，他根本就没有驾车“违法”驶过那些路段。

6月27日，吴先生驾驶黑色帕萨特轿车去建邺路办事，他将车停好后，坐在车内等人。突然，一辆本田雅阁停在他的车旁边，吴先生无意间瞄了一眼本田雅阁车牌，不禁大吃一惊，本田车牌号和他的车牌号一模一样。吴先生连忙下车，一边报警，一边拦住本田车。

交警二大队民警赶到现场后，发现本田雅阁车牌的最后一位数字“8”有异样，随手一扳，这个“8”就掉下来了，露出了藏在“8”后面的数字“5”。原来，司机曹某为躲避“电子眼”曝光违法行车记录，便从一块车牌上剪下数字“8”，将其卡在自己车牌的最后一个数字“5”上，移花接木，他的车牌号就变成了吴先生的车牌号，让吴先生为他背了黑锅。

解读

原稿的标题和导语都有缺陷。标题拗口且令人费解，不如改成《男子挂假车牌被行政拘留3天　罚款2000元》准确、通俗、易懂、简洁。

原稿导语中的内容与主体部分有重复且不够吸引人。导语应该是记者写作中最费心思的，好的导语令受众一见倾心并产生恨不能一口气读完全文的冲动，它应该是精妙的、有趣的、生动鲜活的、耐人寻味的。好的导语为全文写作奠定了基础，它决定了消息写作的思路和走向，写好导语消息就成功了一半。

原稿还有不足是缺乏引语。这是一般人写作新闻的“短腿”，这与采访不够全面深入有关。比较一下西方记者的新闻写作不难发现他们擅长使用引语。其好处显而易见：增强新闻真实性，活跃文风，唤起受众对场景的联想，丰富新闻的信息量，感受采访对象的内心情感。

原稿“某单位司机吴先生（化名）”的表述似属多余，没有提供当事人的名字，仅用其姓，何必要强调不存在的“化名”？

（原稿）

温州两男子偷价值2万元高加索犬300元卖给狗肉贩子

2012年12月30日 9:16　来源：人民网

人民网温州12月30日电（记者姜伟　通讯员周爽洁）价值2万元的一条高加索犬被偷狗贼以300元的价格贱卖了。当听到要被刑拘时，两人顿时傻眼了："不就是偷了条狗么，我们赔他几百块钱不就行了！"

冬天是狗肉市场的旺季，每到这个时候，街上的流浪狗，甚至很多家养的狗都会成为狗肉贩子们手中的交易牺牲品。很多偷狗贼也乘此季节使用携带麻醉镖的弓弩将狗射晕，然后下手。

12月12日，乐清翁垟派出所接到市民报警，称自家的价值两万元的一条高加索犬于当天凌晨失窃。接报后，民警立即进行调查排摸。12月27日，在温州市区涉嫌偷狗的两名窃贼章某、潘某被抓获。

章、潘两人均为温州瓯海区人。据两人交代，由于没有工作，手头又缺钱，两人听说最近狗肉市场火，就决定偷狗卖钱。他们还租了辆车，买了偷狗的工具到处转悠，看到狗就下手。

从12月初开始，两人开车几乎转遍了整个温州地区，其中"光顾"乐清六次，每天凌晨两三点钟"开工"，天亮后"收工"。两人在乐清共得手两次。一次偷了翁垟陈先生家的犬，还有一次在白石路上打到三条土狗。由于并不知道品种，两人将狗均以6元/斤的价格卖给了狗贩子，非法获利800元，而陈先生家价值两万元的高加索犬却被他们以300元的价格卖掉。

12月28日，章某、潘某涉嫌盗窃罪被乐清警方依法刑拘。

（对比稿）

两男子偷价值2万元高加索犬被刑拘

人民网温州12月30日电（记者姜伟　通讯员周爽洁）温州两男子偷盗一条价值2万元的高加索犬被乐清警方依法刑拘。

12月12日，乐清翁垟派出所接到市民陈先生报警，称自家的价值两万元的一条高加索犬当天凌晨失窃。12月27日，犯罪嫌疑人章某、潘某被抓获。次日，两人被刑拘。

章、潘两人均为温州瓯海区人。据两人交代，由于没有工作，手头又缺钱，两人听说最近天冷狗肉市场红火，就决定偷狗卖钱。他们租了辆车，买了偷狗的工具到处寻找“猎物”。

从12月初开始，两人每天凌晨两三点钟“开工”，天亮后“收工”，开车几乎转遍了整个温州地区。他们在乐清偷盗了翁垟陈先生家价值两万元的高加索犬，由于不识货，把名犬当成了土狗，以一斤6元的价格卖给了狗贩子，非法获利300元。

根据刑法，按照最高人民法院、最高人民检察院、公安部1998年3月下发的《关于盗窃罪数额标准认定问题的规定》，盗窃17000元以上不满24000元的，处有期徒刑4年至5年。

解读

原稿523字，对比稿353字。

该消息的原标题是《2万元的高加索犬被偷狗贼300元贱卖》，“偷狗贼”用得不好，带有人格歧视，体现了记者的主观情感偏向，不符合新闻的客观性法则。网站修改为《温州两男子偷价值2万元高加索犬300元卖给狗肉贩子》，与原标题意思相近，且太长。其实改为《两男子偷价值2万元高加索犬被刑拘》更精炼，也更符合逻辑。卖多少钱不是关键事实，偷窃价值2万元的财物属于法律上重大盗窃案，这是两人被刑拘的直接原因。能否取一个恰当的新闻标题体现出记者对新闻主题的理解。

原稿的导语并未遵循倒金字塔结构的写作范式，即清晰地交代出新闻的核心事实——两人已经被刑拘。从新闻全文看，记者在采访中有考虑不周之处，如信源单一，没有采访警察、受害人；可能没有查阅相关法律条文，记者涉及专业问题的采写必须先做好功课，搞清相关知识。

相关的法律内容应写入新闻，作为新闻背景，既能传播知识，也有助于突显新闻价值，让受众明白两名犯罪嫌疑人偷条狗为什么会被刑拘、将面临怎样的处罚。这条新闻还缺乏相关新闻背景，即两人一共作案多少次，案值多少？被偷盗的高加索犬是生是死？是否归还了主人？警方会寻找其下落吗？如果物归原主是否可以减轻罪责？……

原稿的直接引语有特点，引人发笑，也耐人寻味，但因记者未清楚地交代信源，不知道究竟是谁说的，不得不删除。像原稿这样信源交代不清楚甚至缺乏交代的失误在消息写作中不是个别现象，它说明记者的专业素养有欠缺。

写作时，需要理清线索，把握人物与事件的逻辑关系，力求主题单一集中，突出重点，结构明晰自然。因为短，记者对于获取的丰富的材料必须善于取舍，挑选符合主题需要的材料，做到主题突出、层次鲜明、结构完整、语言通俗简洁准确具体。

（原稿）

女乘客因出租车司机不断讲“黄段子”报警求助

2013年1月2日 9:31　来源：荆楚网

下晚班后打的回家，一路上，的哥却不断讲“黄段子”，弄得刚大学毕业的小王既尴尬又害怕，最后无奈向警方求助。昨日，在武昌一杂志社工作的小王，回忆起这一幕仍气愤不已。

小王家住汉口解放公园路。她介绍，上月30日晚10时许，她和同事一起上晚班后，在武昌岳家嘴拦了辆的士回家。同事在半路下车后，的哥便开始讨论“印度一女大学生遭人轮奸”的新闻，并夹杂着不少侮辱女性的淫言秽语。小王感觉很害怕，故意给家人打了电话报平安。之后，她多次示意的哥停止讨论此事，的哥却无动于衷，一直说个不停。

下车付款时，车费为21元，小王递了一张百元钞票，的哥只找了30元，小王示意自己给的100元，不是50元，的哥却耍赖，还一直神情怪异地盯着小王。当时夜已深，小巷子里又没有行人，小王越来越害怕，无奈拨打110报警。的哥这才丢下50元钱扬长而去。

经查询，该出租车属于武汉市出租车个体协会管理。记者随即将此事反映至武汉市客管处。工作人员称，将着手调查此事，若情况属实，将给予司机相应处罚。（记者揭明玥）

（对比稿）

应找零77元却只给30元

出租车司机耍赖　女乘客报警讨公道

荆楚网讯（记者揭明玥）出租车到目的地后，司机故意少找零47元，王女士无奈报警求助才讨回公道。

王女士家住汉口解放公园路，在武昌一杂志社工作。她介绍，2012年12月30日晚10时许，她和同事一起上晚班后，在武昌岳家嘴拦了辆的士回家。

同事在半路下车后，的哥便开始讨论“印度一女大学生遭人轮奸”的新闻，并夹杂着不少侮辱女性的淫言秽语。小王心里害怕，故意给家人打电话警示对方。之后，她多次示意的哥停止讨论此事，的哥却一直说个不停。

下车付款时，车费为21元，小王递了一张百元钞票，的哥只找了30元，小王示意自己给的100元，不是50元，的哥却耍赖，盯着小王，神情怪异。

当时夜已深，小巷子里又没有行人，小王越来越害怕，无奈拨打110报警。

的哥这才丢下50元钱扬长而去。

经查询，该出租车属于武汉市出租车个体协会管理。

记者随即将此事反映至武汉市客管处。工作人员称，将着手调查此事，若情况属实，将给予司机相应处罚。

解读

原稿的标题犯了明显的逻辑错误，按照新闻文本，女乘客小王拨打110报警求助的直接原因是出租车司机找零时故意耍赖，只给王女士30元，少找了对方50元钱（这个细节其实也与实际不符，如果加上燃油附加费，找零应为77元）。

说“黄段子”只能说明司机文明修养差，并不违法，也不是双方冲突的根本原因。原稿对此不乏渲染，信源仅来自王女士一人，在报道的客观性、准确性、平衡性上做得不好。如果王女士的说法与事实有出入或者夸大其词怎么办？另外，对关键证据性事实应引用当事人的原话，用直接引语，记者根据王女士的爆料自己叙述虽然简洁，但等于认可了她陈述的均为“事实”。在没有采访当事另一方核实对证的情况下，这样做是有失实风险的。

原稿在导语写作、新闻时效性、交代信源等方面都存在不足。

这篇报道启发我们：消息写作要理清主要矛盾和次要矛盾，记者要善于快刀斩乱麻，能够慧眼识珠，迅速从一堆看似纷乱的材料中理清头绪，抓住主线，理顺逻辑关系，确立报道思想。

（原稿）

没能骂过鹦鹉，醉汉一脚踩死它

2012年9月19日 来源：《现代快报》

快报讯（记者陶维洲 通讯员江公宣）众所周知鹦鹉会学舌，所以很多人看到鹦鹉总不免上去逗它两句，听到它学自己说话难免一乐。这本是挺欢乐的一件事，但当一个醉汉遇上鹦鹉后，却引发了“血案”。

9月上旬的一天，陈铭（化名）到江宁某酒店吃饭。这家酒店大堂有一只鹦鹉。这只鹦鹉可不简单，他是酒店老板养的，学话学得特别好，老板训练它看到客人就要说“欢迎光临”。正是有了这只鹦鹉，生意也好了很多。

陈铭和朋友们也是冲着这只鹦鹉来的，一进门，鹦鹉便向陈铭等人说道，“欢迎光临”“欢迎光临”，陈铭一见就产生了兴趣，上去逗弄鹦鹉，让它学话。鹦鹉也非常给力，陈铭说什么它就说什么，学得一丝不差，让陈铭啧啧称奇。

一顿饭吃下来，陈铭喝得有点高了，再次来逗鹦鹉说话。这鹦鹉以前可能也看到过醉酒的人，所以看到陈铭醉得东倒西歪的，竟然“笑”了起来。而陈铭大着舌头说话，它学出来的味道也是大舌头。几句话逗下来，陈铭有点不高兴，开始骂鹦鹉，鹦鹉也学，一人一鸟就对骂开了。

陈铭听到鹦鹉骂他更是生气，将鹦鹉掼在地上，一脚踩死了。酒店老板闻讯而来，拉住陈铭，双方争执不下，酒店老板便报了警。江宁公安分局开发区派出所民警到现场后，陈铭也逐渐酒醒了，意识到自己确实做得不对，跟个鸟怄什么气呢？

最终，经过警方的调解，陈铭愿意出一万多元，以补偿酒店老板的损失。

（对比稿）

鹦鹉与人“对骂”被一脚踩死

2012年9月19日　来源：《现代快报》

快报讯（记者陶维洲　通讯员江公宣）一名男子酒后与鹦鹉“对骂”没占到便宜，一怒之下将其踩死，鹦鹉的主人报警，男子向其赔偿一万多元。

9月上旬的一天，陈铭（化名）听说江宁某酒店大堂有一只能说会道的鹦鹉，特意慕名前来吃饭。

一进门，鹦鹉便向陈铭等人说道，“欢迎光临”“欢迎光临”，陈铭顿时就产生了兴趣，上去逗鹦鹉学话。鹦鹉也非常配合，陈铭说什么它就说什么，学得一丝不差，陈铭啧啧称奇。

吃完饭，陈铭喝得有点高了，再次去逗鹦鹉说话。这鹦鹉以前可能见过醉酒的人，看到陈铭东倒西歪的样子，模仿人发出了“笑”声。陈铭说话显得像大舌头，鹦鹉学出来的味道也是原汁原味。这让陈明不高兴，就骂鹦鹉，而鹦鹉也学他的脏话，一人一鸟就开始了“对骂”。

陈铭越听越不是滋味，他将鹦鹉掼在地上，一脚踩死。酒店老板闻讯而来，拉住陈铭，双方争执不下，酒店老板便报了警。

江宁公安分局开发区派出所民警到现场后，陈铭清醒了，意识到自己错了。

解读

这是一条有趣的新闻。遗憾的是，原稿时效性差。原稿的时间为“9月上旬的一天”，这太模糊了，究竟是哪一天？新闻要素应该具体、准确。

原稿标题的逻辑不对，人怎么可能骂不过鹦鹉？鹦鹉是学人说话，并非骂功超人。

原稿导语太绕了，且表述不精确。原稿还有一个逻辑问题：鹦鹉与醉汉不是对骂，而是学舌，因此，“对骂”加引号更符合客观事实。原报道中“跟个鸟怄什么气呢？”如果是引语，那最好加引号；如果是心理活动，不如删掉，因为对方没有说出口的心理活动记者如何知道？

再则，说对方是醉汉难以认定，除非有目击证人证实并引用信源。

该新闻还有不足是，没有交代新闻来源。

如果采访再细致一点，适当有一两句引语，这篇新闻就更生动了。

（原稿）

小混混开车接女友撞死交警
牺牲交警王传明被批准为革命烈士

2009年4月3日　来源：《南京晨报》

晨报讯（通讯员宁公宣　陆公轩　记者王业全）2005年，南京六合交警王传明在江北大道六合龙池段执勤，被一辆违章轿车撞死。去年5月30日，江苏省民政厅批转其革命烈士称号。

王传明也成了20世纪80年代以来南京公安系统唯一的革命烈士。昨天上午，南京市公安局六合分局200多民警代表来到王传明墓地举行清明扫墓，并将原墓碑为“因公牺牲的人民好警察王传明之墓”换为“革命烈士王传明之墓”。

回忆起4年前王传明被撞死的那一天，南京六合公安分局交巡警大队的教导员秦云峰仍记忆犹新。他告诉记者，2005年10月17日，王传明和往常一样早早来到单位，在打扫完办公室的卫生后，开始了他一天忙碌的工作。

“他在江北大道六合龙池段执勤点上，和其他民警一起纠正违章车辆。”秦云峰说，上午10时许，王传明接到该路段前方执勤民警报称，有一辆由南向北行驶、车后没有牌号的可疑黑色普桑轿车，超速违法。王传明接到通报后准备进行纠处执法。此时，正是路口红灯进行时段，接到指令的王传明一眼就发现了违法轿车正停在一辆货车后面，便向该车打了一个交通手势，示意靠边停车。

“就在这个时候，意想不到的一幕发生了。”秦云峰说，该车驾驶员从货车后侧缓缓驶出快车道，在靠近王传明时突然加速向其冲来，王传明后退两步避让不及，被正面撞趴在轿车引擎盖上，可是，该车驾驶员并没有停车，竟丧心病狂地又向左猛打方向，王传明被狠狠地摔了出去，顿时不省人事，而该车却扬长而去……

“我们调查了当天的监控录像，发现这辆车还经常来往于这个路口，所以把目光锁定在了道路连接着的龙池镇。经过在龙池的排查，我们很快就在案发当天下午抓获了这名歹徒。很高兴的是，我亲手控制住了这名歹徒，并把他带回审理，也算是给了传明一个交代。”秦云峰说。

据介绍，这名罪犯黎某就是六合当地人，案发时只有20岁，开着借来的套牌车辆外出只是为了接女朋友去吃早饭。黎某并没有工作，是当地的一名小混混，案发后跟女友商量着出逃，并对车辆进行了两次套牌。他根本没有料到警方的行动这么迅速。

“共同生活的这么多年中，他几乎没陪我逛过街。我没有工作，身体本来就不好，加之孩子小，也要照料。他总是对我说：‘工作太忙，我不在家，你要把老人、孩子照顾好，老人辛苦一辈子不容易，至于欠你的，等我退休了好好补偿你。’现在怎么突然就……”说起王传明，王传明的妻子小叶再也控制不住自己的泪水。

王传明的女儿王蓓当时只有16岁，正在上高一。“爸爸跟我说的最后一句话就是那天我去上学前，他告诉我，神舟飞船平安回来了，你上学也要注意安全啊！但是他自己却没有安全地回来。现在我长大了，我最大的愿望就是继承爸爸的职业做一名警察。今年我高考，我肯定会报考公安院校，争取考出个好成绩。”王蓓说。

（对比稿）

南京200多交巡警代表为王传明烈士清明扫墓

晨报讯（通讯员宁公宣　陆公轩　记者王业全）南京市公安局六合分局200多名民警代表昨天上午来到王传明烈士墓地举行清明扫墓。

2005年，南京六合交警王传明在江北大道六合龙池段执勤，被一辆违章轿车撞死。去年5月30日，江苏省民政厅批转其革命烈士称号。

王传明是20世纪80年代以来南京公安系统唯一的革命烈士。

王传明的妻子和女儿参加了扫墓祭奠。

解读

原稿1101字，标题和导语都没有提炼出新闻的“眼”，即新闻最新鲜、最有价值的核心事实。新闻顾名思义要“新”，标题和导语竟然将4年前的旧事当成了“新闻”的“眼”，实属不当。

原稿最大的问题是，记者不懂得新闻写作主题是单一的，要么一人一报，要么一事一报。而原稿主题包含了两件事：1. 200多名交巡警代表为王传明烈士扫墓的故事；2. 王传明烈士因公殉职的故事。前者为事件新闻；后者为人物新闻。前者是新鲜的事实；后者是4年前的旧闻。经过对比就不难得出结论：按照新闻的传播规律，只能将“扫墓”当成新闻，烈士因公殉职的事只能作为新闻背景简单交代。该新闻的主题只能选择最新鲜的故事——南京200多交巡警代表为王传明烈士清明扫墓。这也就是该新闻的主题。

删除原稿中冗余的陈旧事实，修改稿仅140字。其新鲜的信息量决定了它的体裁只能是一条简讯。

标题是记者对新闻内容的概括。从原稿标题把旧闻当新闻就能看出，记者写作时没有考虑清楚新闻的主题，对该新闻究竟写什么没有判断清楚，结果从导语开始就是失范的，没有遵守新闻写作的基本范式。

新闻写作多采用倒金字塔结构，导语应该提炼最新鲜的由头，用最少的字把最重要的事实呈现出来，让受众在意，让受众产生兴趣。主体部分到结尾是对导语部分事实的说明、补充、扩展，其逻辑结构是：按照重要性逐段递减的原则安排材料。

原稿导语中竟然连参加扫墓的交警代表的准确人数都无法提供，由此可见采访的粗陋。新闻事实和新闻要素必须准确，关键的数字更应精确，这是新闻的基本规范。

原稿称肇事者为“小混混”不妥，新闻写作要求客观、准确、公正、平衡，记者不能带有主观感情偏向。

该稿启发我们：新闻写作要遵循新闻传播特有的规律和原则，有约定俗成的写作规范，要学习并掌握相关的方法和原理，着笔之前要考虑清楚：怎么写？写什么？不能率性而为。

唐朝诗人崔颢的七律《题黄鹤楼》为千古绝唱。据说李白在天宝三年途经黄鹤楼，拜读了此诗后赞叹不已，感叹没有新的构思和意境，无法超越崔颢，只要感叹：“眼前有景道不得，崔颢题诗在上头。”写新闻也是这样，对于已经有过报道的新闻，再写如果没有新材料、新角度，就不要大书特书了，正所谓：“劝君莫奏前朝曲，听唱新翻杨柳枝。”新闻喜新厌旧，时效性是新闻的重要价值之一。

（原稿）

江苏教育电视台29日更名复播　曾因干露露母女爆粗停播

2012年12月28日　23:24　来源：龙虎网

龙虎网讯　因干露露事件而惨遭停播的江苏教育电视台日前有了新动态。龙虎网记者今天下午从江苏广电总台了解到，江苏教育电视台将正式更名“江苏教育频道”并入江苏广电，且于29日零时起正式复播。

据了解，全新开播的江苏教育频道，是由江苏教育电视台并入江苏广电总台后新开办的频道，将采用新呼号，使用新标志，推出新版面。

根据省、委省政府决定，经教育部同意，并报国家广播电影电视总局批准，江苏省广播电视总台开播第十套节目教育频道，播出时呼号为“江苏电视台教育频道”。江苏教育频道统一使用江苏广电总台的台标和标志。在节目版面上，江苏教育频道将紧紧围绕服务教育教学的定位，突出“教育性、公益性、服务性”，整合优质资源，推出《江苏教育新闻》《全民开考》《语林漫步》《成长》《创业课堂》《新视界》《英语30分》《国学大讲堂》《时代问答》《一站到底》《职来职往》《花样年华》《万家灯火》等精品栏目，以及一批优秀的人文纪录片和动画片。

责任塑造形象，品质成就未来。认真贯彻党的十八大关于“努力办好人民满意的教育”的新要求，江苏教育频道将始终坚持正确舆论导向，坚持教育的宣传功能，密切关注世界教育公益节目发展动态，密切关注国内领先教育台的创新做法，密切关注新媒体发展和新技术应用，着力研发青春励志、公益服务、心理引导、校园竞技、人际沟通等多种类型节目，努力打造全国同类频道中特色鲜明、受众广泛喜爱的一流教育频道，更好服务江苏教育现代化，更好服务学习型社会建设，更好服务“两个率先”大局。

（对比稿）

“江苏教育频道”29日零时起开播

龙虎网讯 龙虎网记者今天下午从江苏广电总台了解到，因干露露事件而遭停播的江苏教育电视台并入江苏广电总台，正式更名“江苏教育频道”，将于29日零时起开播。

根据省委、省政府决定，经教育部同意并报国家广播电影电视总局批准，江苏教育电视台并入江苏广电总台后成为该台第十套节目——教育频道，播出时呼号为“江苏电视台教育频道”。江苏教育频道统一使用江苏广电总台的台标和标志。

在节目版面上，江苏教育频道将围绕服务教育教学的定位，突出“教育性、公益性、服务性”，整合优质资源，推出《江苏教育新闻》《全民开考》《语林漫步》《成长》《创业课堂》《新视界》《英语30分》《国学大讲堂》《时代问答》《一站到底》《职来职往》《花样年华》《万家灯火》等精品栏目，还将播出人文纪录片和动画片。

2012年11月25日，江苏教育电视台请来了干露露和她的母亲、妹妹，来参加一档每周日19点45分播出的综艺竞猜节目《棒棒棒》。母女三人在节目录制中放泼撒野、大爆粗口，国家广电总局新闻发言人认为该事件“违反《广播电视管理条例》，罔顾媒体社会责任，为丑恶言行提供展示舞台，造成恶劣社会影响”，江苏教育电视台被责令停播。

解读

原稿的标题不准确，所谓“复播”是指不改变原单位的名称和所有制，经过整顿后由主管部门批准恢复播出节目。而实际上，原江苏教育电视台已经不存在了，它被并入江苏广电总台，正式更名“江苏教育频道”，这等于是被兼并重组，脱胎换骨了，而且从新闻中可以看出，节目都变了，怎么能说是“复播”呢？应该是“开播”。导语中也应改“复播”为“开播”。写新闻要谨慎，别小看一个词，弄不好就违反了新闻客观性、真实性、准确性。

消息写作不能带有记者个人鲜明的感情倾向性。原稿导语第一句中的“惨遭”两个字明显传达了记者的观点，有违新闻客观性法则。一家教育电视台竟然以炒作话题人物拉动收视率，不符合节目定位，背离了社会责任感和新闻职业的操守，被依法处罚是咎由自取，何“惨”之有？记者为之鸣冤实不应该。

原稿最大的问题是结尾，与新闻主题并无逻辑关联，恐怕是散发给记者的文宣资料，相当于广告。记者不分青红皂白，稀里糊涂地将其摘录在了新闻中。

原稿还有一点不足是缺乏“干露露事件”的新闻背景，如果不解释，受众对该新闻的主题就会感到费解。

（原稿）

网络游戏与新古典音乐

2011年4月7日 7:46　来源：新浪博客

4月1日下午3点，在清华大学6A017教室门外排成长队的一群人蜂拥而入。教室早已被上课的学生填满，但是进来的人并没有后退的意思，大家塞满了教室的过道和讲台旁边的空地，挤在一起，席地而坐。

这是发生在清华大学教授李希光的课上的一幕。在这节课上，暴雪娱乐公司制作总监Chris Sigaty受邀为清华大学学生做讲座。暴雪娱乐公司是一家游戏开发公司，开发出了《魔兽争霸》《星际争霸》等一系列著名网络游戏。李希光教授极力反对吸烟上瘾，是《控烟报道读本》的主要作者之一，2010年获得了卫生部颁发的“控烟报道好新闻奖”。他说：“应该是那些考不上大学的、工作失败的、找不到男女朋友的……人，才吸烟。”

讲座后，Chris Sigaty就同学们提出的关于校园网游戏速度过慢、如何在中国的游戏平台上玩暴雪游戏等问题与同学们进行了交流。Chris Sigaty说，他最喜欢的就是提问交流的环节。提问环节中，同学们高涨的热情持续不减，有两位同学为了获得提问的机会，甚至未经点名就站起来先表明自己的问题多么重要，再直接提问。

与这种情况相对应的是3月20日晚上哈辉的讲座。讲座过程中，就不断有人提包走人，有几个还有意无意地弄出很大的声响。在提问的环节，针对一些同学的问题，主持人焦急地说："大家不要难为老师呀！"

哈辉是研究"新雅乐"的代表人物，"新雅乐"是国学音乐化的中国新古典音乐，吸取了孔子所说的节奏和谐健康的"文雅乐"。哈辉说："其实我作'新雅乐'初级的目的就是能够起到一个潜移默化的作用，我特别希望我的音乐能够推行到街头巷尾，就是很多孩子都会唱，我真的觉得一个民族的希望是在于我们的孩子们，还有你们的身上。"

中国青年报社会调查中心对中国3622名大学生进行的关于网络游戏行为的调查显示， 多达25.3%的学生平均每天花6小时以上的时间玩游戏。与此同时，中国今年的两会上已经有代表提出要对近几年兴起的"国学热"进行反思。

（对比稿）

暴雪娱乐公司制作总监Chris Sigaty到清华大学做讲座

暴雪娱乐公司制作总监Chris Sigaty 4月1日下午受邀为清华大学学生做讲座。暴雪娱乐公司是一家成立于1991年的全球知名的电脑游戏及电视游戏软件公司，目前属于威望迪（Vivendi）的子公司，其产品在电子游戏界享有极高的评价，开发了《魔兽争霸》《星际争霸》《黑暗破坏》等一系列著名网络游戏。

解读

这是一篇偶然从新浪博客中看到的新闻，是清华大学新闻传播学院一位同学的作业。写新闻要解决要两个问题，其一是怎么写，其二是写什么。 "怎么写"就是要解决好立意问题，即思考清楚新闻报道思想，这是文章的灵魂，主题没有想清楚就仓促下笔，纵使妙笔生花也是枉然，无主题的文章不是一幢楼房而是一堆建筑材料而已。

"写什么"即根据文章的主题，考虑好文章采用什么体裁、什么结构、如何安排材料等问题。打好腹稿，成竹在胸才能下笔如神，一气呵成。

新闻要像北方的钻天杨一样，一根树干笔直，不能像水曲柳那样曲曲折折、枝枝蔓蔓，新闻写作就是一人一报或者一事一报。该新闻竟然包含了五件事：1. 暴雪娱乐公司制作总监到清华大学做讲座；2. "新雅乐"代表人物哈辉讲座不受欢迎；3. 调查显示25. 8%的学生平均每天花6小时以上玩游戏；4. 李希光反对吸烟；5. 两会代表提案对"国学热"进行反思。如此庞杂的内容纠集在一篇新闻内，岂不成了大杂烩？什么也说不明白。

清华大学新闻学院李希光教授的课堂讲座名家如流，一个网络娱乐公司制作总监并非科技界或商界名流巨子，从新闻价值上即可判断该新闻只能写一条短消息或简讯，把讲座这件事交代清楚即可。作为学生练习新闻写作，还可以截取这次讲座的精彩场景写一篇千字左右的新闻特写，用好镜头语言。这些策划应该是在写作前就要反复斟酌构思的。在听讲座中，一定要做笔录，将对方讲的主题、细节、有趣的表述等都应该记录下来，对现场讲座人和同学都应进行仔细的观察，这些都是新闻的材料。对于新闻主题需要的材料还应提问讲座人，讲座结束后应该采访几位同学，让他们谈谈对讲座的评价、自己的收听感言等。只有把材料搜集齐全了，才无虞巧妇无米之炊。

写完之后，应该反复阅读、修改，看一看新闻的角度、主题、结构、语言等有无问题。不经过苦苦思索和悉心修改就仓促结稿难免有瑕疵。

原稿的标题像一篇论文，新闻标题应准确、具体、真实、客观地概括新闻的主要事实。导语中对时间交代得比较精确，这没有必要，因为事件普通寻常，不是突发事件，没有必要说清楚几点几分。事件新闻多采用倒金字塔结构，优点是简洁、清晰，方便编辑审稿、提高传播时效，也便于受众花很少的时间接受信息。该消息采用了金字塔结构，并非不可以，只是金字塔结构也有章法，不是流水账，得筛选出能抓人的精彩细节把受众吸引住，迅速带入现场，一开始就得有关键性的细节，要有新闻要素。

暴雪娱乐公司制作总监Chris Sigaty受邀为清华大学学生做讲座的题目是什么？该总监的个人情况有无介绍？讲座主题是什么？讲座过程中有哪些有趣的事？讲座人说过哪些有特点的、有新意的、吸引人的话语？讲座用了多少时间？同学们怎样评价？讲座受欢迎吗？为什么？……把新闻的五个要素讲清楚就可以了。

关键的新闻背景是：暴雪娱乐公司是一家什么背景的公司？在业界的地位？主营产品和利润等基本情况？对暴雪娱乐公司制作的《魔兽争霸》《星际争霸》等一系列著名网络游戏有什么评价？

该新闻750字中提供了大量的与新闻主题无关的内容，却连暴雪娱乐公司制作总监Chris Sigaty讲座的基本情况都没有说清楚，多个要素缺失，导致该新闻没有明确主题。在写作上也缺乏新闻素养，如信源、引语均缺失。

按照新闻传播信息的功能之一，该新闻删去冗余信息后还得补充相关背景知识，编辑成一条简讯。

（原稿）

期末考试临近自习教室紧张

2007年12月　来源：《中国传媒大学南广学院报》

本报讯　临近期末，到教室自习的同学增加了许多，找座位变得不像平时那么容易了。12月10日晚，记者在教学楼进行了随机采访。

一位06级的尹同学，就应对期末考试谈了一下自己的看法：“理解性的课程是每天都需要看的，记忆类的课程计划在考试前一周开始系统复习。我基本上每天都会来自习。”不同年级的同学面对考试准备的方法也不同，大三的同学目前不仅要面对期末考试，而且还要应对月末的英语四六级考试和计算机学位资格考试。一位05级的叶同学告诉记者：“压力虽然很大，但我相信只要做好最充分的准备，就一定会取得满意的成绩。”

日前，记者从教务部考试中心了解到，2008年1月2日至19日为本学期期末考试阶段。

本学期2005、2006级的选修课程、考查课程以及辅修课程的考试时间应安排在第17教学周；参加期末统考的课程考试时间安排在第18、19教学周（2008年1月2日）进行。2007级的选修课程、考查课程考试时间安排在第18教学周；参加期末统考的课程考试时间安排在第19、20教学周（2008年1月11日）进行。

在教务部发布的期末考试通知中，着重强调监考人员要具备高度的责任心，严格执行考试规则，认真做好考场的监督与检查工作。对考试中出现的违纪与作弊行为将按照相关的处分规定给予处理。

（对比稿）

教务部考试中心公布期末考试日程安排

本报讯　记者从教务部考试中心了解到，2008年1月2日至19日为本学期期末考试阶段。

本学期2005、2006级的选修课程、考查课程以及辅修课程的考试时间应安排在第17教学周；参加期末统考的课程考试时间安排在第18、19教学周（2008年1月2日）进行。

2007级的选修课程、考查课程考试时间安排在第18教学周；参加期末统考的课程考试时间安排在第19、20教学周（2008年1月11日）进行。

教务部发布的期末考试通知说，将按照相关的规定对考试中的违纪与作弊行为给予处理。

解读

《期末考试临近自习教室紧张》这条消息颇令人疑惑。按理说，消息的标题是对消息内容的浓缩概括，可是读完这条新闻却发现，文章内容与标题毫无关系。主题不清是写作的大忌，该新闻存在着这方面的严重缺陷。

读完这条消息，我们知道期末考试临近了，但却压根不了解到底自习教室紧张到什么程度，因为记者没有告诉我们，虽然导语里提到了，但一笔带过之后就再也不提这个事了，整篇新闻中没有交代相关具体事实、没有调查数据，也没有同学和老师对“自习教室紧张”有何说法，更没有相关管理服务部门的应对措施。

消息标题往往就是消息的主题，从导语、主体部分到结尾都应该围绕这个主题组织材料，否则就是文不对题。对于记者而言，跑题是写作基本功不过关的标志，这篇消息完全失败了。

原稿包含两个主题：1. 期末考试临近自习教室紧张；2. 考试日程安排信息公布。这应该是两条新闻，一条新闻只能说一件事。但由于前者材料不够单独成篇，而后者材料完整。因此，将该事实抽取出来写成一条服务性新闻，即教务部考试中心公布考试日程安排细则。

（原稿）

纪念“一二•九”：长跑时勿忘内涵

2007年12月　来源：《中国传媒大学南广学院报》

本报讯　12月9日上午，“啪！”随着发令枪响，我院为纪念““一二•九”爱国运动举行的长跑比赛正式开赛。比赛共有11个系参加，每系选派10个参赛选手和1名带队老师，跑步顺序是男女间隔进行，为期1小时。

比赛开始，各系选手不顾寒风刺骨，奋力冲向终点。一旁加油的啦啦队中，有同学、有老师，助威声此起彼伏，还有热情的“后勤小组”给每位队员送上热腾腾的奶茶和面包。经过激烈角逐，最终广播电视系、新闻传播系、信息技术系分别获得冠、亚、季军。

比赛结束，记者在现场就是否了解“一二•九”运动随机采访了几位同学。“是不是一场革命啊？”“中学时候学过，记不太清了。”得到这样的答案，着实令记者大吃一惊。

每年“一二•九”前后，全国高校都会举行长跑、演讲等纪念活动，希望以此提升大学生的爱国热情。同学们参与活动时，应当清晰认识其历史内涵与现实意义，使长跑活动成为真正的纪念活动。

（对比稿）

南广学院举行纪念“一二•九”运动长跑比赛

广播电视系、新闻传播系、信息技术系分获前三名

本报讯　12月9日上午，南广学院为纪念“一二•九”爱国运动举行了为期一小时的长跑比赛。经过激烈角逐，最终广播电视系、新闻传播系、信息技术系分别获得冠、亚、季军。比赛共有11个系参加，每系选派了10个参赛选手。

解读

原稿写作有诸多不足，首先，前两个自然段是一个主题，后两个自然段是另一个主题；前两个自然段是传播事实，后两个自然段是传播观点。

问题最大的是标题和最后两个自然段，完全是记者对事实发表的观点，这种观点的呈现不符合新闻写作的客观性法则，属于新闻评论的写作手法。新闻是用故事吸引受众，注重潜移默化的启发，新闻评论旨在以观点引导舆论，旗帜鲜明地表明作者的立场，前者注重的是传播事实，后者注重的是传播观点。这篇消息恰恰将新闻报道与新闻评论“混搭”了，有损于新闻的传播效果。有学者将新闻写作的客观性法则归结为三项基本内涵：“事实与观点分开、不带感情色彩、力求公正平衡。”（李彬《全球新闻传播史》）原稿使用了描写式导语，目的是使新闻生动形象，但因为主体部分没有对运动员比赛的细节进行描写，看不到完整的故事，空洞、模糊的语言较多，信息量小，所以将无关紧要的空话删除之后，使用描写式导语变得没有意义了，只能将整篇新闻浓缩成一则简讯。

消息写作要求遵循客观性法则，这是由美联社大力倡导、被西方新闻界奉为圭臬的新闻职业理念。具体而言，它“指的是在新闻报道中，力求客观、中立、不带感情色彩、不加主观评判的一套报道原则以及一系列相关手法”（李彬《全球新闻传播史》）。

客观性法则要求新闻写作“用事实说话”，记者为受众提供新闻故事，结论由受众自己总结。

原稿的标题其实就旗帜鲜明地亮明了记者的观点，不是消息概括事实的标题。

另外，新闻中为力求客观性，应避免使用“我”“我院”“我台”“我报”等，显然该字眼带有个人的主观倾向性。

其实可以采取“花开两朵，各表一枝”的技巧，将事实与观点分离，写一篇消息（如对比稿），配发一条短评，发表观点，引导舆论。

（原稿一）

融入社会　学以致用　增长才干

我院暑期社会实践活动形式多样成效显著

2010年10月20日　来源：《浙江东方职业技术学院报》

本报讯　今年暑假，我院团委、学生会及各系纷纷开展了形式多样的暑期社会实践活动。同学们兵分多路投入社会，不仅在实践中增长了知识和才干，也充分展现了东方学子的风采。

学以致用　工学结合

7月5日，工程系暑期实践分队前往位于乐清白象镇的正泰集团，开展了为期半个月的暑假实践。通过观看正泰集团的宣传片，队员们对正泰集团有了一个初步的了解。此后，12名队员被分成两组，分别跟着两个车间主任，进入车间实习。

一组队员在一号车间，主要是负责做板表，主要包括焊油丝、调平衡、盖表、初校等几个步骤。二组队员在二号车间，主要负责生产温控仪、万用表、焊接灭弧罩等仪器。车间主任把队员们平均分配到了3个不同的工作岗位，每个队员2天轮换着在不同岗位学习。此次实践为队员们今后的实习和工作打下了坚实的基础。

因材施教　与书同行

人文系暑期社会实践队分为两支队伍，一支队伍名为“因材施教”，另一支名为“与书同行”。7月5日，“因材施教”实践小分队前往英才农民工子弟学校开展了为期15天的实践活动。队员们围绕“因材施教”这一主题，分别开设了朗诵、书法、音乐等课程。此外，为了对农民工有更深入的了解，还分别制定了符合农民工和学生的问卷调查表，并对他们展开了调查。

另外一支“与书同行”实践小分队深入龙湾图书馆，亲身体验图书管理员工作。实践期间，两支实践队相互合作，队员们带着英才农民工子弟学校的学生参观了龙湾图书馆，并组织开展了“毛毛虫上书房”阅读推广讲座等活动，取得了良好的成效。

情系玉树　公益创业

为了支援玉树地区灾后重建工作，经贸系暑期实践队建立了以“情系玉树•公益创业”为口号的创业队。围绕这一主题，队员们主要开展了爱心义卖活动。

炎炎烈日下，创业小分队队员们走街串巷，最终将地点定在了菱藕社区、五马街、状元镇中心、中山公园等几个地方。

义卖期间，生活用品方面销售情况十分良好。在五马街进行销售的最后一天，队员们和温州医学院的暑期实践队合作，将“爱心义卖”的销售场地和他们的“职场视博会”成果展示台搭在一起，充分展现两个实践队的激情。经粗略统计，12天的创业销售金额近9000元，其中20%将捐献给玉树灾区，支援灾后重建工作。

此外，另一支暑期实践队前往南雁开展了为期12天的暑期实践。队员们组织开展了支教、送清凉、趣味运动会等活动，尤其是“送清凉”活动，获得了一致好评。

乡村调查　爱心支教

7月6日，经管系实践队赴永嘉“三下乡”在当地开展了半个月的实践活动，实践内容包括“下乡支教”“宣传世博”“服务农村”三大板块。

此外，另外一支队伍针对永嘉地区的乡村旅游资源展开了调研。队员们通过问卷调查、现场采访、实地勘探等多种调研方法，完成了对永嘉旅游的资源调查和市场调研，并指出了发展存在的问题及提出了相对应的解决对策。此次实践，不仅为实践调研提供了宝贵资料，也为队员们上了意义深远的一课。

（原稿二）

社会实践服务至上　瑞安之行收获丰硕

本报讯　7月7日，我院学生会“服务社会，共建新家园”暑期实践队前往瑞安展开了一系列实践活动，队员们不辞辛苦以昂扬的姿态书写了满意答卷。

此次实践活动以“强素质、护平安、促和谐”为主题，活动分为五个篇章，分别是“寻访玉海名楼　呼吁社会关注”“心系玉树灾民　义卖献绵薄力”“宣传防灾减灾　提倡低碳生活”“城市生存考验　铸造完美自我”“学生社会实践瑞安隆重启动”。

实践中，队员们在指导老师陈振建老师的带领下前往瑞安参观了浙江四大藏书楼之一——玉海楼，从而对温州历史文化有了更深入的了解。7月9日至12日，队员们准备了生活用品进行爱心义卖，用自己的绵薄之力为玉树献上了一片爱心。为了积极响应政府的节能减排、防灾减灾号召，队员们还在风荷社区开展以“减灾从社区做起，携手共建美好家园”和“节能减排，绿色生活，低碳进社区”为主题的科普知识宣传调查活动。19日，队员们在陈振建老师的带领下参加了瑞安团市委组织的2010年瑞安返乡大学生暑期社会实践活动的启动仪式。

此次活动历经12天，队员们的优异表现受到瑞安团市委的认可，同时他们也表示期待我院学生在以后暑期社会实践中会有更加杰出的表现。

（原稿三）

八大社团齐上阵　暑期实践亮风采

本报讯　7月2日，我院学术报告厅举行了“浙江东方学院创业开拓者社团联合暑期社会实践队”开营仪式，拉开了为期17天的暑期社会实践的序幕。

此次活动的实践队由来自八大社团的代表组成。活动主要由“义卖矿泉水，支援玉树建设”“以物换物，感恩社会”两个环节组成。7月3日，出征仪式结束后，队员们便开始了活动的前期准备工作，包括市场调查、搜索信息、寻找场地等。前期准备活动结束后，队员们分布在各个地点，设摊义卖矿泉水，筹得的善款用于帮助玉树灾民。

10天的营销实战结束后，实践队继续前往杭州开始为期5天的创业生存体验。队员们以“以物换物”的形式，将原来的固定资金进行了资金再创造。活动中碰到的多种情况是对队员们的适应能力和应变能力一个极大的考验。

7月20日，暑期实践圆满地画上了句号。队员们表示，此次活动不仅增强了各社团之间的凝聚力，而且更培养了个人的高度责任感。

（对比稿）

深入基层　深入实践　观察社会　体察民情

东方学院召开暑期社会实践表彰总结大会

×名先进个人和×个先进集体受到表彰

本报讯　×月×日，东方学院召开暑期社会实践表彰总结大会，×名先进个人和×个先进集体受到表彰。

暑假期间，经贸系建立了以“情系玉树•公益创业”为口号的创业队。创业小分队队员们在温州市菱藕社区、五马街、状元镇中心、中山公园等几个地点开展了爱心义卖活动。经粗略统计，12天的创业销售金额近9000元，其中20%将捐给玉树灾区。经贸系的另一支实践队前往南雁开展了支教、送清凉、趣味运动会等为期12天的暑期实践。

人文系暑期社会实践队共分两支队伍，其中，“因材施教”小分队在英才农民工子弟学校开展了为期15天的朗诵、书法、音乐等课程教学；另一支“与书同行”实践小分队去龙湾图书馆体验生活。两支实践队还带领英才农民工子弟学校学生参观了龙湾图书馆并组织开展了“毛毛虫上书房”阅读推广讲座活动等。

院学生会“服务社区，共建新家园”暑期实践队在瑞安开展了为期12天的系列实践活动。活动主题是“心系玉树灾民”“宣传防灾减灾”“提倡低碳生活”等。

院八大社团在暑期进行了为期17天的暑期社会实践，活动主要由“义卖矿泉水，志愿玉树建设”等环节组成。

经管系实践队赴永嘉“三下乡”在当地开展了半个月的实践活动，时间内容包括“下乡支教”“宣传世博”“服务农村”等。

工程系暑假实践队12名同学在乐清白象镇正泰集团开展了为期半个月的实践，内容包括观摩、体验各个生产环节。

解读

原稿三篇新闻见于一张校报的同一个版面上。其实，从内容看，这三条新闻的主题是相同的，没有必要发一条综合新闻和两条动态新闻，完全可以将三条新闻重新编辑组合，变成一条综合新闻。删除原三篇新闻稿中空洞、枯燥的语言，挤干“水分”，将“干货”按逻辑顺序重新编排，只需要不到原文1/3的文字即可简洁、明了地用一篇综合新闻将暑期实践这件事说清楚。原新闻稿中写了太多没有信息含量的概括性、会议材料式的表述，冗长乏味，难以吸引受众，不如“淘尽狂沙始到金”，把有价值的信息提炼出来。

原稿最大的问题在于导语没有新闻时效性，新闻的时效性应该体现在一个最新鲜的“时间点”，即精确到“几月几日”“今天上午（下午）”，重大突发事件新闻甚至应该精确到“几点几分几秒”，要选取离刊发新闻最近的一个时间点。

校报因出版周期长，时效性很难做到，怎么办？两个办法：其一，选取最新时间点。比如事件虽然过去了，但是否发生了与事件相关的最新一件事，记者要想方设法寻找这样一个“由头”切入。一般开学后才对暑假里的事进行总结表彰，记者在前期采访写作的基础上，等待新鲜的切入点，寻找新鲜的由头，即表彰总结会召开这个时间，它离读者看到新闻的时间最近，由最新时间点切入，引出不新鲜的过去的事件，“旧闻”就变成了“新闻”。这是有经验的记者经常面临的难点，需要写作经验的积累和写作的技巧。其二，用描写式导语，即截取事件当中一个场景片段，有画面感，有现场感，不用提供精确时间，有意模糊不新鲜的时间，借镜头语言吸引受众关注，然后在新闻主体中交代事件发生的时间，这样也能“抢救”过时但仍有传播价值的新闻。

此外，原稿中后两条动态新闻的标题都不好，不准确，空洞，不吸引人，且早已不新鲜的事也没有具体的故事，不宜用动态消息来表现。

所谓综合消息是指围绕一个中心，把不同地区、不同战线、不同部门的同类情况，综合起来加以报道的一种消息。综合消息的特点是报道面广，声势大。

另外，新闻中删掉“我”，体现新闻客观性原理。

第二部分

新闻特稿写作

一、概论

按照西方对新闻体裁的分类，除了新闻报道，就是新闻特稿。

新闻报道（消息）主要是凸显信息功能，它一般包含五个新闻要素Who（谁）、What（什么）、When（时间）、Where（地点）、Why（原因），因为它们都以英文字母W开头，所以简称“五W”。新闻报道侧重发生了什么（What）。而特稿不但要告诉受众新鲜的信息，还要具备娱乐、教育、劝说等多种功能，它除了包含新闻要素之外，侧重于要告诉受众经过或过程（How），或者侧重点在于揭示原因（Why）。

新闻特稿相当于我们中国新闻体裁的“土特产”——通讯。其篇幅比新闻报道长，国内媒体常常刊发8000字甚至10000余字的特稿。西方的特稿篇幅通常在600到2000字。

（一）认识新闻特稿

什么是新闻特稿？《北方回声报》（*Northern Echo*）特稿主编尼克·莫里森指出，特稿经常被用来为一个现有的新闻报道提供背景，而且挖掘的比较深入。“正如新闻报道告诉你有关事件或情境的‘内容’一样，特稿能够解释‘原因’。”他说，“特稿除了涉及更多细节，给报纸增添了更多的实质内容和分量外，在细节上注重富人情味的故事。”①

① （英）苏珊·佩普、休·费瑟斯通著，周黎明译：《特稿写作——从入门到精通》，北京：中国人民大学出版社，2011年版，第2页。

阅读下列关于呼吁保护藏羚羊的特稿，可以对比体会特稿与新闻报道（消息）写作手法的差异。

藏羚羊面临灭顶之灾

1999年4月20日　来源：《新疆广播电视报》　作者：武斌

青藏高原的藏羚羊今年来遭到盗猎者的疯狂捕杀，而新疆阿尔金山藏羚羊的命运又是怎样的呢？

蓝天白云、雪山清泉、奇花异草、飞禽走兽……这一幅幅宛如世外桃源一般的画面勾画出了阿尔金山的倩影。可以毫不夸张地说，几乎每一个逃离了喧嚣的都市人被阿尔金山拥抱的时候，他都会情不自禁地产生一种飘飘欲仙的幻觉。阿尔金山的冰清玉洁和原始粗犷之美的确引人入胜。然而，近年来，阿尔金山原本静谧的夜空却常常被刺耳的枪声和藏羚羊的哀鸣声划破。圣洁无瑕的阿尔金山遭到了盗猎者的践踏。

阿尔金山，由于自古以来人烟稀少，这里便成为许多高原野生动物憩息繁衍的天堂。其中属于国家重点保护的野生动物有藏羚羊、藏野驼、野牦牛、雪豹、黑颈鹤、藏雪鸡、猞猁、棕熊等。

藏羚羊又名藏羚、长角羊、羚羊。雄性藏羚羊体型硕大，重35至45公斤，头顶长有微微前曲的双角，乌黑发亮，长达60—70厘米，侧面远望，两角重叠，颇似一角，故民间有“一角羚”之称。雌性藏羚羊大多为茶色，重25至35公斤，头顶无角。

藏羚羊曾经是阿尔金山三大有蹄类动物当中数量最多的。据1988年的资料表明，当时阿尔金山藏羚羊的分布总量高达6万余只。那时，藏羚羊随处可见。最大群数可达上千只，数百只一群的藏羚羊非常普遍。

到了1996年夏季，新疆林科院的任步远、唐跃等人在阿尔金山由西向东，驱车考察野生动物，一天之内只见到了285只藏羚羊；而去年8月，乌鲁木齐市六中高级英语教师冯刚在市教委等单位的资助下，驾驶吉普车在阿尔金山拍摄野生动物时，在保护区内沿着同一路线奔波了13天，用掉了两大桶汽油，仅仅见到了四群藏羚羊，总数不过42只。

阿尔金山藏羚羊骤然锐减的直接原因便是大规模有组织的非法盗猎活动。

香港野生动物保护者黄效文先生去年6月到阿尔金山考察藏羚羊的生存状态时，亲眼目睹了藏羚羊被屠杀后的血腥场面（值得注意的是，往年盗猎活动只发生在冬季。冬季藏羚羊的绒毛最好。夏季是母藏羚孕期）。他在一篇手记中写道：“我们到达时，只见遍地雄羚的零散尸体，而羊皮全被剥去了……更恐怖的是，6只母羚羊的尸体旁边都躺着一个小小的、已经成形的胎羊尸体……从附近所留下的轮胎痕看来，到此猎杀藏羚羊的吉普车至少有三辆。”他还写道：“两天之间，我们一共经过了7个屠杀羚羊的地点，发现的藏羚羊尸骸至少70具，收集到使用过的子弹壳超过20发。”

在若羌县公安局的档案里，盗猎分子留下的可耻记录令人触目惊心：

1993年3月25日，若羌县公安局政委周洪才带领公安民警在保护区外围的石棉设卡，从盗猎分子的四辆汽车中搜出了647张藏羚羊皮，缴获一支半自动步枪和一支小口径步枪。

1995年元月，若羌县公安局在阿尔金山自然保护区清山时一举抓获了26名偷猎分子，缴获步枪子弹数千发，小口径步枪子弹万余发，查扣的藏羚羊皮达1000多张。

1996年4月24日，在阿尔金山鸭子泉哨卡，民警们在执法检查中遭到盗猎分子的围攻。盗猎者将民警们逼进执勤帐篷之后，向帐篷连开20多枪后分乘三辆车逃往青海花土沟。其后，6名案犯被擒。公安民警缴获小口径步枪4支，半自动步枪1支，子弹9000多发，藏羚羊皮484张。

1997年12月15日，若羌县公安局接到保护区牧民举报：有16名盗猎分子乘4辆吉普车捕杀藏羚羊。民警们立即找来2辆汽车去追捕。不料，因车况太差，油料不足，被迫中途撤回。第二天的行动又因汽车半途抛锚而中止。结果，盗猎者闻风而逃……

在与装备先进的盗猎集团进行殊死搏斗的严峻形势下，若羌县公安局却面临着经费紧张，交通通信设备落后的不利局面。公安民警每清山一次，至少要花费一万元。由于经费不足，保护区地域辽阔，若羌县公安局每年最多只能清山两次。至今，他们还拖欠民警出差费和外单位的油料费共计九万元。

若羌县公安局政委周洪才忧心忡忡地说：“每年10月至次年4月 ，几乎每天，在阿尔金山保护区内及外围都有盗猎分子开着车追杀藏羚羊。”阿尔金山自然保护区祈曼格乡派出所副所长史建民说：“盗猎者利用藏羚羊遇见强光静止不动的习惯，在车灯的照射下，成群地猎杀藏羚羊。”

从1998年起，藏羚羊就被列为国家一级保护野生动物，与国宝大熊猫同一等级。但为什么捕杀藏羚羊的非法勾当却屡禁不止呢？主要原因是金钱的巨大诱惑。在国际市场上，用藏羚羊绒制成的披肩通称“沙图什”（shahtoosh）披肩。这个名称源自波斯文。shah意为“皇帝”，toosh是“羊毛”的意思，合起来就是“羊毛之王”的意思。由于藏羚羊绒编制的披肩轻如鸿毛，柔软保暖，可以轻而易举地从一枚戒指中穿过，因此，“沙图什”披肩便成为国外上流社会炫耀身份、财富的印章和象征。

在国外一条300克至400克重的纯藏羚绒披肩价值5000至2万美金，超过了等量的黄金价格。

藏羚羊的绒长在它的腹部，要取绒，必须杀羚扒皮。一条女士披肩需要用藏羚绒300到400克，差不多等于3只藏羚羊的性命，而一条男士披肩则要扼杀5只藏羚羊。可以说，西方贵族们宠爱的“沙图什”披肩凝结着藏羚羊的生命和鲜血，昭示着人类的愚昧与耻辱。

盗猎分子们为了贪图暴利不惜以身试法、铤而走险。1995年，就在与阿尔金山自然保护区南部交界的西藏可可西里无人区内，环保卫士索南达杰在与18名偷猎分子的枪战中流尽了最后一滴血。在他的精神感召下，一批环保志愿者成立了“西部野牦牛队”，他们不畏艰难，不怕牺牲的斗争精神震慑了犯罪分子的嚣张气焰。

但是，只要境外“沙图什”披肩的非法贸易不停止，藏羚羊就得不到安宁。北京中国民间环保组织——“自然之友”协会会长梁从诫教授在与冯刚电话交谈时忧心如焚地说，世界自然基金会（WWF）已经将藏羚羊列为世界上9个最濒危的物种之一、世界首要保护的濒危绝种动物之一，“照现在这样，不出20年，中国的藏羚羊将可能永远消失”。而若羌县公安局政委周洪才则认为：“如果照现在这种局面，不出几年，阿尔金山自然保护区的藏羚羊就可能减少到种群灭绝的程度。”

眼睁睁地看着一群又一群藏羚羊遭受血腥屠杀，阿尔金山在哭泣。

正义而善良的人们啊，请举起森林般的臂膀，制止！（2327字）

上面这篇获得当年全国法制好新闻二等奖的特稿其实在发表一个月之前就完成了采访和资料的搜集，为何要在此时刊发？时值国家林业局统一协调青海、西藏、新疆的林业公安同时开展大规模打击非法盗猎藏羚羊“一号行动”，国内媒体纷纷报道，央视每天跟踪报道，此时报道时机性好，能够凸显新闻价值，最大程度地引发受众关注。当时，人们的目光主要聚焦我国藏羚羊最多的青海地区，本文则揭开了被人们遗忘的新疆阿尔金山自然保护区藏羚羊遭到非法猎杀的真相。

记者在写这篇特稿时带着个人浓烈的情感，在写作时仿佛眼前出现了一幕幕藏羚羊惨遭血腥屠杀的场景，内心焦灼，心情沉郁，一气呵成。

从上述特稿可以看出，它主要是由翔实的新闻背景构成的，目的是让受众对新闻的来龙去脉有一个完整、清晰的了解，从而获得立体的、全面的、深刻的全景式感知，获得丰富的信息量和审美愉悦。

特稿还得有比新闻报道更多的消息来源、更多的直接引语、更多的细节、浓郁的人情味。

“最好的特稿都具有兴趣、焦点和目的这三个方面——在表现方式上，不仅适合受众，也适合刊登它们的出版物。”①

该特稿还启示我们，特稿的开头要吸引人，要富有创造性，用最精彩的片段营造一个“磁场”，让受众一见倾心，欲罢不能。

特稿只有借用文学写作手法才能让受众在新鲜、有趣的文字中体验到阅读的快感。为什么文学专业毕业的记者写特稿强过学新闻专业的？与文学修养的熏陶有关，有优美的文笔。特稿写作不同于新闻报道仅仅采用纯客观的平实文笔和严格的倒金字塔结构，它可以有记者主观的情感。比如上述特稿的开头和结尾，就表达了记者炽热的情感。

特稿写作能满足个人化的写作风格，因为特稿不像新闻报道（消息）那样多为一个模式（倒金字塔），它有规范，但没有僵硬刻板的模式，个人的新闻素养、文化素养和写作才情都能够为特稿增加张力，这也是特稿写作的魅力所在。

按照《普利策新闻奖特稿卷》前言：“一篇杰出的特稿首要关注的应该是高度的文学性和创造性。”②

如何做到始终让受众饶有趣味地阅读特稿？戏剧性。戏剧性更多地意味着冲突：人内心的冲突、人与人的冲突、人与事物的冲突、人与环境的冲突……

有一篇特稿导语是这样体现“戏剧性”的：

在星期五的深夜里，一名警方999接线员接到一份报告说，一名醉酒或吸食过量毒品的男子在街道上高声辱骂行人。也许，这是司空见惯的事件，但是，此次事件却格外紧急——一位目击者说，此人带着枪。③

《南方周末》提出了“戏剧性高度集中”的概念：“主题事件化，事件故事化，故事人物化，人物性格化”。④

阅读南方周末的优秀特稿，你会体会到这种“戏剧性高度集中”带给你的新闻文化的审美感受。

以此为参照，《中国青年报》1995年1月6日刊登的李大同策划编辑、记者王伟群撰写的特稿《北京最后的粪桶》（可在网上查阅）虽然长达近8000字，但至今仍然有阅读价值。这篇特稿记录了三个掏粪工人的生活，他们从事的是一般人难以承受的肉体和精神上的负荷，他们有过梦想，有过美好的年华，但是如今当青春老去，韶华不再，他们直面的是惨淡的人生，面对时代的跌宕起伏，他们已经别无选择。这种小人物悲催无奈的生活境遇、无力与命运抗争的残酷现实使得

① （英）苏珊•佩普、休•费瑟斯通著，周黎明译：《特稿写作——从入门到精通》，北京：中国人民大学出版社，2011年版，第2页。

② 南方周末：《后台》（第三辑），广州：南方日报出版社，2010年版，第222页。

③ （英）苏珊•佩普、休•费瑟斯通著，周黎明译：《特稿写作——从入门到精通》，北京：中国人民大学出版社，2011年版，第77页。

④ 南方周末：《后台》（第三辑），广州：南方日报出版社，2010年版，第223页。

每一个读者得以观照自己的人生，他们毫不悲观也不气馁的精神同时也在昭示着千千万万个为理想而奋斗拼搏的人：无论身处何种逆境，决不放弃对生活的向往。正是具有这种内在的戏剧性，使这篇特稿具有磁铁般的吸引力。

当然，特稿并非都要写这么长的篇幅，有节制的写作永远是必要的。下面这篇简练的特稿也是写保护藏羚羊的：

中国高原勇士——野牦牛队

2000年9月8日　来源：《参考消息》

勇士们在极端艰苦的条件下与犯罪分子做斗争，保护珍稀动物藏羚羊，现在他们急需得到帮助。

【美国《洛杉矶时报》8月29日文章】（记者倪菁菁发自中国可可西里）

夜幕降临了。汽车前灯亮了。成百头怀孕的藏羚羊向危险地带狂奔而去。枪声四起。藏羚羊嘶鸣不止。飞扬的尘土染成了粉红色。

偷猎者驱车而去。一头藏羚羊苏醒时已经被剥去了皮，它不住地淌血。

第二天，幼羚羊依偎在死去的母羚羊身边，吮吸着它们冰冷的乳头。这些小羚羊的母亲已经因为珍贵的皮毛而在偷猎者的枪口下丧命。

这种记忆使那些体格强壮的西藏汉子在讲述时泪如雨下。他们因此牺牲了健康的青春，靠干涩的面包和融化的冰水充饥去追捕偷猎者。

这32名保卫即将灭绝的藏羚羊的天使自称为“野牦牛队”，正当传统的英雄主义在追求个人财富的多变社会中迅速消亡时，他们对这种英雄主义做出了诠释。

但同他们竭力保护的动物一样，野牦牛队也面临灭亡。过去的事情一直困扰着他们：数年前，由于急需资金，野牦牛队卖掉了从偷猎者那里找回的一些藏羚羊皮。

这些人像做祈祷那样不断重复着两个人的名字：索南达杰和扎巴多杰。他们是野牦牛队前后两名英年早逝的队长。

自从扎巴多杰辞世后，野牦牛队破获了92起案件，收缴了8601张藏羚羊皮，101辆汽车，114支步枪和半自动武器，以及14万发子弹，并使290名嫌疑分子锒铛入狱。尽管野牦牛队急需枪支弹药——这32人总共仅拥有5支枪——所有缴获的枪支弹药都上交给了国家，正像收缴的藏羚羊皮一样。

野牦牛队现任队长梁银权（音）说：“尽管我们做出了努力，我们只能阻止20%的藏羚羊皮不贩卖到市场上去。照这样的速度，藏羚羊将在8到10年内灭绝。”

野牦牛队的前景也没有任何保证。野牦牛队隶属的治多县非常贫穷，在这32人中，只有8人月收入能达到85美元至146美元。其他都是临时工，每月仅有微薄的32美元。依靠这些微薄的收入，这支队伍在可可西里高原上一片宽广的地带巡逻，这片土地的面积有3万多平方英里。野牦牛队每年大约要走20个来回。去任何地方巡逻一次都要花一周到两个月的时间。仅汽油费和修理费每趟就要花去2000多美元。治多县每年只能提供约3.7万美元，余下的资金来自境内外的私人捐助。今年总共得到约6万美元的捐款。

美联社资深编辑和写作指导雷尼（杰克）•卡彭认为，好的特稿应该“借助色彩、神韵、机智、想象、表现情感的词汇、对话和人物特征来丰富报道内容”①。

上述特稿仅812字，但它的开头采用了电影画面一般的描写，现场感强，句子简洁，语言富有表现力，非常吸引人。视觉、听觉、嗅觉……记者借鉴文学表现手法用描述性文字营造了一个可感的场景，使报道生动而富有情感。

把精彩的片段放在开头！这是本篇特稿给我们的启示。第二自然段至第四自然段有浓郁的情感色彩，体现了人情味。第五自然段是记者的主观情感流露，这在新闻报道（消息）中是不允许的。

美国新闻学家尼尔•高普鲁说：“当你写一个马戏班子的矮子的时候，不必提他的周薪多少，而要告诉读者，在这一切为‘高’人而设的世界里他生活遇到的困难。不要写一个百万富翁如何挥金如土，而写他进餐前看到菜单上的价目时是否面有难色。不要写北极地带到处都是熊和鹿，而写那里的居民如何洗涤衣服。”这段话形象生动地告诉我们在特稿写作中要注重“人情味”。

有一句话说：“1000万个人死亡只是个统计数字，一个人怎么死却可以写成悲剧。”前者是新闻报道，后者就是特稿，它所蕴含的正是“人情味”。本书所选的2008年1月24日《南方周末》特稿《女大学生冷静的回家路》就体现出了浓郁的人情味。在一次考试中，有一位女生看完这篇特稿眼圈红了，因为感情久久不能平静，她连试卷都没能答完。事后，她说：“我太感动了。”

白居易在《与元九书》中说：“感人心者，莫先乎情。”清代的戏剧家李笠翁也说：“言者，心之声也。”特稿需要记者带着理性和情感去写作，需要人文关怀精神。

上述两篇特稿还体现出了一个共性：特稿比新闻更有趣味！

特稿的类型比较丰富，有问答式特稿、人物专访特稿、专业特稿和背景特稿。

（二）新闻特稿与新闻报道的同异

1.相同点

非虚构。新闻特稿与新闻报道一样，都是将客观事实作为其报道写作的本源，都将真实性看作其命根子，“五个W”（Who/When/Where/What/Why）是它们

① （美）凯利•莱特尔等著，宋铁军译：《全能记者必备》（第7版），北京：中国人民大学出版社，2010年版，第123页。

完整报道中共同的事实要素，只不过新闻特稿要多一个“H”，即How（过程）。事实上，在对突发事件新闻的报道上，可以先写新闻，报道动态，事件过程结束时可以写特稿，区别在于后者因为篇幅长，有更为广阔的写作空间，所以在内容上具有纵深感和厚重感，可以全方位、多视角地揭示事件的过程，它其实是一篇扩大了容量的新闻。还有列入特稿范畴的调查性报道也是这样，遵循新闻报道的范式。

奉行新闻专业主义规范。新闻特稿和新闻报道一样，都必须遵循新闻客观、公平、准确、平衡等新闻专业主义的准则。交代具体事实，使用直接引语，提供清晰信源，所有信息在使用前都得到了证实，展现矛盾中方方面面的观点，不偏不倚，用事实说话，使用新闻背景，全面地报道事实。

一个主题。新闻报道与特稿都得聚焦于一个主题，都要围绕主题选材，在材料上进行取舍，交代完整的故事。

2.不同点

（1）要素。在新闻的五个W要素中。“What（结果）”是新闻（消息）最核心的要素，它常常被放在标题里和导语中。而特稿在新闻的五个W要素中，最关注的是“Why（为什么）”——新闻背后的新闻，即新闻背景。在事件特稿中，需要详尽地报道过程，新闻的第六要素“How”（经过）就成为了构成全文骨干的要素。

（2）结构。新闻多采用倒金字塔结构，遵循严格的体式；标题要概括新闻全篇的主要事实；导语必须将五个要素中最重要的一到两个要素挑选出来放在开头以突显其在全篇中的核心地位，且多采用直接式导语，即用最精炼的语言将整篇新闻中最重要的事实用一句话陈述；在导语之后的主体部分、新闻背景部分和结尾部分都要围绕导语的要素进行解释、延伸、补充相关事实；从导语到结尾遵循重要性逐段递减的原则，即“最重要—重要—次重要—不重要”。这种写作的逻辑结构具有超稳定性，因为它按照标准化、模式化的采写流程，具有简洁、迅速、便利、高效的突出优势，能凸显一个“快”字，方便记者写作，也方便编辑删改——从最后一段逆向删节即可。

特稿的开头多采用延缓式导语，结构相对比较灵活多样，没有新闻那样刻板的范式。你可以采用与新闻报道相似的导语，把五个要素都写在导语里，而更多的是用有趣的细节、生动的引语、小人物的故事、个性化的对话、动感的场景、逸闻趣事、民间段子、歌词、经典的戏剧台词、文学名著的经典语言、名人名言、神话传说……只要能吸引住受众又契合特稿主题，导语的风格由记者自己决定。这是写作特稿最有吸引力的地方之一，可以自由展示记者的个性和才华。新闻的结尾最不重要，编辑可以根据需要不用劳心费神地将其删除；而特稿恰恰相反，它是倒嚼甘蔗，越嚼越甜。大多数特稿是以概述或者结论做结尾的，最重要、最精华的内容很可能就在特稿的最后，它恰恰是报道的高潮。

（3）由头。新闻报道讲究时效性，要短要快，新鲜的时间就是它的由头，而且这个由头一定出现在导语里。而特稿的由头并不明显，从开头一直看到第二自然段，甚至看到第四自然段都不一定能看到由头。

（4）时效性。新闻注重新闻价值，以报道事件见长，尤其是关系国计民生的重大事件、突发性事件，用“短、快、新”的新闻及时报道能够在第一时间满足受众的信息需求，所谓“新闻是易碎品”指的其实就是以倒金字塔结构为主、篇幅短小的新闻报道。特稿则不同，一般而言，由于其采访更细致、更深入、更全面，搜集的材料多，写作篇幅较长，需要记者花较多时间构思，时效性不是它的优势，这个风头由新闻报道去争抢。即便是对事件做全景式报道的特稿也无法做到像短新闻那样当天发生的事当天报道，甚至现在发生的事现在报道。本书中所选择的案例《女大学生冷静的回家路》就是一篇新闻特稿，它是在悲剧发生10天后报道的。和新闻报道一样，对于事件报道，各家通讯社和各家媒体将展开竞争，谁先发声谁就占领了舆论的制高点，扩大了品牌影响力，因此，压力逼迫着记者和媒体要注重报道的时机不能错过。与新闻不同的是，事件特稿既要追求采写的效率，更要注重报道的质量，慢一点不会要命，但写得不好传播效果就差了，如本书中选择的关于“五毒书记”张二江的特稿案例就很有说服力。专业类特稿就不注重时效了，它们是软性的新闻，看中的是趣味性和人情味，写得好不好看是关键。

延缓性新闻特稿对时效性的要求要相应“迟缓”，如报道科学、医学、文艺、体育等专业特稿。延缓性新闻特稿何时播发传播效果最好？时机性很重要，当社会舆论关注某一种现象或者某一个时间节点恰好是共同社会经验范围内容易引起共鸣的契机，比如节日期间，人们更关心旅游、休闲、购物、美食、文娱活动等话题，这时播发这些主题的专业性特稿就能取得更好的传播效果。

从开头到结尾，特稿都追求以趣味性的故事粘住受众。

（5）背景。新闻报道和特稿都离不开新闻背景（标题新闻和几十字的简讯除外），所不同的是，特稿对新闻背景的依赖度更大。因为立体的、全方位的新闻背景让长篇幅的特稿生动形象、吸引受众，揭示短篇幅的新闻报道中无法剖析的新闻发生的“原因”或“意义”。

（6）主题。新闻报道主题的内容范围局限于“新闻价值”，而特稿的主题比较宽泛，涵盖任何主题的内容。

（7）标题。新闻报道的标题是对主要新闻事实的具体概括，属实标题。特稿标题比较灵活，新闻事件特稿标题也可概括新闻事实，许多特稿标题用文学化的表述，隽永深刻，耐人寻味，凸显人情味，有的也在虚标题下配一个具体的实标题做副标题，对主标题进行解释、说明。特稿还可以用古典诗词、名人名言、主人公的引语做标题。

（8）观点与情感。从标题到结尾，新闻报道只叙述事实以彰显其客观性，记者自己的观点和情感都要摈弃不用，如果事件结果有争议，记者应不持立场，全面地呈现事实。特稿不同，它可以在客观、准确、全面地报道事实的基础上，允许记者个人的情感和观点自然而然地流露。特稿写作带有个人的鲜明的风格，它用故事让受众去感受、去分享人类的丰富情感，如冲突、刺激、愉悦和绝望。

（9）新闻价值。新闻报道的传播效果取决于新闻事实本身的价值，如重要性、显著性等，新闻报道长于写事。事件特稿也考虑新闻价值，但特稿更多地应用戏剧性、情感和人性背景等素材，以趣味性、文学性的写作体现比事件本身更重要的人情味。特稿可不必遵循新闻价值的戒律，比如写小人物的故事。特稿擅长全景式地透视事件，既擅长对复杂事件的完整挖掘多角度透视，也擅长对人物故事的深入报道。

（10）人称。新闻报道用第三人称显示客观；而特稿除了采用新闻的第三人称，还可以采用第一人称、第二人称。换句话说，新闻报道中记者不要用"我"，诸如"我校""我市""我区""我国"等表述都是主观的，都应从新闻报道中删除；而特稿不受此局限。

（11）信源。新闻报道一般为显示客观性，得使用至少两个信源，也有单一信源的新闻，如公众人物说的新观点甚至"雷人"的话概述一下就是新闻。特稿一般采用多信源，尤其是调查类特稿，有的甚至有十多个信源（专访式特稿例外）。

（12）直接引语。新闻报道的直接引语少而精，有的全篇仅用简短的一句话。特稿的直接引语则丰富细腻得多，有完整句子，也有整个段落，或多个段落的对话，甚至有全篇用直接引语构成的特稿。它们的要求相似：采访对象个性化的表述，或情感，或观点。

（13）细节。新闻报道囿于篇幅所限，往往用最简洁的语言呈现具体的事实，即便是描写场景也如同绘画的速写一般，聊聊几句勾勒要点。特稿因篇幅长，必须用细致、精确的细节激发受众的阅读兴趣。对典型场景尤其需要用文学语言精雕细刻，凸显"听觉""嗅觉""味觉""视觉"以刺激并唤起受众的联想，让报道栩栩如生。

（14）情节。新闻节奏快，不能拖泥带水，必须干脆利落，竹筒倒黄豆，限于叙事框架无法展开紧张曲折的情节，主要是陈述具体的事实。特稿则相反，高明的记者会借用文学的技巧，控制节奏使之张弛有度，收放自如，用冲突性的情节营造千回百转的戏剧效果，让受众痴迷留恋，欲罢不能，感受到"曲径通幽处，禅房花木深"的意外，或"山重水复疑无路，柳暗花明又一村"的惊喜，或"飞流直下三千尺，疑是银河落九天"的震撼，或"泪飞顿作倾盆雨"的伤感。

（15）修辞。新闻报道主要用消极修辞，语言文字直白、平实，不张扬不夸张，注重客观、具体、准确、公正、平衡。特稿的语言文字以消极修辞为主，以凸显主观和抒情的积极修辞为辅。

（16）语言。新闻报道的语言要求直接、简明、连贯，不带情感因素。特稿语言也要简洁，但它在风格上“要求作者充分发挥想象，并创造性地使用语言，激发读者的好奇心，令他们目瞪口呆，勾起他们的疑问，甚至让他们大笑或哭泣”[①]。写好特稿的前提是有扎实的新闻报道写作功底。

要写好新闻特稿，唯一的笨办法就是像小蜜蜂一样勤奋，多采访一些人，获得最丰富的信源、最鲜活的细节，敏锐地观察到现场的蛛丝马迹，对背景了然于胸。

综上所述，写作特稿不像写作新闻报道那样恪守对事实纯客观的呈现、刻板地按照倒金字塔结构模式写作，而是能够发挥记者的综合素养，讲故事的技巧、新闻修养、文学素养、优美的文笔……“撰写特稿的新闻工作者具有较大的自由，可对作品的风格进行试验，而且，新闻工作者也经常在报道中出场。”[②]特稿对于颇具写作才能的记者而言更具有充分发挥自己才华的空间。

（三）特稿的结构

特稿写作要对受众有强烈的诱惑力。这个诱惑力其实贯穿特稿采访写作的始终。

特稿线索有时是从其他媒体的新闻报道中发现的，记者的经验会帮上忙，透过信息现象能够联想到它背后蕴含的更深邃、更有趣、更有价值的潜在信息，挖掘下去也许发现的是金元素含量丰富的金矿。

通过深入、全面的采访，挖掘出大量准确而充足的事实材料、丰富的细节和感人至深的人情味故事，这是特稿写作的第一步。

在写作前，英国记者萨利•亚当斯建议，你先想清楚以下几个问题：

（1）“你找到的最令人吃惊的事实？

（2）你要披露的最佳轶事？

（3）最令人吃惊的事件？

…………

1.开头：作为导语，其主要目的是吸引住受众的目光，读完导语后还想读下去。“与新闻报道不同的是，特稿的导语可以旁敲侧击，可以迂回，可以选择一条从容不迫、景色宜人的路线通向目标。只要读者跟得上这个旅程。”特稿可

① （英）托尼•恰尔卡普著，周黎明译：《新闻工作——从原则到应用》，北京：中国人民大学出版社，2011年版，第243页。

② 同上。

用细腻的场景描写（见上述案例）、用欲罢不能的新闻悬念、用精彩的直接引语……也有开宗明义的特稿开头，类似于新闻报道（消息）那样。

美联社记者切尔西•J. 卡特在特稿《17分钟：一次成功的营救》的开头使用了描述型导语，镜头语言表现“画面”，也营造了一个悬念：

在一个池塘里，一辆车正在缓慢下沉，车里困着4岁的莱恩。在冰冷的水中，一名男子游到了车后窗，用力地想要砸碎玻璃……

和莱恩一样，那些想要救他的人自己也遇到了麻烦：一名女子脸朝下浮在水面上；另一名男子已经沉到了水里，毫无知觉：一名警察正在努力地拨水，想要浮出水面……

莱恩紧紧地抓住了座椅的靠背。他的手指早就被冻得毫无血色。

这时，水已经快淹到她的脖子了。①

还有一种常用的开头笔法，记者把受众“带到”现场，从具象的场景为起点，用微小的现场细节描写着笔，这是特稿最常用的开头笔法。如法国《世界报》2001年3月16日特稿《日本流浪者：一个新的落魄群体》的导语：

他勉强弯下腰去，从马路上捡起一个还没完全熄灭的烟蒂一边吸一边嘟囔着：“这太可惜了。”他戴着头巾，从下巴围到头发稀疏的头顶，以抵挡冬夜的寒气。这种打扮使他显得像一个老年妇女。他衣衫褴褛，面容憔悴，步履艰难地随着人群往前走，边走边对我说：“我参加过大阪的建设。”说到这里，他停下来转过身加重语气接着对我说：“那并非不值一提！”他说这话时眼睛里隐约透着一丝自豪。②

其实，特稿的开头是多样化的，你可以用专家的口吻，如美国华尔街日报网站2011年4月18日报道《中国需求重塑美国核桃行业》（记者戴维•韦塞尔）导语（这种开头多用于新闻价值重要的严肃类新闻特稿）：

山核桃（又译碧根果——本报注）可以说是最能代表美国的特产之一了。华盛顿和杰斐逊都种过它。它还是阿肯色、亚拉巴马和得克萨斯州的州果。世界上大约三分之二的山核桃产自美国，而其中大部分也都由美国人自己吃进了肚里。

多年来，山核桃的价格一直与产量成反比。最近，其价格却一路攀升。美国农业部说，去年，一磅带壳山核桃的平均价格是2.14美元（1美元约合6.53元人民币），比3年前几乎翻了一番。③

以博学多才的朋友口吻（传播知识或经验的专业性特稿），如纽约时报网站

①（美）杰里•施瓦茨著，曹俊、王蕊译：《如何成为顶级记者——美联社新闻报道手册》，北京：中编译出版社，2003年，第160页。
②《参考消息》，2011年4月13日。
③《参考消息》，2011年4月20日。

4月11日报道《中国人重新热衷学习中国传统古乐器》：

虽然为知音离世而摔琴的俞伯牙早已作古，他在音乐方面的后继者却有充足的理由变得同他一样愤怒。在21世纪大部分时间里，古琴，这一孔子偏爱的乐器失去了能理解它的听众，与从西方舶来的钢琴和小提琴这些更华丽的乐器相比，古琴黯然失色。

然而，经历了几十年的沉寂之后，古琴正在振兴自己的地位。这多亏了中国重新兴起的传统文化热以及政府助推传统文化的种种努力。①

以用闲谈逸闻趣事的口吻（报道事件等特稿），如德国《明星》周刊2005年12月19日报道《乌镇：感受得到风水的地方》（记者阿德里安•盖格斯）的导语：

身穿青花布上衣的孙，把头巾扎在脑后。在中国南方长江流域的乌镇，数百年来女子都是这种装束。孙把面粉、白糖、芝麻和花粉和成一团，切块，然后用纸包起来。她告诉我们，这种叫“姑嫂饼”的乌镇特产有一个典故。从前，开糕店的人家只将秘方传给儿媳。女儿出于嫉妒，把盐洒在嫂子和的面里。没想到这样做出来的糕点味道反而更好。从此，这种点心就得名“姑嫂饼”。②

2. 中间部分：特稿的文章中间部分内容应扎实、厚重，在中国传统写作中它被比喻成“猪肚”，十分形象。西方记者的经验是：“事实”“引语”“描写”“逸事”“观点”“分析”这几项内容或部分或全部地呈现在特稿的中间部分，而且它们彼此之间交叉使用。

（1）事实：用事实来表现主题是它与新闻报道（消息）所必须遵循的法则。只不过因为篇幅的容量大，特稿的事实更为全面、立体、丰富。特稿《藏羚羊面临灭顶之灾》除了采访关键信源，搜集了大量的新闻材料外，还通过环保热心人士获得了足够多的相关期刊、书籍、图片、日记等各类资料，记者自己也查阅了相关报道并从中摘录了有用的事实。总之，特稿需要比报道出来多得多的材料准备，新闻当事人、目击者、现场、各类媒介公开的报道、图书馆里的书刊资料、民间传说等等所有相关的材料都要尽可能多地获得，写作时才能够不愁素材，从容筛选，游刃有余。

（2）引语：采访中要特别注意采集人物精彩的、带有个人强烈个性化色彩或情感色彩的直接引语。它能够使你的报道更真实、更有权威性、更生动、更有表现力。《中国高原勇士——野牦牛队》中引用了时任野牦牛队队长梁银权的一句话：“尽管我们做出了努力，我们只能阻止20%的藏羚羊皮不贩卖到市场上去。照这样的速度，藏羚羊将在8到10年内灭绝。”

这句话的表现力是令人震撼的，它警示我们：赶紧行动起来，保护藏羚羊，

---

①《参考消息》，2012年4月13日。

②《参考消息》，2005年11月8日。

不然可能来不及了。它代替记者表达了内心的焦虑和挣扎，发出了绝望的呐喊，又比记者自己说更有说服力，唤起受众对报道主题的关注和深思，潜在信息蕴含的冲击波十分强大。

深入采访、倾心交流、凝神聆听方能捕捉有色彩的引语。

（3）描写：用仿佛可以“看到”“听到”“嗅到”“触摸到”的镜头语言把受众带入恍如置身现场的感觉，让受众自己去对这些栩栩如生的场景发表观点而不是由记者用形容词、副词等堆砌出来的叙述硬塞给受众，这样的写作才能够滴水穿石，打动受众并像磁铁一样吸引住受众，获得你所期待的传播效果。让语言有生命的灵动，让事物变得鲜活可感，这就是描写的力量。上述案例中都呈现了描写的笔法：用动词、用短句，将观察到的现象用镜头语言记录下来，把记者看到的现场精确地传达给受众，让他们带着浓厚的兴趣自己去感知，特稿就成功了。

美国名记者威尔•柯里姆斯说：“最好的写稿人总是把报道写成似乎可以触摸到的有形物体。如果你不这样做，那么你写的报道就会变成过眼烟云。读者也就感觉不到它的存在。”在特稿写作中，没有好细节，特稿就会索然无味，毕竟特稿有好几千字的篇幅，没有细节营造的兴奋点，受众很难有耐心把故事看完。

普利策奖得主斯特兹•特克尔《劫后人语——第二次世界大战亲历者访谈实录》中有这样一个细节：

我看见过一个蹲着的日本机枪手，被我们的勃朗宁自动步枪手打死了，连天灵盖也给揭了。那天下了整整一夜的雨。不知道为什么，这个人竟然没有倒下去，两只胳膊耷拉在两边，眼睛瞪得老大。下了一夜的雨，他的脑壳里积满了雨水。当时，我正垫着钢盔在四下张望，等着来人换班。我看见我的一个伙伴从三英尺开外往那脑壳里扔珊瑚石块，扔进一块，就溅起一片水花，这使我想起小男孩往水坑里扔石子的情形。①

这段话极富表现力，用简单句、用动词描绘了一个有震撼力的画面：一个日本军人蹲着死去了、天灵盖掀开了、两只胳膊耷拉在身体两侧、眼睛圆睁着、脑壳里积满了雨水。这些干净而生动的句子令人“看到”了现场的情形，是“视觉描写”。接着，作者又提供了“视觉描写”和“听觉描写”：一个美国大兵朝死去的日本兵脑壳里扔石块，溅起水花。我们读到这里，不仅“看到”了现场的画面，而且还仿佛“听到”了现场的声音。

令人赞叹的是，整段话没有多余的字。其中，两次提到了“雨”：“那天下了整整一夜的雨”，“下了一夜的雨”。为什么作者要在惜墨如金的语言中不厌

① 南方报业传媒集团新闻研究所主编：《南方传媒研究》（第28辑），广州：南方日报出版社，2011年版，第28页。

其烦地说两次“下雨”的事？其实这里面是有匠心的。由于日本兵天灵盖被打掉，而天在下雨，才会脑壳里积满雨水；而由于下了一夜的雨，地面泥泞，美国大兵才会垫着钢盔站着，既有为恶劣天气所困扰、渴望换班同伴到来的急切心理，也是为了防潮，地面有雨水。也正是这样的铺垫，结尾说美国兵朝日本兵脑壳里扔珊瑚石会溅起水花才不让读者费解。该细节每一句的衔接和逻辑十分缜密，丝丝入扣，表达准确、清晰。

这段话洗练而传神地把读者带到了硝烟弥漫的战场，精确而细致地借助画面的呈现拨动了读者的心弦，形象地揭示出战争的残酷和野蛮，最后一句“这使我想起小男孩往水坑里扔石子的情形”令人震惊，让人深思：战争让人失去了人性，对生命的轻视宛如小孩子玩游戏一样！

特稿这样的长新闻如果没有上述这种冷静、准确、细腻、生动的描写，作品就会索然无味。

让受众的听觉、视觉、嗅觉等都从你的文字中受到刺激，形成“条件反射”，仿佛身临其境，感受到现场的场景，这样的段落肯定会使特稿有可读性。

1942年11月，苏军在斯大林格勒以南地区与德国军队激战。电影制片人多夫仁科当时曾与赫鲁晓夫一道视察过战区，他描述了他们两人目击的一幕：

一架飞机躺在路上，仍然在燃烧着，由于爆炸，不到半个小时就再难觅其踪影了。在飞机旁边躺着飞行员——失去了双腿，已经被烧成炭黑，露出了森白的头盖骨，身边没有武器。裸露的白骨从他的肩膀处突出出来。副驾驶被抛到了很远的地方。他的脑袋被炸裂了，有一半已经不知到什么地方去了，粉红色的脑浆流了一地，尸体躺在收割后的庄稼地里，上面爬满了硕大的绿头蝇。我掀开盖在他脸上的衣服，看见他的前额有一个血已经变为黑色的窟窿。脑浆就是从这个窟窿里流出来的。①

多夫仁科的描述精确而形象，令人仿佛看见了战争的残酷场景。作为一名电影导演，出于职业习惯，他的描述如电影画面一般直观、真切，用动词和短句富有表现力地呈现了细节，用声音与色彩构筑了栩栩如生的现场，值得新闻人学习和借鉴。

（4）逸事：等同于“轶事”，即不见于正史记载的事迹，如奇闻、不可思议的事、闻所未闻的事。它经常与“奇闻”搭配使用。美国《纽约时报》2006年12月19日刊发记者吉姆·亚德利撰写的特稿《北京百姓市场买大白菜：价钱还行》的中间部分就体现了采撷逸事的技巧：

大白菜和老年人是北京街头一景，他们因冬天而走到一起来。过去白菜在每

①（美）陶伯曼著，王跃进译：《赫鲁晓夫传》，北京：中国社会科学出版社，2009年版，第173—174页。

年的11月上市。在寒冷的冬天，北京人把白菜放在屋顶上或窗台上储藏过冬，一直到来年春天。白菜和萝卜是人们厨房中的常备食品，它们见证了20世纪五六十年代中国的贫困和饥荒。

然而，如今北京的冬季市场上充斥着各种蔬菜、水果和肉类，大白菜魅力不再——除了对老人之外。

黎明前在老鼓楼市场上等候领白菜的队伍代表着两种利益的结合：市场经理免费发放白菜来吸引领退休金的老人，同时也希望这种壮观的场面能引起年轻人和早晨去上班的人的好奇心。68岁的退休教师张屏生（音）说："这是一种双赢局面，菜市场省去了打广告的费用，我们不用花钱买白菜。"

因为今年农民手中的白菜多，11月北京白菜价格跌至几年来最低水平，在菜市场上买一棵白菜只要几毛钱就够了。即使如此，当这家菜市场11月底推出白菜促销活动时仍然吸引了很多人，排队队伍很快延伸到两座天桥下，甚至越过了一家豪华饭店。菜市场小贩李宝（音）说："如果市场免费发放鱼或鸡蛋的话，队伍会一直排到前门去。人们半夜就会来排队了。"

对每天来这里排队等候的几百号人来说，早市已经成为他们生活的一部分。他们冒着凛冽的寒风来等白菜是出于生活的需求、习惯、无聊和渴望与人交往的心理。有的人已经退休了，有的在日新月异的经济变革中丢了工作，还有人靠微薄的退休金过日子。

退休教师张先生说，免费白菜"不能真正解决你的基本生活问题，但至少能起到一点帮助"，"领免费白菜不会让你致富。我的生活属于平均水平。我们不担心没有食物吃或没有衣服穿，属于吃不撑也饿不着的那种"。

很多退休的北京人收入有限，闲暇时间却不少。对他们来说，在菜市场上排队等白菜的几个小时不无乐趣。一位不愿透露姓名的男子说："能不能领到白菜不重要，天气不错，反正我也没什么事可做。"①

（5）观点：特稿不一定非得表明观点，但特稿可以根据文风、主题、出版物的需要阐述记者的观点。在本概论开头关于保护藏羚羊的两篇特稿都呈现了作者的观点。

（6）分析：专业类特稿比如经济报道或法制报道等需要记者对行业领域的现状剖析原因，这就需要记者提供分析性文字，目的是使报道更加深入，不仅仅满足受众对事件进展的信息需求，还有释疑解惑、从现象到本质的视角。美国华尔街日报网站2011年4月18日刊登的特稿《中国需求重塑美国核桃行业》（记者戴维•韦塞尔）就在中间部分对山核桃在中国受到欢迎，价格一路上扬的原因提

①《参考消息》，2006年12月26日。

供了分析：

多年来，山核桃的价格一直与产量成反比。最近，其价格却一路攀升。美国农业部说，去年，一磅带壳山核桃的平均价格是2.14美元（1美元约合6.53元人民币——本报注），比3年前几乎翻了一番。

5年前，中国还不怎么进口山核桃。2009年，中国购买了1/4美国产的山核桃，而且此后需求一直没有衰减的势头。

在北京三元桥附近一家超市，退休教师刘伟（音）正在购买一袋260克的美国山核桃，价格为38元。“以前我们只吃核桃，后来在电视上看到说山核桃比核桃更有营养。”她说。

山核桃提供了一个有关中国如何重塑其贸易伙伴整个行业的典型案例——而这并不仅仅是靠出口低劳动力成本的产品。

根据美国商务部的统计，去年，中国用来购买美国产品的每5美元中就有近1美元花在食品上，总额达到了166亿美元。美国对中国的出口在2005年到2010年间翻了一倍还多。粮食和加工食品——大豆、奶制品、大米、果品——的出口量更是增加了两倍多。山核桃的出口量增加了20倍还多。

“我们的行业出现了什么变化?”第二代山核桃商人乔治•马丁说，“中国人来了……他们要得越来越多。”

变化很简单。“我们的供应有限，需求却似乎变得无限大。”山核桃种植者兼商人托马斯•史蒂文森说。结果肯定是要种更多的树，不过一棵山核桃树长大结果需要8到10年的时间。

现在，山核桃农的日子很好过，以目前的价格，他们每年要生产价值5. 5亿美元的山核桃。

中国商人一般是在美国购买带壳山核桃，运回中国后用手工砸开，再经过腌制烘烤后以开口核桃的形式出售，在中国的新年里这是很受欢迎的零食。

美国中间商抱怨说，把这么多优质的山核桃卖到中国——中国人都要最大最好的——会使国内和欧洲市场受到影响。因此他们会控制订单。中国的应对方法是直接找果农购买。

由于中国需求量巨大，其他市场的出口受到了排挤。一些国内买主都很难买到想要的产品。①

…………

3. 结尾：特稿的结尾部分常常是其全篇的精髓所在，是故事的“高潮”，这一点是它与新闻报道（消息）的差异所在。

除了有吸引力的开头、有戏剧性的主体，好的特稿还得有耐人寻味的结尾。

①《参考消息》，2011年4月20日。

1967年5月，《华尔街日报》向战火纷飞的越南派出在国内表现平平且缺乏国外经验的记者肯恩。时年27岁的肯恩特立独行，他不受每天截稿时间的约束，有时间深思，有时间徘徊自问，他设身处地，从受害者的角度报道战争，控诉战争。肯恩的报道，充满悲天悯人的情怀。他以淳朴细腻的手法，表现身陷战乱中的人的勇气、空虚与无助。他写过一篇《德克托战役的价值》，结尾耐人寻味：

一位年轻的医护兵理查•克拉默坐在八七三高地的顶上，四周全是炸毁烧黑的树桩，余烟袅绕，灰烬遍野，弹坑处处，满目疮痍。装备杂物散乱一地，尸体多过活人。"这场战争对远隔重洋万英里之外的美国重要吗？我们的后代会在历史上看到八七三高地之战的记载吗？"他讽刺地问道。

八七三高地之下，直升机忙着卸下装备、尸体与伤兵。钢盔、武器与装备堆积得犹如金字塔，塔顶上有一本血渍斑斑的平装书本——《如何预备上大学》。①

这段结尾用白描手法展示场景描写，极富视觉冲击。直接引语追问这场战争的价值和意义，叩问灵魂，直面现实。最后一个细节将这场战争的悲剧结局推向了高潮"塔顶上有一本血渍斑斑的平装书本——《如何预备上大学》"。这个细节太刺激人的感情了！残酷、冰冷的描写中隐含着记者的激情与悲愤：究竟是谁把这些梦想着大学殿堂的青年葬送在了异国他乡？！读完这句话，令人忍不住掩卷沉思，久久难以忘怀，心情愈发沉郁！随后是对越战的反思与诘问。

特稿结尾最常用的有三类：

（1）前后呼应型：这样的结尾会提醒读者，让他们记住故事的中心思想或者关键元素。

如2013年6月11日《参考消息》特稿《中国矿工加纳淘金梦成泡影》（译自英国金融时报网站）的开头是：

当温海建（音）去年5月20日离开家乡去加纳淘金时，他发誓要衣锦还乡。这些梦想如今化为泡影，他的骨灰盒上个月被送回家乡。

这是一个华尔街日报式的特稿开头，从微观具象的小人物故事入手。其结尾往往呼应开头：

温海建的妻子现在终日担心她如何能够归还丈夫为采矿所借的20万元贷款，以及如何独自抚养两个小孩。

（2）展望未来型：这是一种自然的结尾，是对整个故事的补充，其特点是发人深思。如2013年6月17日《参考消息》特稿《21世纪的鼹鼠们》（译自美国《时代》周刊）对美国29岁的前美国国家安全局技术分析员爱德华•约瑟夫•斯诺登6月6日潜逃香港，揭露美国历史上最重大的高度机密窃取活动的报道结尾：

①（美）弗朗西斯•迪利著，张连康译：《华尔街日报》，北京：企业管理出版社，1999年版，第24页。

与此同时，随着年轻人在互联网叛逆文化中长大成人，随着像斯诺登这种有原则的殉道者激发民众的无限遐想，发生更多泄密事件的威胁可能会增加，蒙特利尔麦基尔大学的教授加布丽埃拉•科尔曼即将写完一本关于“匿名者”组织的书，她说：“这些反响通常会引起政治运动和献身精神的深化。我觉得我们正处于这种新时代的起点。”

（3）展开拓展型：在故事的结尾，给读者介绍一个新的、不同的元素，值得读者深思的新东西，让他们的视野瞬间扩大。[①]如上述特稿《德克托战役的价值》的结尾。

综上所述，特稿分为一般特稿和专业特稿。与新闻报道不同的是，特稿因为篇幅长，占用版面多，为避免枯燥乏味，还应配有图片、地图、插图、图形等减少受众阅读迷雾的辅助材料，同时美化版面，减弱受众的视觉疲劳。对于专业的特稿，如涉及医疗、美容、体育、文艺等专业领域特稿，牵涉到专业知识，受众难以理解的，形象化的图形解释或者漫画有助于提升特稿的传播效果。

特稿需要记者采访更为细致、周到、深入、全面，除了提问中不断求证、质疑、追问，还原事实真相，还得观察现场，搜集丰富的新闻来源，挖掘出完整的故事，采集到个性鲜明的直接引语，引用足够多的新闻来源。

“唯一把特稿做好的方法，就是要采访更多的人。”[②]

①（美）威廉•E. 布隆代尔著，徐扬译：《〈华尔街日报〉是如何讲故事的》，北京：华夏出版社，2006年版，第142页。

②（英）苏珊•佩普、休•费瑟斯通著，周黎明译：《特稿写作——从入门到精通》，北京：中国人民大学出版社，2011年版，第68页。

二、案例对比与解读

（一）突发性新闻特稿

（原稿）

安徽女大学生冷静之死追踪

2008年1月22日 8:57　来源：《长江商报》　作者：刘渐飞

1月13日，安徽芜湖安徽师范大学外国语学院大三学生冷静（音）在芜湖火车站在拥挤的人流中被挤下站台，被还没来得及停稳的火车当场轧死。20日，冷静的遗体在芜湖市殡仪馆火化，其家属和铁路方面也达成了相关的赔偿协议。

目击者：人潮涌动酿悲剧

网友"蔷花红莲沼泽魅"在天涯论坛社区描述了事件经过：1月13日，宁波开往阜阳的5082次硬座普快上基本没有座位。16时55分，检票口开放，人流飞快地向站台涌去。当火车在站内滑行而没有完全停车时，可以看到车上已经爆满，此时站台上开始有人喊："怎么不停车""不会不让上车吧"，引起人群骚动，人们开始大股向前涌动，有的人开始拍打车门，而此时列车还在前进。

突然，前方有女人开始尖叫，随后一片混乱，有女孩子大哭：车下有人！人群还在向前涌动，直到有一名乘务员匆匆跑过，向下一节车厢的乘务员大喊："向后传话，车下轧死人了，马上控制人上车！"人群瞬时陷入寂静，几秒钟后，站台上如同炸窝一般。

"死者是安徽师大外国语学院大三的学生冷静。"这个帖子在安徽师范大学的论坛贴出后，跟帖的网友透露了死者身份。

虽然不接受记者采访，但校方两名工作人员都承认学校有学生出了事。"死者一直都是一名很优秀的学生，今年的综合测评，她排在全年级的第八名。"一名知情者告诉记者。1月14日，也就是冷静出事后的第二天，她的父母及亲属以及她中学时的老师大约有20多人都赶到芜湖。这个消息也得到安徽师大宣传部一位工作人员的证实。

火车站：公安在调查，细节不便透露

芜湖火车站马站长表示：确实有一名女学生在车站出了事情，事情发生的具体经过及相关细节，公安刑侦部门正在调查取证。车站方面正与学生家长积极商讨善后有关事宜，肯定会积极处理，但目前有关商讨正在进行当中，细节不便透露。

当记者问到13日当天车站的乘车秩序时，车站是否超载，是否安排足够的人手保证寒假回家学生的乘车安全时，马站长并没有正面回答。

■相关新闻：长沙百余有票学生被赶下火车

冷静的事情还在处理当中，在湖南长沙百余学生有票却被赶下车的事情也引起网友对春运安全的热议。湖南农业大学一名学生与其他百余名同学在搭乘九江开往邵阳的N603次火车回家，可就在要上车时，却无端地被列车员给赶了下来，集体滞留在长沙火车站。面对被滞留的学生，事后一位负责人解释说人员超载是造成学生们没有上车的原因。“整趟车共卖了1000多张票，但当时人员确实非常拥挤，近一半乘客没上得了车。”他说，这种严重超员的现象多发生在过路车上，因为车在到长沙站之前就上了太多没票的乘客，以至于没有腾出长沙站预留的车厢，这才造成了长沙站的这批学生无法上车。同时他表示，正想办法积极采取补救措施，下趟车一定优先安排这群被延误了的乘客上车。

■网友声音：铁路超载是拥挤主因

一名宁波网友说：火车票的发售量是根据列车有效载荷来定的，绝对不会超载，除非过量发售关系票。“让过路车太挤的直接原因是谁？”“芜湖火车站管理混乱，车没进站，乘客已进去了，导致火车没停，人群已挤向火车门，这是主要原因。”有网友说。

有评论说，超载，对于铁路部门来说是大好的创收时机，一列火车，多一个人就多一分利润。并且无论座票、站票还是学生票，都是一个价，反正铁路超载没人管。这也许是导致冷静死亡的主要原因。

“女大学生被火车轧死”追踪二
车务段称大学生不慎跌下站台被轧死，赔偿数额可能为17万元左右

13485853553。

这是女大学生冷静的手机号码。昨日，记者拨打这个号码，语音提示“已关机”。这部手机如今作为证据躺在铁路公安部门的证据库里。手机的主人已经死了一个星期。记得住手机号码的是她的父母，正在芜湖以泪洗面。

1月19日，记者前往安徽芜湖，还原冷静被火车轧死的全过程，探究善后处理的最新进展。冷静的父亲冷恩来昨晚告诉记者，今天有望达成最终赔偿协议。家属昨日已为冷静换上了一套新衣服，正商议火化的具体日期。

铁路部门已将芜湖火车站站长、值班副站长及当日值班员进行撤职处理，该站新任负责人已经到位主持工作。

【处理】芜湖火车站三人被撤职新负责人已到位

1月19日，记者从上海铁路局芜湖车务段获悉，13日女大学生冷静在安徽芜湖火车站掉下站台，遭火车碾轧身亡一事，铁路部门已做出初步处理：对芜湖火

车站站长、值班副站长及当日值班员撤职处理。

芜湖车务段一名相关负责人昨日告诉记者，目前，下辖的安徽芜湖火车站新的负责人已经到位，但还没有正式发文任命。但新任负责人要把有关工作先抓起来再说。

“17日晚，上海铁路局做出决定，对芜湖火车站站长、值班副站长还有值班员进行撤职。”上海铁路局芜湖车务段相关负责人表示，女大学生冷静掉下站台遭火车碾轧身亡一事发生后，铁道部及上海铁路局均高度重视。

事发后，上海铁路局派出调查组进驻芜湖火车站。经初步调查决定，对上述三人进行撤职处理。此外，针对遇难者家属的善后赔偿工作亦已展开。

据悉，事发后，铁道部当即要求严肃处理。在17日晚举行关于2008年春运的紧急电视电话会议上，铁道部部长刘志军反复强调，确保运输安全是春运的重中之重。

【赔偿】正在谈遗体火化事项可能获赔17万左右

据了解，此事的善后处理工作已展开。

冷静的父亲冷恩来介绍说，目前，铁路方面答应按照国家规定赔偿。“我们不会过多提经济上的要求，已经和铁路方面在谈火化冷静遗体的相关事项。”

记者了解到，目前，铁路和家属双方还没有就赔偿达成最后协定。截至昨天，家属方和铁路方已经展开了5轮磋商。

据曾参加第四轮磋商的刘先生介绍，当时所称赔偿金额可能在15万元左右，再加上冷静生前购买了2万元保险，共可获赔偿17万元左右。

【争议】是不慎失足还是被挤下站台?

1月13日，距2008年春运10天，安徽师范大学外国语学院大三学生冷静死在火车下。

“1月13日那天，像今天（1月19日）这样，雪花飞舞滴水成冰。芜湖长江大桥被迫封闭，导致火车站客流量剧增。”芜湖车务段一名相关负责人说，种种原因累积在一起，最终导致惨剧发生。

目前，各方可以肯定的是，冷静是被火车轧死的。然而，她究竟是自己不慎掉下站台的，还是被杂乱无序的人群挤下去的？截至昨天下午，目击者、死者家属和铁路方面的说法，并不一致。

家属和部分目击者认为：冷静是在芜湖火车站，被拥挤的人流挤下站台，从而被未停稳的火车轧死的。

综合冷静的母亲陈敏等亲属的说法，1月13日下午，冷静前往芜湖火车站一号站台，准备乘坐宁波开往阜阳的5082次火车。5082次硬座普快由于是过境车辆，基本上都没有座位。事件发生当时，芜湖火车站一号站台约有500多名等待5082次火车的乘客，其中有90%为在校大学生。

火车原定于当天17时5分从芜湖站开出。16时55分，广播中开始播音：5082次即将进站，停靠一号站台。人群开始涌动，约一分钟后检票口开放。约半分钟后，列车从东进站。当时火车在站内滑行而没有完全停车。这时，冷静拖着行李准备往车上走，但被后面的人群挤下站台，结果被火车轮子轧死。

但芜湖车务段相关负责人昨日介绍，由于火车没停稳还在继续滑行，冷静和人群一起跟着火车往前奔跑，不慎摔下站台被火车轧死。记者昨日拿到一份铁路部门对此次事故的材料——《芜湖车务段积极妥善处理旅客伤害事故》。该材料称：1月13日16时55分，宁波至阜阳5082次列车进入芜湖火车站尚未停稳时，发生了一起旅客随车奔跑不慎跌下站台，被5082次列车碾压，经抢救无效后死亡的事故。

【探访】芜湖火车站加强控制客流

同样风雪交加的天气，同样庞大的学生客流。

1月13日的事故发生后，有人质疑火车站将大量没买票的乘客放进站内，引发拥挤进而发生事故；还有人认为站台上根本没有工作人员维持秩序……

芜湖车务段相关负责人昨日承认：火车站确实存在管理上的责任。今后将加强整改。

昨日中午，记者来到芜湖火车站，见对客流的控制十分严格。乘客上车必须过三四道关卡：凭火车票进入候车厅后，再到进站口。数名身穿铁路制服的工作人员和几名衣服上写着“青年志愿者”的年轻人严格把关，将一群学生客流挡住。“人已经满了，不能再进去了！”面对工作人员的解释，这些学生最终理解并三三两两地离开。

走上站台，一辆列车停在那里，下面数十名乘客正在排队。每列队伍前都有2名以上铁路工作人员和2名以上民警。

“1月13日出事后，火车站明显加强了乘客上车的防范措施。”熟悉火车站情况的一名当地人介绍。

“火车站新的负责人到位后，采取了一系列整改措施，要严抓管理，保证广大乘客的安全！”芜湖车务段相关负责人说。

而对于安徽师范大学，这起事故也给学校敲响了警钟。连日来，该校主要负责人连续召开数次会议，要求加强学生寒假期间安全工作。去年12月27日，该校专门下发《关于学期结束寒假期间学生交通安全的通知》，要求学生一定要注意自身安全。昨晚，安徽师范大学学生处汪处长告诉记者，在此次事件中，学校应该说没有责任，但会出于人道主义原则给予冷静的家属以抚慰。学校此前已经尽到了教育、警示的责任。据汪处长介绍，铁路部门和家属已经达成了初步一致。

不让其他父母遭失子之痛 冷静之母申请到火车站工作

“我想申请到芜湖火车站工作，呵护乘客的安全。”昨日，冷静的母亲陈敏说，女儿死后，铁路部门征求她的意见时，她多次提出这一请求。

陈敏说得最多的一句话就是：我不想再看到有乘客在火车站遭遇类似不幸。我们作为孩子的亲属，不在意铁路方面赔多少钱，但我申请到芜湖火车站工作。

据陈敏介绍，以前，她一直在家没有上班，寄希望于女儿长大工作后照顾她。现在女儿不在了，她决定把全部心思投入到工作中去。她家里人也全力支持她的这一想法。

“很可惜的是，铁路方面拒绝了我。”陈敏神情黯然地说。芜湖车务段相关负责人称，家属要求到火车站工作，以前没有这样的先例，也不好破例。

昨晚，冷静的父母前往医院再次看了女儿的遗容。他们换下冷静的旧衣服——红色的上衣、蓝色的牛仔裤，换成崭新的衣服——白色的羽绒服、深蓝色的裤子。回来后，全家人哭成一团。记者注意到，他们正四处寻找冷静的照片，准备用作遗照。校方从当年冷静的高考成绩表上找出一张登记照，送去给冷恩来、陈敏过目后，已在冲洗之中。

【悲痛】母亲本已准备饭菜等女儿回家

昨日，芜湖城内风雪交加，街面上积雪没过鞋面。

芜湖火车站旁的铁路公寓111房间内，陈敏啜泣着，嗓音已经嘶哑。一周以来，她粒米未进，每天坐在床上哭泣。中间甚至晕倒过好几次。

44岁的陈敏中等身材、微胖，一直在家没有上班。“女儿是我的希望所在，只剩下一年，她就可以参加工作回报社会，我们将来还指望她为我们养老送终……”话未落音，泪已两行。但她说，眼泪已经哭干了。

中午，冷恩来回到房间。她是冷静的父亲，今年44岁，在阜南县二中任生化老师，超过1.7米的瘦高个子，背已微驼。

冷静还有一个弟弟叫冷泉，今年17岁，在当地上高中。每当别人提到与姐姐相关的事情，他的眼泪就哗啦往外流。面对记者他一言不发。“别问他，他一提起姐姐就伤心得要命！”冷恩来说。

“我女儿高高的个子，有一米七以上，人长得漂亮，学习成绩又好。那天下午3点多钟，我还接到她的电话的。”陈敏说，女儿在电话中说：妈妈，我放寒假了，很想念你们，马上就可以坐火车回来了！

陈敏在家准备好饭菜迎接女儿，不料等到的却是一个噩耗。

【追忆】她曾为低年级学生上课

冷静的死讯迅速传遍位于芜湖的安徽师大，进而成为芜湖全市关注的热点话题。

冷静今年19岁，安徽阜南县城关人，在安徽师范大学外国语学院上大三。据了解，她是一名非常优秀的学生，今年的综合测评，她排在全年级的第八名，还曾为低年级学生上过大学英语课程。

事发后，记者来到安徽师范大学外国语学院，该院李老师正拿着冷静2005年高考成绩单匆匆往外赶。“领导都不在，这个表格上面有照片，要赶着送给冷静的父母。”李老师说。“厚道、老实、内向，学习成绩很好”，谈起冷静，李老师仍然为此感到十分惋惜。

外国语学院大三学生刘严严说，她得知冷静的消息后十分难过。“我与她不是一个班的，但还算熟，冷静学习很勤奋，人也很好相处。”

相比之下，冷静的室友则难以接受这个残酷的事实。这名不愿公开姓名的室友昨日说，大学几年，与冷静同住一室，更像是一家人。她至今还没有勇气接受这个事实。期末考试结束后，冷静先离校前往火车站了。“当别人通知我说冷静出事的消息时，她已经躺在医院太平间里了。”

女儿是我的希望所在，只剩下一年，她就可以参加工作回报社会，我们将来还指望她为我们养老送终……

——母亲陈敏

我们不会过多提经济上的要求，已经和铁路方面在谈火化冷静遗体的相关事项。

——父亲冷恩来

“女大学生被火车轧死”追踪三

1月13日，安徽芜湖安徽师范大学外国语学院大三学生冷静（音）在芜湖火车站在拥挤的人流中被挤下站台，被还没来得及停稳的火车当场轧死。20日，冷静的遗体在芜湖市殡仪馆火化，其家属和铁路方面也达成了相关的赔偿协议。

■冷静的手机号码经本报披露后，她的手机收到来自各地的电话和短信。

■本报记者专访事故目击者，不少目击者需进行心理危机干预，安徽师大将退还冷静当年学费。

“向冷静的父母表示慰问和祝福，相信冷静不会白死的，相信会促进铁路部门加强安全工作，避免更多的父母失去孩子！”“我们同情你的遭遇，祝愿你在天堂快乐！”昨日，冷静的手机号码经本报披露后，她的手机变得异常繁忙——无数条慰问短信、一个接一个饱含深情的电话打过来。然而，冷静永远无法接听这些来自全国各地的电话了，她在寒冷的天国永远无法阅读这些温暖的短信了。

昨日上午，冷静的遗体在芜湖市殡仪馆火化，其家属和铁路方面也达成了相关的赔偿协议。下午，她的遗物被其父亲冷恩来从派出所领了出来。手机是遗物中的一件。

善后篇

火车站：与家属达成赔偿协议，金额秘而不宣

据冷静的父亲冷恩来介绍，目前，铁路方面已经与家属达成赔偿协议。具体标准按照铁道部有关规定执行。据此，按照亲属代表之一刘先生的估算，如果加上冷静生前买的保险，其家属至少可获17万元经济补偿。

但据知情者透露，铁路方面的实际金额可能远远超过17万元。“可能有一些对家属的补偿”。有知情者透露双方达成的最终赔偿金额为70万元。记者就此向冷恩来求证，但他始终不透露具体金额，只是说“对赔偿结果比较满意，这个事情圆满解决了”。

安徽芜湖车务段党委副书记吴提生昨日说，他还没有得到有关赔偿方面的消息。芜湖火车站相关负责人昨日介绍，赔偿工作由事故善后小组负责，火车站新任负责人并未参加具体的赔偿磋商。

“铁路、家属双方就赔偿问题已经达成一致，金额肯定高于17万元。”昨日，一名知情人士透露。

安徽师大：送去抚慰金，将退还当年学费

昨日，冷恩来等人介绍，事发后，安徽师范大学送去2000元抚慰金。下一步，还将退还冷静当学年的学费、班费等。

据了解，冷静上大学，弟弟上高中，一家人的生活开支全靠冷恩来的工资，经济较为困难。安徽师范大学学工处汪处长接受记者采访时表示，尽管学校在此事中无任何过错和责任，但还是会出于人道主义送上抚慰金，“毕竟冷静是我们这里的学生嘛”。

冷静所在学院辅导员李老师昨日介绍，事发至今，他一直在陪着家属办理有关手续，甚至要带冷静的妈妈去看病。学校领导也很关注此事，先后开了几次学生假期安全工作会议。

“就在冷静出事的前一天，我给学院学生开会时还反复要他们注意安全出行的”，李老师说，学校放寒假后，会登记每一名学生的回家时间、车次、家庭联系方式等信息，就是以防出现万一。

告别篇

【送别】父母为其换上新衣冷静遗体昨日火化

昨日上午，大雪纷飞，寒风刺骨。冷恩来、陈敏、冷泉和其他亲属，一起送别冷静。

冷静的遗体在芜湖殡仪馆火化，骨灰由家属带回阜南县安葬。昨日中午，冷恩来家属等四处联系安葬墓地和刻碑等事宜。据介绍，冷静的父母等亲属在殡仪馆，哭成一团，都几欲瘫坐在地上。

1月19日晚，冷静的父母前往芜湖市二医院太平间去看冷静最后一眼。他们还给冷静换上一身干净衣服：白色的羽绒服、深蓝色的裤子。“要让爱安静的女儿穿得漂漂亮亮的”，陈敏因悲痛过度，昨日几欲虚脱。

冷静的遗照用的是高考成绩单上的登记照。“接到电话，只想到要为女儿治疗多带些钱，谁想得到要带照片给女儿做遗照？”冷恩来昨日说。为此，冷静的父母求助安徽师范大学。最后，还是该校从高考档案中，找到冷静2005年参加高考成绩单上的登记照。经技术处理后，放大成一张遗照镶嵌在镜框上。

昨日下午，记者来到冷恩来所住的房间，他和其他亲属正在商量给冷静刻石碑的事情。房间角落里，陈敏躺在床上双目无神。

【遗物】冷静留下的包里都是买给亲人的礼物

“冷静留下的包里，装满了为我们买的礼物！”陈敏昨日哭着说，尽管是在哭，但她的双眼里的泪水早已哭干了，只有嘶哑的哀号。

昨日下午，冷恩来从火车站派出所领回了女儿的遗物：一个镶嵌着银丝的女包和一个黑色的行李箱。

记者现场看到，女包和行李箱被拿到陈敏所躺的床上。经冷静父母允许，记者查看了遗物。“羊毛衫、围巾、裤子……”陈敏说，有的是冷静给母亲买的，有的是给弟弟买的，总共有近10件衣物，唯独没有一件衣服是女儿为自己买的。

“一名女学生，在最爱美的年纪，把生活费省下来给亲人买衣服，让人泪流！”昨日记者现场采访时，有同行说。黑色行李箱显得有些破旧，里面除买给亲人的衣服外，最显眼的是一本《新编日语教材》。

除此之外，最让公众关注的遗物还有，冷静生前用的那部号码为13485853553的手机。这款摩托罗拉的手机是家人用旧的，冷静才拿去用。打开手机，来自全国各地的短信和来电源源不断。

目击者篇

【在场乘客】“无人证明她是因自己跑动而掉下站台致死”

目击者称火车站当日基本没办法检票

昨日，因在网上描述事发经过闻名的网友“蔷花红莲沼泽魅”现身，披露了自己的真实身份。记者昨日经多方辗转查找，与网友“蔷花红莲沼泽魅”取得联系。“蔷花红莲沼泽魅”姓马，男，今年24岁，毕业于安徽师范大学新闻专业，目前在合肥一家网站任采编。

“连日来，我在各大网站发了描述冷静之死的经过。”马先生昨日说，他有责任把真相告诉公众。

据他昨日介绍，1月13日，安徽芜湖大雪纷飞，他因工作调动来到芜湖，又于当天准备乘火车离开。当天下午5时7分，芜湖火车站一号站台上因乘客过多，发生一起乘客被挤下站台，被5082次火车轧死事件。

“事发前，候车厅挤满了人，肩膀靠肩膀，根本不能动，大概有500名乘客。”马先生昨日说，候车厅靠南边有一小卖部，排队的乘客都挤到小卖部那里了。

他说：“开放检票后，我经过检票口时，三四分钟内四五百人就全过去了，怎么可能全都检票了？反正我没有看见有人检票。”

据马先生介绍，他认为此次冷静之死主要应归责于车站疏于管理。尽管当时人群在随火车走动，但只有个别人是处于跑动状态。“没有人证明冷静是因为跟着火车跑，而掉下站台致死的。”

记者了解到，宁波开往阜阳的5082次硬座普快由于是过境车辆，基本没有座位。事发前，有约500名乘客涌上站台。“四五分钟时间涌进去500多人，所以火车站基本没办法检票，也无法控制乘客数量。”据称，当天的这些乘客中，绝大多数为安徽师范大学的放假离校的学生。马先生排在拥挤的人群后面。

他介绍，火车原定1月13日17时5分从芜湖站开出。约16时55分，广播开始通知：5082次列车即将进站，将停靠在一号站台。此时，人群开始往前涌动。

约一分钟后，检票口开放，四五分钟后约500名乘客全部通过检票口。人群开始向站台涌动。紧接着，5082次列车进站。

“我看到车上乘客爆满，就连过道上都站满了乘客”，一些乘客开始随着列车前行。突然，马先生听到一个尖利的声音：有人被火车轧着了！

这时，一名乘务员跑过，向下一节车厢的乘务员大喊：“车下轧死人了，马上控制人上车！”人群顿时从嘈杂转成寂静，随后人群一涌而散。

“我走近一看，在火车的第八至第九节车厢处，一名穿红色衣服的女孩趴在铁轨上一动不动。衣服完好，但地上满是血污。”马先生回忆，很快，红衣女孩被三名警察抬了上来，送上120救护车。

【老师同学】“冷静的同学第一个给我打电话求救” 学校老师立即赶往医院并向学院领导汇报

中等身材，说话语速极快。一讲起冷静之死就痛心疾首。昨日，记者独家采访了安徽师范大学外国语学院冷静的辅导员李老师。

“与冷静同行的学生张爱娣第一个打电话回学校求救！”事发一个星期之后，李老师回忆起当时的情形，仍然觉得心情沉重。他说，那天下午，他突然接到学生张爱娣的电话：“李老师，冷静出事了，被火车轧了！”

李老师说，当时他心里一惊，赶紧要张爱娣打120叫救护车，把情况搞清楚再向他详细报告。不一会儿，张爱娣打来电话说：冷静已经被送往芜湖市二医院了。李老师一听，急忙往外冲，拦下一辆的士就往医院赶。在车上，他用手机一一向学院领导作了汇报。到了市二医院后，已接近下午6点。找到抢救的医生，对方摇摇头：冷静已经去了！

“我没有勇气去看我的学生一眼！”李老师说到这里时，仍然陷入悲痛之中无法自拔。据介绍，张爱娣为安徽阜阳人，与冷静一起买票准备上同一辆火车。但张爱娣走在前面，快上前面一节车厢的时候，突然听到有人喊：火车轧人了！

张爱娣回头一看，见冷静已经倒在车轮下，于是冲上前并立即给李老师打电话求救。当天晚上，安徽师范大学的书记、校长等悉数赶往医院欲看望冷静，并迅速处理事故善后事宜。

李老师很快从电脑上找出冷静家的联系方式，并立即打电话过去。冷静的弟弟冷泉接到电话后，说他爸爸在外面没回来。“冷静出事了，赶紧叫你父母到芜湖来”，李老师说，随后是冷静的妈妈陈敏接的电话。为避免他们过于伤心，李老师当时并未告诉他们冷静已经死亡的消息。

“一条鲜活的生命说没了就没了！”李老师说，出事当天上午他还见过冷静，还问她期末考试感觉如何，不料几个小时之后就阴阳相隔。“学习很刻苦，她家里条件不是很好，这个学期我们还给予她2000元的助学金。”李老师昨日惋惜地说：“尽管她不是学生干部，但是一个优秀的学生。”

据了解，事发后，安徽师范大学有关领导先后以不同的方式关心死者家属。

影响篇

不少目击者都需要进行心理危机干预

也许，1月13日的惨剧要成为目击者一生中最难忘、最沉重的一幕。目睹冷静之死的现场乘客，大部分都需要进行心理危机干预。

“张爱娣是其中一个有代表性的目击者”，李老师昨日介绍，1月13日，目睹了事发现场的她感到惊恐万分。当晚，张爱娣仍然未能从恐惧中走出来。于是，李老师将她安排在一家宾馆里住下，按照张爱娣的要求请来4名女同学和一名男同学前去陪伴她。但张爱娣仍然害怕，无奈之下，李老师只好也加入陪护行列。尽管如此，张爱娣当晚仍不敢合眼入睡。

“可以想象她心里承受了多大压力？！”李老师说。1月14日，张爱娣的爸爸妈妈赶来，将女儿接回家，看了心理医生进行心理危机干预后，才稍稍定神。

由于目前该校已放寒假，当时该校不少目击者都已回家。连日来，记者电话采访了3名目击者，他们均表示，难以接受冷静已死的现实，晚上睡不着，即使睡着了也会做噩梦。

面对惊人的压力，更多的目击者选择在网上“倾诉”以减轻压力。“我觉得说出冷静之死的经过，心里会舒服一点”，以“蔷花红莲沼泽魅”为网名在各大网站发帖的马先生昨日解释说。

网友在网上发帖舒缓心理压力

而安徽师范大学外国语学院2004级一名学生也在网上“倾诉”，说出了自己看到的现场情形。

这篇题为《春运我目睹同学被挤下铁轨轧死》的帖子写道：

“1月13日，晚上5点左右，在安徽芜湖火车站发生了一起悲剧，安徽师大外语学院05级一位女同学被挤下站台被尚未停稳的火车轧死了……我是死者的同学，而且和死者一起乘车，亲眼目睹了一切，现在一闭上眼睛就是那件血衣和满耳朵的尖叫……”

据她介绍，1月13日，她和同学去芜湖火车站坐火车回家，准备坐5082次硬座普快列车……这时碰到了同院05英语教育的冷静同学。

约4时55分时，广播说：5082次即将进站，停靠一号站台，请工作人员做好接车准备。进站口上方屏幕打出“开始检票”字幕，于是人群开始往前涌。该女生和同学走散了，恰好挤到了冷静旁边。冷静背着一个书包，还拖着一个旅行包。据冷静说：“我本来不是今天回家的，临时改签到今天，座位也没了。”于是，该女生和冷静一起往前挤。约5时，冷静跑到了一号站台天桥入口处，有很多人在他们后面，火车还没有开进来。冷静小心翼翼地站在警戒线以外，往铁路方向探望火车的踪影。约半分钟后，火车缓缓开进站了但没及时停住。于是人群有人叫：“是不是人多不让上车了？！”

这时，“人群彻底疯狂了，人们开始推挤前面的人，我没有看到火车站维持秩序的人”。在往外面挤的时候，她又一次看到了冷静。冷静的旅行包好像不见了，就剩下个书包，急着在人群里找。等冷静又一次低头找的时候，该女生听见冷静叫了一声。随后有声音说：“啊，我掉下去了，啊……”

人群还在继续涌动，突然有人尖叫：“车轨下面有人！”不少人也一起这样叫着。这时人群才开始往后退。一名身穿铁路制服的人赶过来了，开始吹哨，让所有的人往后退……

记者了解到，截至昨晚，还有不少目击者陆续在网上发帖舒缓心理压力。

◆专访火车站新任负责人

“心情沉痛”将加强站台售票系统管理，组织100余名志愿者维护秩序

中等身材、微胖，一身铁路制服穿得十分严整。昨日下午，记者在芜湖火车站二楼办公室见到新任负责人周伟。

“出事故后，我来接任火车站负责人岗位，觉得压力很大。”周伟昨日接受本报记者专访时坦言：但既然接下这个任务，就有信心和决心干好！

此前，周伟的职务是芜湖火车站的上级单位——芜湖车务段副段长。冷静被火车轧死后，时任站长的马志宏等被撤职。“临危受命，责任重大啊！”周伟感叹道。

据介绍，周伟的任职通知尚未下达，“先把工作干起来再说，这是我们任用干部的一大特点。”芜湖车务段一名相关负责人说。

周伟昨日说，他正集中精力把整改工作抓好，不再出现任何安全事故。对死者家属，他最想说的一句话是："我的心情非常沉痛！"

昨日下午5时许，记者来到芜湖火车站，这里已恢复平静。在车站一号站台冷静被轧死处，已难寻惨剧的痕迹。但变化显而易见，站台上多了一群戴着红袖章的志愿者和维持秩序的铁路警察。昨日下午，该车站工作人员将新添置的铁栏杆安装在检票口。

此前，吴提生曾表示，要通过此次事故，提高应急反应能力和管理水平。芜湖车务段痛定思痛，正开展反思教育活动，查找安全薄弱环节，消除安全隐患，加强站台售票系统管理。

近日，该段从机关和学校组织了100余名青年志愿者加强乘车秩序管理。

◆声音

冷静父亲："学校要负一定责任！"

"我们认为学校要负一定责任！"冷恩来昨日说，冷静送到学校时是好好的，学费也交了，孩子的户口也在学校。现在冷静就这样死了，难道学校没责任？

但安徽师范大学相关负责人认为，学校已经履行了安全教育和警示责任，放假时间是按照国家规定统一安排的，有何过错？而且全国所有大学都是这么做的，就此事而言，校方不存在任何过失。

据李老师昨日介绍，为方便学生，该校还根据学生需要，根据登记情况集体购买火车票。该校2．8万名学生放假，乘车时难免会拥挤。

采访中，记者从该校部分学生那里了解到，学校放假后，要求学生在规定期限内离校。"这会不会让很多学生急着回家？"数名学生这样问。

（对比稿）

女大学生冷静的回家路

2008年1月24日10:28 来源：《南方周末》 作者：傅剑锋

本文记录的是，安徽师范大学女生冷静的回家之路。1月13日下午，在芜湖车站拥挤的人流中，她无法把握自己的生死。

1999年，本报报道了四个打工妹在火车上挤死的故事。近十年过去，拥挤的春运仍在继续，悲剧再一次降临，而我们仍在执着记录。因为一个人的悲剧背后，其实牵系着所有人的命运。

1月21日夜，风寒雪疏，大学女生冷静终于乘上了回家的火车，同行的还有爸爸、妈妈和弟弟。而1月13日，她千辛万苦也没能在春运的人潮中挤上火车。

只不过，等她终能归家时，19岁的少女已是妈妈怀中的一盒骨灰。1月13日候车时，她被急于上车的人群挤下站台，死于来不及刹住的列车下。

最后的告别

1月13日下午3时，要回家过年了。安徽师范大学英语教育系学生冷静拖着箱子，一脸兴奋地跑到好友刘佳的宿舍，狠狠抱了她一下："这是最后的拥抱，回到家我们要发短信报平安哦。"

这对冷静来说是个特别开心的日子。上午，她考完了大三期末最后一门课。中午，她兴奋得直向刘佳嚷："回家了，下午我要回家了！"

几天前，冷静就已迫不及待地把芜湖至老家阜阳的火车票改签到1月13日下午，只等那天上午考完。

这一天雨雪霏霏。冷静的几个同寝舍友都已回家了，留守在安徽师范大学南校区夏沁园宿舍的女生们都有点神不守舍，回家的念头就像窗外呼啸不止的风。

刘佳能够理解冷静的这种心情，她记得在冷静的床头旁，贴的不是明星头像，而是和爸妈弟弟的合照。"她是我们同学中最恋家的一个，常常会和家人通上大半天电话。"刘佳说。

母亲陈敏更了解女儿的心。就在期末考试五天前，冷静在给母亲的电话里忽然冒出一句："妈，我好想家……"

陈敏安慰女儿："想家可不能哭哦。"

电话那头的冷静，什么话也说不出来了。

这个家其实清贫困窘。冷静一家全靠做中学教师的父亲冷恩来支撑，他每月1500元的收入，既要支付女儿冷静每年5000元的大学学费，又要支付儿子冷泉每年2000元的高中学费，还要照应常年有病、失业在家的妻子陈敏。冷静上到大三，家里已经贷款2万元了。

冷静回家时穿着一件红色羽绒服。这是母亲花80元买给她的最昂贵衣物。这是她唯一的一件外套。在学校里她把这件外套从秋天穿到冬天，没有其他的外衣可以换洗。

一个多月前，冷静打电话给母亲："妈，我太想回家了。在学校里，我这衣服脏得都没法出门啦。"

陈敏劝女儿："妈要你去买一件，别太省钱。"

冷静："不怕，再忍几个星期就可以回家了。"

冷静的鞋也该换了。这双鞋是母亲陈敏一年前花20元为她买的。冷静觉得芜湖的物价太贵，一般衣物都是在物价更便宜的老家阜南县买的。

冷静从未向母亲抱怨过这些，相反总是记挂着身体有病的母亲。陈敏记得女儿总是这样说："妈，你一定要吃好点，有病一定要去看。不要担心贷款的事，等我师范一毕业，贷款就可以还掉了。"

冷静以同龄人中少有的忍耐分担着生活的重压。她每月生活费160元，60元买书与日常用品，100元作伙食费。在学校，冷静的早餐只花1元，中餐与晚餐各只花1.5元，而食堂里的菜要2.5元以上才会有肉。

在刘佳的印象中，冷静只有一次款待了自己。一次她弟弟冷泉放假来芜湖玩，冷静带着刘佳与弟弟在校外餐馆点了炒菜。

这次，母亲陈敏已经在1月13日买了不少好菜，迎接女儿的归来。

装满礼物的箱子

大约在13日下午3时10分，冷静和一个同乡好友一起挤上开往火车站的10路公交车。50分钟后，她拖着一只箱子、挎着一个女式拎包，进入人山人海的芜湖火车站。箱子里装着她给家人买的礼物，还有一大包芜湖特产“傻子瓜子”。

她乘坐的是宁波开往阜阳的5082次硬座普快，原定的开车时间是当日17:05，到达阜南车站的时间是凌晨两点。父亲冷恩来在凌晨一点赶到车站，守候一个学期没回家的女儿。

冷静的母亲记得，去年五一节时，因为长期营养不良，冷静生病了，过了很久才告诉母亲没有回家的真实原因。而去年十一，冷静为了在节假日多做点家教挣钱，也放弃了回家。

每周六下午，冷静都去做家教，两小时25元。除此之外，冷静还给非英语专业的大一大二学生上没有报酬的公共英语课。这是学校为英语教育专业的优秀生设计的“锻炼”项目，冷静的成绩曾排在全年级第八名。

冷静曾对刘佳说，“很喜欢做老师”，尤其是为非英语专业的同学上课，可以获得学校的证书，有利于找工作，可早点为家里分忧。

她这种时时为家人着想的性格也带到了与同学的相处中。这个冬天很寒冷，冷静就把自己的一双新手套送给了同寝室的贫困生任鹏鹏，自己仍戴旧手套。直到后来家人为她整理遗体时，她仍戴着那双旧手套，家人发现手套上都已经有不少破洞。“她的这种性格，班上所有人都会喜欢她。”刘佳说。

在她眼里，冷静1.7米的高挑个儿，长着略胖的娃娃脸，戴一副廉价的黑框眼镜。尽管穿着很差，贫困却好像没在她身上留下阴影：她内向、宽厚、忍让，喜欢抿着嘴笑，像鹿一样安静。

但这样一个女孩，仍须去面对那惊涛骇浪般的春运人海。冷静早在几天前就已准备好，把最重要的东西都打理在了箱子里。

这些重要的东西，冷静一个多月前就开始操心了。

弟弟冷泉记得，早在去年12月初，姐姐就问他“你需要什么”，他说想要一双球鞋，脚大，要46码的。结果冷静跑遍了学校周围的商店，也没找到这么大的鞋。

1月初，阜阳那边下雪了，冷静就想着给弟弟买围巾。“回家前，她打电话告诉我，已经给我和堂姐都买了围巾，还给我买了羊毛衫。”冷泉说。

"轨下面有人！！"

13日16时30分，车站候车室里已聚集了400多人，一片人山人海，九成是回家过年的大学生。

16时55分，火车站广播开始播音：5082次即将进站，停靠一号站台，请工作人员做好接车准备。候车室的秩序一下子混乱起来，人群争先恐后地往检票口挤。

冷静的2004级同校同学"皮波浩浩"与另一目击者马先生都记得，当时广播没有说开始检票，但进站口上方屏幕却打出"开始检票"字幕。

检票口没有检票便打开了，人群从候车室涌向站台，每个人的胸都和别人的背挤贴在一起，一些女生在尖叫，一些人脸上挤得青筋暴出。人潮汹涌中，人人都成了波浪里的小木片。

"皮波浩浩"与同伴挤散了，却又很巧合地被挤到了冷静旁边。两个人打了个招呼，就各自埋头往前挤。

芜湖火车站在每年春运、学生寒暑假往返的拥挤都远近闻名。这个城市有着同时放假与上学的数万名大学在读生，以及庞大的外出打工人流，但火车站却只有三个站台，卖的票多是没有座位的过路车，车来时已经超载许多了。

更致命的是，由于是中小站，火车在这里常常只停几分钟，往往引发爆发性拥挤。芜湖火车站铁路派出所的一位警官甚至回忆，有一年他在站台维持秩序时，竟被疯狂的人流挤上了火车。

对冷静这样性格忍让的女孩来说，如此挤法太难为她了。父亲冷恩来记得，去年寒假时，挤上了火车的冷静竟又被拽了下来，结果只能转乘当夜12点的过路车。回到家时，冷静脸都白了："人太多了，挤得太可怕了。"

13日，可怕的拥挤又一次降临。由于下雪，芜湖段的高速公路封路，更多人选择了火车。

17时，"皮波浩浩"和冷静终于挤到了一号站台天桥入口处，很多人挤在他们后面，火车还没进站。"皮波浩浩"在等同伴时，看到冷静小心翼翼地站在站台的警戒线外，向前探望着火车的踪影。

半分钟后，火车缓缓进站，400多人慢慢地往前挤。来芜湖出差的马先生也在其中，那时他没有看到站台上有维持秩序的工作人员。

由于下雪，铁轨很滑，火车制动时间较长，马先生认为，火车入站停靠时间比往常多花了大约一分钟。当火车在站内滑行而没有完全停车时，可以看到车上已经爆满，车厢交接处和走道内都已经站满乘客。

此时站台上开始有人呼喊："怎么不停车"，"不会不让上车吧"，"太满了大概不放人上去了吧"，人群开始失控，大股人流往前涌，有的人开始追着拍打车门，而此时列车还在前进。

这时，"皮波浩浩"的包被挤掉了。他看到冷静的旅行箱也不见了，只剩下拎包挎在手上，她着急地在人群里寻找着箱子。

“等她又一次埋头找箱时，我好像听见她叫了一声（现在我可以肯定是她叫的，那时候她肯定被人绊倒了）。”“皮波浩浩”回忆。那瞬间车站很吵，“皮波浩浩”也没在意。

几乎就在同时，“皮波浩浩”听到有什么东西掉下铁轨，和一个人隐约的悲呼：“啊，我掉下去了！”

“皮波浩浩”感觉出事了，他和挤在前面的一小群人大喊“别挤了！”但不管他们怎么叫喊，其他人都像僵尸一样继续往前面挤。那时火车仍然还没有停稳。

挤在“皮波浩浩”右前方的一个女人突然发出尖叫，然后有人撕心裂肺地吼：“车轨下面有人！！有人啊！！停车啊！！”

挤在前面的人都开始跟着吼。挤在后面的人群意识到出事了，人潮开始回退。一个穿着火车站制服的人慌慌张张挤了过来，往铁轨看了眼，脸都白了，开始吹哨，让所有人后退。一个穿火车站制服的人喊话：“控制人上车！！车下面轧死人了！！”

人群愣了几秒，立即便炸开了锅，火车上也有人往下面看。“皮波浩浩”忍着害怕往铁轨里看了一眼——“我的妈呀！”

几个警察跳了下去，把冷静的遗体抱上来。“皮波浩浩”看到，冷静的手上还挽着那个拎包。“我听见了她被人绊倒发出的呼喊。但是，就一念之差，我就没有在意！！！我干了什么？和众人一起往前面挤，一起把她推到了冰冷铁轨下，无人清白！”“皮波浩浩”不停地自责。

马先生当时离白线还有一米多远，但是人群一开始骚动，就不知怎么被推到离白线只有一步的距离。他后怕地回忆：“如果我不是离人群边缘比较近的话，手里拎着笔记本电脑、腾不出手来稳定身体的我，是否也会被推下去？”

对“皮波浩浩”与马先生的回忆，后来一位参与事故调查的铁路派出所警官向南方周末记者确认，“他们说的基本情况都是真实的”。

姐姐，我们回家

事发后，舆论同声谴责。芜湖火车站立即内部整顿，三名失职的火车站负责人被撤。

参与事故调查的一名警官私下告诉南方周末记者，事故的原因和火车站客流管理不善有关，更与为追求企业利润过度售票、严重超载相关。铁道部也在几天后开发布会称：要“坚决防止发生旅客拥挤踩踏情况”。芜湖火车站也愿意做出数十万元的赔偿。

1月21日晚，耽搁了8天行程的冷静再次踏上了回家的路。这一晚风寒雪疏，她躺在一个骨灰盒里，和家人们一起穿越拥挤的站台。

在芜湖火化前，家人为她换掉了那件红色的旧羽绒服，穿上了崭新的白色羽绒服和牛仔裤。这些衣服都是她生前一直舍不得买的。

她一直穿着那双20元的鞋。后来在整理冷静遗体时，殡仪馆的人感慨："这鞋哪像是个女大学生穿的，在芜湖只有老人愿穿。"

冷泉在与姐姐阴阳两隔后，才收到姐姐给他买的围巾。1月20日，冷静死后的第七天，父亲冷恩来才领回了冷静的所有遗物，包括箱子。

箱子的密码是三年前冷恩来为女儿上大学时设置的，三年后却要这位父亲去破解和女儿的生离死别。

他哆嗦着打开箱子，里面除了有冷静曾告诉弟弟的围巾、瓜子，还有送给父亲和母亲的毛衣。冷静带给自己的，只有本辅修用的日语书。

她生前还舍不得换手机，一直用着一款男式的旧手机。现在，家人花800元为她买了款浅红镶边的超薄女用手机，放在了骨灰盒旁。

弟弟冷泉一直守候着她。回家的路上，他一直没忘记和她说话："姐，以后我经常会发短信告诉你我的生活和学习成绩。姐，你放心，别人不会挤你了，我们带你回家。"

【特别致谢目击者"皮波浩浩"、马先生（网名"蔷花红莲沼泽魅"、"飞魅"），实习生李林才、杨洋对此文亦有贡献】

解读

从标题、开头、主体、结尾等总体结构上看，《长江商报》的报道逻辑结构差，材料堆砌，像路边的杂货摊铺，把商品（信息）随意摆放，零散、冗余，缺乏故事性，而《南方周末》借鉴了《华尔街日报》讲故事的技巧，精心选材，悉心提炼，应用了煽情手法，呈现细节和画面，叙事生动感人，人情味浓，文学笔法生动，自然传播效果更好，更吸引人。

《长江商报》的不足是：

1. 标题不一致。该连续报道共三篇，第一篇的标题与其后两篇标题不一致，这是低级的失误。按规范，连续报道标题应统一，这有利于受众识别和关注，提升报道的传播效果。

2. 事实重复。三篇连续报道长达10719字，事实交叠纠结。如第一篇引用网友"蔷花红莲沼泽魅"叙述事件经过的帖子内容，同时报道了校方对冷静生平的介绍，还采访了火车站马站长，证实了事件的真实性。在第三篇中，重复了网友"蔷花红莲沼泽魅"的叙述。不仅如此，相似的目击事实在第三篇中再次重复，信源为另一位同学的网帖。关于冷静学业表现的内容在第一篇和第二篇中重复出现。关于火车站对家属赔偿情况在第二篇与第三篇中有重复叙述。关于冷静是不慎跌落还是被挤下站台在第二篇和第三篇中也有重复。第二篇结尾处对冷静父母直接引语重复使用。

3. 信息冗余。第一篇结尾处的“相关新闻”与该报道主题无直接逻辑关联；“网友声音”部分也有多数叙述与本稿无关。

4. 结构松散。《长江商报》的主体事实与《南方周末》相似，主要信源相同，但三篇连续报道却给人以松散、凌乱的感觉。何故？确立主题和谋篇布局缺乏高屋建瓴和深思熟虑，导致每一篇报道都是一个综合性的信息大杂烩，主题不集中，主次不分，条理不清，材料零散分割导致文脉时断时续，把逻辑紧密的情节和细节变成了胡椒面到处撒，难以形成戏剧性，没有高潮，没有感染力。按照写作范式，连续报道每一篇侧重于一个小主题，按照事件的演进来写，三篇环环相扣，构成一个大主题。

5. 文学性与人情味不足。《长江商报》连续报道文笔平淡，缺乏讲故事的文采。报道中两次用大量文字叙述赔偿的细节有损人情味，会使受众误以为死者家人更看重金钱。谁愿意拿孩子的生命换钱呢？《南方周末》对此仅有一句话。

《南方周末》的特稿有浓郁的人情味、感人的细节和文学的韵味。在第一部分，写冷静如何恋家、如何体贴父母、如何关心家人，通过丰富温情的直接引语和细节描写，如与母亲的通话、如与好友刘佳告别的场景，衬托出了一个温顺、善良、可爱的邻家女孩形象。第一部分还用了大量的新闻背景拉近了受众与主人公的距离，引发了受众的阅读兴趣，体现了感情说服的吸引力。总之，开篇就用细腻的描写和朴实温情的引语唤起了人们对主人公的好感和同情，为其不幸的结局震撼受众心灵做了铺垫。第二部分为第一部分的补充和延伸，采用对比手法，将主人公的孝顺、善良、诚挚与仁爱之心继续升华，如主人公为家人购买的礼物与平时自己的节俭、主人公将唯一的新手套送给更困难的同学自己戴破旧的手套……第三部分，用两个目击者还原悲剧发生的过程，镜头语言呈现细节画面，直接引语凸显现场的真实感，如同“声画结合”的电影片段，营造了与前两部分的戏剧冲突，在情节上可谓跌宕起伏，令人心悸、震惊！这是全篇的高潮。第四部分结尾，再次恢复与第一部分和第二部分相似的平缓叙述，将主人公生前的清贫、克己与对家人的关怀、挚爱通过细节进行对比，在看似平静的叙事中用画面一般的镜头语言和其弟弟发自心灵深处的真情表白结尾，描写细腻，催人泪下。

白璧微瑕。在充分肯定《南方周末》特稿的同时，其写作也有不完美之处值得商榷。如第二部分倒数第四个自然段宜删除第一句“但这样一个女孩，仍须去面对那惊涛骇浪般的春运人海（该句表述属空洞无趣）”，将这个自然段移到本节中的第一自然段后衔接，也许效果更好；第三部分中“对冷静这样性格忍让的女孩来说，如此挤法太难为她了”不如删掉，这一句之后直接用故事客观地、具体准确地表达该句的含义。第四部分中，“这一晚风寒雪疏”与开头重复了，不如改成“这一晚寒风凛冽，稀疏的雪花静静飘落”，意思一样，但更有意境。“耽搁了8天行程的冷静再次踏上了回家的路”应给“踏上”打引号。另外，对这一部分如果按事件发生先后的逻辑叙述也许更适合大众传媒的特点和受众的阅读习惯。

（原稿一）

中国将撤离重灾区同胞　派车接人送至机场（节选）

2011年3月16日　来源：《新京报》

现场

3辆大巴接走百余华人

仙台集合后送至新潟，今明两天有望回国

“今天我做了志愿者，和使领馆一块儿，组织大家撤离灾区。”在仙台的中国人李明伟15日晚向记者介绍了首日撤离情况。

老人孩子先登车

30岁的李明伟在仙台有一间小商铺，地震发生后曾接纳了很多中国人。核电站发生泄漏后，李明伟和当地国人比较紧张。“听到使领馆派车接我们，大家都很高兴。”

15日下午3时许，李明伟和朋友们获知使馆通知，赶到集合地点仙台国际饭店前，“当时已经来了100多名中国人了”。

18时半左右，领事馆开来3辆大巴，每辆约载45人。国际饭店前来了约500名中国人。3名中国驻新潟领事馆官员找出了10名志愿者负责组织登车，李明伟是其中之一。

李明伟介绍，使馆当时宣布了一个原则，老人、孩子和女性优先登车。于是，李明伟等志愿者维持秩序，要求人们排队登车。“老人、孩子和女性大概坐了两车半，之后又上了20多名成年男性，3辆车19时许驶离仙台。”

大巴一路行程多山地

李明伟称，使馆官员告知，大巴从仙台向西，通过山形县，再向西到滨海城市新潟。行程约300多公里，平时3个多小时即可到达。地震导致供电紧张，很多路段没有路灯，加上路上多山地，所以车行缓慢。昨晚10时20分，李明伟告诉记者，汽车还需要3个小时才能到达。

建议使馆多派车辆

李明伟介绍，在仙台需要撤离约2000多人，建议使馆派更多车。

李明伟说，由于人太多，使馆将今天的撤离时间暂定为下午4点，地点改到了勾当台公园。

已经抵达新潟的一名大连人告诉记者："一路虽然辛苦，但使馆帮助联系飞机，今天从新潟到北海道札幌候机，明天就能回国。"（本报记者张乐　邢世伟　石明磊　刘泽宁　李媚玲）

（原稿二）

战斗在日本地震第一线的中国外交官们（节选）

2011年3月28日　来源：人民网　作者：蒋丰

●孤岛孤岛！中国外交官用帮助中国研修实习生撤离的种种行动，默默地演绎一个又一个震灾中没有孤岛的故事。

英国诗人约翰•堂恩曾有这样的诗句："谁都不是一座孤岛，自成一体……任何人的不幸都使我受到损失，因为我包孕在人类之中。"在灾难中没有孤岛，在灾难中倾情相助，中国外交官用帮助中国研修实习生撤离的种种行动，默默地演绎一个又一个震灾中没有孤岛的故事。

中国研修实习生，可以说是在日中国人中的一个特殊群体。他们是按照日本"外国人研修实习技能制度"来到日本的中国劳动者，由中国派遣单位派出，经过日本的相关工会中介，然后进入日本企业"打工"。因此，也有人把中国研修实习生称为在日中国人的"弱势群体"。但是，他们并没有因为"弱势"而成为这次日本"3•11"大地震中的"孤岛"。

刘敬师领事介绍说：中国侨民从宫城县灾区开始撤离的时候，留学生来得比较多，还有一些就是华侨华人。他们相对来说掌握的信息比较快。中国研修实习生是一个比较弱势的群体，他们获得信息的渠道相对较少，即使得到信息以后也不能立即走人，还要与自己的老板、公司、组合进行协商。好在从撤离的第三天开始，研修实习生开始多了起来。

说到这里，刘敬师领事深怀歉意地表示，由于中国研修实习生大多在比较偏僻的地区工作，道路遭到地震、海啸破坏，大客车无法通行，我们不能派车一一去接他们。只能是尽力给他们所在公司、组合的负责人打电话，请求他们派车把中国研修实习生送过来。有的时候，我们知道研修实习生要送过来了，就专门为他们预留下车辆。3月18日，也就是撤离的最后一天，预定开车的时间是下午4点，但我们得知还有一批研修实习生赶在路上时，我们就延长一个小时，等到他们上车。这些研修实习生走的时候，都在车上流泪高喊："祖国万岁！""中国大使馆万岁！"

许多中国研修实习生在新潟市的避难所内忧心忡忡。她们这样提前回国会被当成“毁约”，不但拿不到工资，还要赔上当初交给国内劳务公司的押金。她们当中的许多人还是身无分文。记者亲眼在避难所内看见刚刚到日本18天的几名中国女研修生在呜呜地哭着。面对这些，中国驻新潟总领事王华动情地说：“我自己的孩子也这么大。这些灾难要是发生在他的身上，他可能还不如这些女孩子镇定。这些孩子我管定了！”王华总领事当即决定所有没有钱的研修生都和航空公司签订借条，钱回国后再还！

新潟总领馆的申庆祝领事在避难所看到在渔场工作的中国研修实习生们为了逃命直接穿着作业雨靴跑出来，二话不说统计了他们的鞋码，派人买了十几双旅游鞋送到他们的手里。

迎接中国侨民的大客车开到福岛县郡山市政府门前，新潟总领馆接到在南相原市和田村的中国研修实习生的求救电话，她们没有交通工具，希望派车来接她们。谁料，因为这两个城市距离福岛核电站比较近，驾驶大客车的日本司机不肯前往。这时，申庆祝领事和他的妻子钟发丽领事主动请缨作战，他们表示：“都说受到核辐射后就没有办法生小孩了，我们已经生过小孩了，让我们去接这些研修实习生吧。”站在旁边的年轻独身的路达明领事随员抢过电话来表示：“我年轻，我不怕，我要去接他们！”就这样，我们的三位领事开着总领馆的小车，几次深入危险地带，把滞留在那里的几十名中国研修实习生接了出来。3月17日，记者在新潟机场目睹了这些中国女研修实习生拿着手写的“祖国万岁”字幅，含泪要求和前来送行的王华总领事合影留念，表达自己的感激之情。

胡胜才总领事深入岩手县灾区后，“最想看望的就是研修实习生”。他到一个个避难所里面确认是否有中国人。在大船渡高中避难所，他看见一个地方有20多名女孩子，有的坐着，有的躺着，就上前试着用中文问：“你们是中国人吗？”谁料，这些女孩子刷地站起来，灿烂地笑着围了过来。当他说出“我代表中国驻札幌总领馆来看你们”的时候，这些女孩子一下子哭了起来，她们就是在当地工作的中国研修实习生。

大地震发生后，这些中国研修实习生都是穿着单薄的工作服跑了出来。几天来，她们在惊慌中度日，撕心裂肺般地想念着国内的亲人。“先给家里报一个平安吧，你们把名字和联系电话都写下来，我马上给你们在国内的亲属打电话，我们会把你们接出去的。”事后，胡胜才总领事在接受记者采访时说：“从日本岩手县撤出的700多名侨民中有600多人是中国研修实习生。”

（对比稿）

中国派出大巴解救本国民众

2011年3月24日　来源：《参考消息》

美国华尔街日报网站3月22日报道　上周抵达宫城县女川的旅游大巴是不速之客。海啸袭击了这个渔村后，通信中断，为数不多的幸存者一直在寒冷空旷的体育馆避难。这里是临时疏散大厅。

避难者并非都是日本人。蜷缩在大厅中央一堆毯子下的一些人是中国劳工。那辆大巴是为她们而来的。

刘雪妮（音）是一名在日本生活了13年的中国公民。她走进疏散大厅，说她来自中国驻日本大使馆，与她同行的还有王磊（音），王磊在邻近石卷町的一家公司工作。不一会儿，几十名中国人就走上前来，在王磊周围围成一个圈，几乎都是年轻女子。他告诉她们，中国政府带她们回中国。她们爆发出热烈的欢呼，很多人禁不住哭泣起来。

这些劳工是赴日研修生，一直在女川的渔场工作。日本政府的研修生项目专门帮助发展中国家的工人在日本学习技能。批评人士说，该项目现在被当作剥削廉价劳动力的一种途径。

旅游巴士上的中国人很快卷入了一场与小镇负责人的外交争执中。小镇负责人不愿让这些工人跟中国志愿者走，因为这些志愿者仅有的证明文件是在中国驻日本大使馆工作的一名官员的名片以及36个工人的名字。

在疏散中心外，约有100名中国人在排队。许多人拎着一个塑料袋或背包，里面装着他们的所有家当。王磊和刘雪妮开始宣读名单上的名字，被叫到名字的人一一走出队伍。

刘雪妮开始带领一群人离开疏散中心。她们轻快地走过被夷为平地的房屋、变形的钢筋和四轮朝天的汽车。

女川町町长安住宣孝质问王磊，你以为只要说“我们走吧，我们走吧”然后就可以不通知雇主把这些人带走吗？你要知道，这是日本。王磊回答说，你可以保证你能保护她们的性命吗？这里是日本，但她们是中国公民。

根据研修项目要求，这些中国工人要在渔场做满三年。渔场也要照顾好他们。由于镇上多数渔场已经毁坏，这些规则难以执行。另外，他们多数人的护照和其他身份证明也已经在海啸中被冲走了。负责将中国公民撤出日本的中国使馆官员证实，王磊和刘雪妮正以志愿者身份为政府工作，因为他们熟悉这一地区。使馆官员没有责怪安住宣孝，因为他似乎是为了工人们好。

安住宣孝、王磊、刘雪妮和女川町多家水产公司的社长们一起，驱车回到市内给中国驻日大使馆打电话。海产品公司YKSuisan雇有29名中国研修生，其社长木村喜一（音）说，我想确认中国政府的确希望这些人马上回国。他挂断电话后对町长说:“中国人说，日本不安全，所以想带他们走。”

安住宣孝说，如果雇主同意，他就会放他们走。在场的四位社长全都同意，女川町共有16家企业聘有中国研修生，其他社长至少有两三人已经死亡。

在太阳即将下山的时候，载着约40名中国工人的大巴开走了。木村喜一看着汽车离开说道:“哇，这就是你们的中国政府。”

解读

在网络上搜索，关于中国救援日本大地震中同胞的新闻特稿有《中国教育报》2011年3月28日的《中国援助受灾留日学生：面对灾难感觉祖国好温暖》，《解放日报》2011年3月16日的《日本大地震中的中国人》，还有上述节选的《新京报》和人民网的报道。读完这些报道有一个共同的感受：似曾相识。这些不同媒介的国内记者采写的新闻特稿都有一个共性：篇幅长缺乏戏剧性，缺乏曲折的情节，缺乏细节，信源少或信源交代不清楚，缺现场描写，缺乏人情味与趣味性，感染力不足，偏重于信息传播，有的仅从标题上就能看出侧重于宣传本位意识。

《新京报》报道救援现场的片段里，所有的信源仅仅源自仙台的中国人李明伟，记者没有到达救援现场，仅凭李明伟讲述过程，引用了“已经抵达新潟的一名大连人”的直接引语，竟然没有提供对方的名字，整个“现场”没有细节，没有画面语言，也就没有现场感；人民网的报道信源主要来自于多个中国驻日本的领事，记者看到了多名中国女研修生竟然没有提到一个人的名字，也没有对任何一个人做深入采访，没有细节描写，沿袭了过去一直流行的典型人物报道的写作模式，即正面报道，从角度、语言、结构等方面都呈现出“一面理”的特征。总之，国内记者的报道缺乏人情味，没有故事性，看不到“画面”。

同《华尔街日报》的特稿一比较就显出了国内记者新闻素养的差距。《中国派出大巴解救本国民众》不过1078字，但阅读之后令人啧啧赞叹！记者的观察力、表现力了得！

客观、平实、细腻、生动、简洁是这篇特稿的突出特点。开头第一句“上周抵达宫城县女川的旅游大巴是不速之客”为这篇报道设置了悬念，展现了戏剧性。第三自然段，主人公刘雪妮和王磊亮相，作为中国大使馆派往现场接人的志愿者，他们是故事的主角。这一段描写的是新闻现场，寥寥几笔，呈现出画面感和现场感，用细节说话，绘声绘色，文风生动。第四自然段呈现了对“研修生”项目不同的两种评价，体现了记者客观、平衡的报道立场。

随后的自然段是故事的情节，因为接人的志愿者与小镇的日本负责人发生了争执，故事出现了“戏剧冲突”，吊起了受众的胃口，使受众产生了欲知事态究竟如何的好奇心，增强了新闻的可读性和趣味性，起伏的情节是故事的看点。在情节过渡中，该特稿细节与现场的描写值得称道。为了文风的变化和增强客观真实性，使用了简练的两句直接引语。双方的冲突最终经过中国大使馆确认接人的可信性后消除，原来日本的小官吏是出于善良的愿望，担心中国研修生被不明身份的人接走会出事，出于负责和对雇主的尊重，他还发扬民主，征求了雇主的意愿。通过“危机”的处理，我们可以看出，作者在不动声色的叙述中将两位中国志愿者的干练与成熟、中国研修生逃离灾区的迫切心情和日本人做事的严谨细致展现得十分形象，给读者以深刻的印象。

最妙的是结尾：“在太阳即将下山的时候，载着约40名中国工人的大巴开走了。木村喜一看着汽车离开说道：‘哇，这就是你们的中国政府。’”这句话有景物和场景描写，还用一句直接引语表达了日本人对中国政府派专人专车接送公民的由衷羡慕和赞叹之情，言简意赅！

从全文看，每段话多为一个或两个句号，最多一段三个句号，段落小，句子短，多用动词，善于使用细节，用词中性，情感自然，表述流畅生动，文风简约朴实，看不到空话、套话和废话，构思精巧。本文选材角度好，主题以小见大。

（原稿）

肯德基麦当劳原料鸡45天速成　饲料能毒死苍蝇

2012年11月23日　8:08　来源：中国经济网

中国经济网11月23日讯　“雏鸡到成品鸡只需要45天，高温封闭饲养，饲料由集团特制统一配送，风险小、利润大、投资收益稳妥……”一则广告宣传让山西南部的许多农户看到了“商机”。广告中所提到的集团正是为肯德基、麦当劳以及诸多大型超市提供原料的山西粟海集团有限公司。

负责推广的工作人员告诉记者，农户养的鸡都是直接由公司统一配料、统一供药、统一回收，最后进入麦当劳、肯德基和一些大型超市等卖场进行销售，一年可以养五六批，一只鸡可以赚两到三元。

“速成鸡”缘何有如此惊人的生长速度？粟海集团在接受本网记者书面采访回函中表示，这和激素毫无关系，并援引视频（应为“食品”）工程博士云无心在《肉鸡速成不靠激素》中的表述：“影响转化效率”的主要因素，一是鸡种，二是饲料和饲养条件。肉鸡之所以是“肉鸡”，是因为鸡种经过精心的选育，把饲料转化为肉的能力实现了“鸟枪换炮”的飞跃。

记者在走访粟海集团在万荣、平陆、临猗、永济、长杆、卿头等地的签约基地时了解到，粟海集团所喂养肉鸡的饲料有三种，前10天吃一号饲料，是长营养的；下来是吃二号料，是长骨骼的；最后15天吃三号料，是长肉的，一天能长二到三两。

粟海集团的饲料厂车间很大，占地约十余亩，内分三个区：成品区、原料区、生产区。记者走近车间，远远就能闻到浓重的让人反胃的气味。记者在里面看见大量的工业盐、氯化胆碱原料，工人们不时把粉末状原料倒入机器中加工。工人们解释说：“这些饲料配了药，有添加剂，具体是什么不知道，但对人体肯定有害，周边的苍蝇都毒死了，年轻人都不敢在这里干活。”

为了保证饲料的质量，该公司还有专门的配药车间。记者在里面看到很多瓶瓶杯杯罐罐，上面贴有各种化学名称，既有重金属的硝酸银，也有灭菌的药剂。配药员把药配好后，转交给工人加入不同型号的饲料中。绿袋装的是一号料，黄袋装的是二号料，浅橙色袋装的是三号料。据了解，这个车间一天能出500袋，供不应求。

粟海集团表示，车间里的工业盐是用来软化水质的，氯化胆碱则是《国家饲料添加剂安全管理使用规范》第1224号文件中允许使用的营养性饲料添加剂。而给鸡吃抗生素，“就像人病了要吃药一样，并非不可接受”。符合规范的使用，对健康的影响小到可以忽略。

记者在粟海集团签约的养殖户那里了解到，按公司的要求，一个棚里装5000只鸡，密度大很容易生病，而解决这个问题的方法就是不断地喂药，提高鸡的抗病能力。养殖户把药化在水里让鸡喝，用专门的机器设备调配供应给鸡食用，一天三次。因为生长周期仅有45天，鸡不等发病就被粟海集团拉走屠宰，进而流入市场被人食用。为了保证健康和成活率，一只鸡至少要吃八角钱的药，有些时候会达到一元多。日常管理中，粟海集团对养殖户控制严格，不允许养殖户私自从外面购药，都是由该公司统一配药。

（对比稿）

央视曝白羽鸡至少吃18种抗生素　喂激素增肥

2012年12月19日 2:15　来源：《每日经济新闻》　作者：金微

肯德基、麦当劳“速生鸡”再曝使用违禁药物，央视报道称，一些养殖户为了使鸡不得病长得快，在饲料里添加多种抗生素和激素类药品。

昨天，山东省畜牧局向《每日经济新闻》记者表示，目前该局已派出四个调查组前往当地调查，而上海药监局也将对百胜集团进行检测。

对此，昨日（12月18日）肯德基做出回应称，国内个别肉鸡企业的把关可能有所缺失，公司已要求供应商积极配合当地政府的检验检疫。对于央视曝光的企业六和集团，肯德基称今年8月已停止采购其鸡肉原料。另一家快餐连锁——麦当劳，则在一则官方的简短声明中称“请大家放心食用”。

速生鸡使用违禁药品

《每日经济新闻》此前对秦皇岛、山东昌邑等地肯德基的原料鸡——45天“速成白羽鸡”调查发现，从雏鸡进入鸡场，到肉鸡出栏屠宰，多个环节暴露出安全隐患。例如：抗生素滥用、动物检验检疫程序“走过场”等。本报记者调查发现，在河北、山东等地，甚至花钱就能买到动物检疫合格证明。

一时间，“速生鸡”检验检疫“走过场”带来的安全隐患，抗生素滥用引起的药物残留问题，成为舆论关注的焦点。昨天，央视的调查也显示，“白羽鸡在40天能长5斤”背后有着不可告人的秘密。

央视对山东青岛、潍坊、临沂、枣庄等地的“速生鸡”养殖场调查发现，为避免鸡生病或死亡，白羽鸡从第1天入栏到第40天出栏，至少要吃18种抗生素药物，“鸡把抗生素当饭吃，停药期成摆设”。而养殖户把鸡交给屠宰场之后，屠宰企业的检测人员只是编造检验记录。

央视调查还发现，一些养殖场还偷偷给鸡喂食禁用药物，这些药物包括人用的利巴韦林、盐酸金刚烷胺。根据我国《兽药管理条例》的规定，禁止将人用药品用于动物。另外，一些养殖户为了使得肉鸡能够快速生长，地塞米松等激素类药品也成为催生肉鸡生长的秘密“武器”，这些激素类物质能刺激鸡多采食，报道称在喂激素后，鸡在3天至5天就增重1斤。

据了解，地塞米松是肾上腺皮质激素类药，长期大量使用可引起动物体重增加，引发肥胖等症状。我国《兽药管理条例》明确规定，禁止在饲料和动物饮用水中添加激素类药品，而当地给鸡偷喂激素的养鸡场并非少数。

央视曝光的两家公司分别为山东的六和公司和盈泰公司，这两家公司是肯德基、麦当劳的原料供应商之一。

肯德基发声明“撇清”关系

昨天，六和公司有关负责人在接受《每日经济新闻》采访时说，公司已经知道此事，目前高层领导重视，相关的调查结果会及时对外公布。另一家公司盈泰公司的网站无法登录，记者也未能从114查号台查到登记号码。

肯德基在声明中指出：“根据汰弱留强原则，今年8月起肯德基已停止从六和集团采购鸡肉原料。”

肯德基声明称，供应商每批肉鸡在宰杀前和宰杀后都需要取得动物检疫合格证明，肯德基要求所有供应商对专供肯德基的鸡肉产品进行药残检测，肯德基物流中心收货时必须收验动物检验合格证明和药残检验报告。

不过，据报道，送鸡肉的货车在抵达中国百胜餐饮集团上海物流中心之后，有关人员只是根据屠宰场提供的证明，并没有进行再次检验而是直接卸货并输送到了快餐企业。此前，屠宰场的检验证明也是编造的。

上海药监局抽检百胜产品

昨天，上海市食品药品监督管理局官方微博称，上海食药监在知悉央视曝光“速生鸡”流入百胜餐饮集团上海物流中心的信息后，已第一时间组织监督员对其产品进行抽检，全面检查其来源和自检情况，相关检测正在进行。上海药监局表示，如发现食品安全问题，将依法严处。据上海市药监所报告，该市今年抽检450件禽肉样品，19件抗生素超标，均已查处，未检出激素。

肯德基称：“肯德基高度重视媒体报道内容，一定积极配合相关政府部门的检查，如有发现供应商的任何违规行为，一定严肃处理。”

麦当劳则在官方微博发表了一则简单声明，称“麦当劳一向视食品安全为重中之重，只从经过严格选拔的供应商处采购食品原材料，并通过严格供应商管理系统和标准确保始终为顾客提供安全高品质的食品。麦当劳所使用的每批次鸡肉原料都经第三方独立实验室检测且确认合格，我们的鸡肉产品遵守严格的食品品质标准且符合政府相关标准。请大家放心食用”。

昨天，山东省畜牧局有关负责人在接受《每日经济新闻》采访时说，他们已经知道此事，并于第一时间派出四个督导组下去调查。该负责人称：“我们核实情况后会尽快公布结果，在各地蓄牧局网站公布调查情况。”

就在之前，该局网站首页还刊登文章《“速成鸡”是误传　育种、营养是关键》称，12月10日下午，省畜牧兽医局召开座谈会，多位专家对抗生素、激素等问题一一做出回应。山东省农科院家禽研究所研究员魏祥法的说法是，只要是规范化、经农业部门认可的养鸡场，都是规范用药，许多养殖场已经开始用中成药，不再用抗生素。

对于激素问题，山东省畜牧协会生猪产销分会秘书长曲万文则称，激素鸡、激素猪只是一个传说，激素价格高昂，一支激素几千块钱，谁用得起啊，以讹传讹造成鸡、猪被“妖魔化”。

当《每日经济新闻》记者提到如何看央视所报道的抗生素泛滥以及使用激素等问题，上述畜牧局负责人称：“如果规范养殖，养殖场不会出现违禁类的药品，对于央视所反映的情况需要进一步核实。”

据《每日经济新闻》记者此前调查，不少速生鸡供应商主要采用与农户签约的模式，尽管有各种监管手段，但在实际过程中，由于产业链过长，监管部门检疫走过场等原因，鸡肉的风险并没有很好地控制。

解读

中国经济网的新闻《肯德基麦当劳原料鸡45天速成　饲料能毒死苍蝇》在写作上有明显的漏洞。本篇报道的核心证据不足。新闻标题称“饲料能毒死苍蝇”，具有耸人听闻的刺激效应，足以吸引受众的眼球。饲料究竟有无问题？有什么问题？究竟对人体健康有何危害？这是该篇新闻的核心问题。

首先，这条新闻内容中提到了新闻来源为记者的现场采访。但蹊跷的是，在消息开头或结尾处均未看到记者署名，这有违新闻写作的惯例。一般而言，除了代表编辑部立场的新闻评论如“社论”“编辑部文章”等可以不署作者姓名，新闻作品不署名的现象十分罕见。署名意味着作者本人为文章的真实性承担责任，所谓文责自负。这条在网络上被转载9130多次的新闻不署作者姓名不符合新闻写作的规范。

其次，这条新闻的来源均为匿名，可信度存疑。作为批评报道，为确保新闻的真实、客观、公正、平衡，避免失实或偏听偏信，一定要力求新闻来源多元化，记者对涉及新闻的当事人都应进行采访核实、求证，避免个人感情和主观倾向性对采访和写作的影响，对核心事实和细节都应严谨地调查取证，最好是记者亲眼目睹亲耳听到的第一手材料，对第二手、第三手材料都应多方核对，力求字字句句有落实、有出处。除此之外，为保证新闻的可信度，除非迫不得已，一般不用匿名消息来源，因为匿名的消息来源真实性无法保证。这篇报道采访了一个负责原料鸡推广的工作人员、工人、养殖户、粟海集团，还有记者的现场观察，看上去似乎多信源、证据确凿，但从记者本人到所有的信源均为匿名，这就影响了其真实性。如果考虑到保护信源提供人的人身安全，匿名情有可原的话，记者采访粟海集团就没有必要采用匿名信源了，你得交代采访了该集团的什么人，他的身份和职务。

此外，中国经济网的报道缺乏对新闻要素的准确交代。比如“这些饲料配了药，有添加剂，具体是什么不知道，但对人体肯定有害，周边的苍蝇都毒死了，年轻人都不敢在这里干活”，记者连饲料中配了什么药、添加量多少等关键要素均未交代。对于核心事实，记者光凭一个信源还不够，必须多信源求证、核实，用证据说话。报道的标题剑指世界快餐业巨头肯德基、麦当劳，给受众的第一印象是：这两家食品巨头的原料鸡都是“问题鸡”，首因效果强烈，令人震惊。但全文对粟海集团的产能并未交代，对肯德基、麦当劳的原料鸡来源是否均出自粟海集团或有多少原料来自粟海集团也没有只言片语。新闻真实性依赖完整的事实证据链，对事实交代不清楚、不具体、不准确，难以说服受众。

还有一点需要说明的是，专业问题应采访专家，用权威的结论增加新闻的说服力。纵观中国经济网的新闻，除了蜻蜓点水的肤浅材料外，没有采访相关专家。试想，普通工人怎么会了解专业技术知识？他们自己都说不知道添加剂具体是什么，怎么就能断定“对人体肯定有害”？报道究竟有没有科学、准确的把握应该采访养殖场的专家，再将证据交给与该集团无利益关系的畜牧专家求证或将样品送权威检测机构检验。记者可以悄悄地从现场取样并交专业的权威的检验检测机构对饲料进行全面的检验，用科学的报告和数据说话，增加新闻报道的科学性、权威性、真实性和说服力。

对比《每日经济新闻》根据央视调查性报道所做的深度报道，显然要比第一篇浮皮潦草的新闻写作要严谨。当然，《每日经济新闻》的不足是没有独家的现场直接采访，主要事实引自央视。采访不深入，媒介自然无法呈现出有戏剧性的调查报道。

（原稿）

北京迈向新辉煌

2009年10月1日 来源：《人民日报》 作者：荆豹

60年光阴荏苒，60载春华秋实。

首都北京，一直致力于建设繁荣、文明、和谐、宜居的首善之区，在2008年成功举办了一届有特色、高水平的奥运会、残奥会之后，进一步贯彻落实科学发展观，将奥运三大理念转化为城市发展理念，提出建设人文北京、科技北京、绿色北京的战略目标，一幅更加广阔的城市发展蓝图正在展开。

以人为本

城乡居民和谐共建“人文北京”

从今年1月1日起，北京城乡统一的居民养老保险制度正式实施。这是北京首次打破城乡界限，建立统筹城乡的居民养老保险制度，也是全国首个省级范围内的城乡统一养老保险制度。

而就在去年7月1日，47万北京市城镇劳动年龄内无业居民拥有了自己的大病医疗保险，标志着北京在全国范围内率先实现了医疗保障制度的全覆盖。

8年时间内，北京的医保事业连上了8个台阶。始终走在全国前列的社会保障体系，包括城乡居民养老保险制度、福利性养老保障制度在内的养老保障体系，和包括城镇居民大病医疗保险、新型农村合作医疗在内的医疗保障体系，为北京市城乡居民编织了一张完整厚实的“安全网”。

公共服务日益均等化、社会服务不断加强、文化创意产业飞速发展……近年来，一项项惠及百姓的民生举措，不断满足百姓对政府公共服务日益增长的需求。

北京市新出台的养老保障办法，让全市70多万无社会保障的老年居民每月领到了200元的福利养老金。

每年数百亿元的财政支出，创下了0.4元坐公交、2元坐地铁的全国最低的公共交通出行费用。

老城区危旧房改造、建设廉租房和公租房、开发经济适用房和两限房……分级科学、架构齐备的住房保障政策，使得许多低收入者实现了安居梦想。

187个乡镇和1391个村建立了标准化的社区卫生服务机构，政府出资为农民统一购买村级医疗卫生服务，既方便群众看病就医，又解决了乡村医生基本待遇和养老保障问题。

9月28日开通的地铁四号线，成为北京的第九条地铁线，使得北京轨道交通里程超过200公里。同时，北京市已拥有公交车2万多辆，高速公路800多公里。公共交通日益成为北京人出行的绝对主力。

…………

从2007年起，北京公共财政占财政总支出的比重连年超过90%。在城市建设和生活水平提高的均衡发展之下，一个人文、和谐，具有高度文明素养的北京已呈现在世人面前。

与此同时，作为全国文化中心的北京，一幅社会主义文化大发展、大繁荣的生动画卷正在徐徐展开。

年出品电视剧数量占全国总量的近1/4，年出品电影占全国总量的1/2，5500支业余文艺队活跃京郊……北京已成为百姓文化活动参与程度最广泛、文化权益实现程度最高的城市。

排队习惯深入人心，志愿服务人数与规模均居全国前茅，教育普及水平全国最高，每10万人口中在校大学生比例接近世界发达国家平均水平……这些无言的事实，标志着北京已成为具有高度文明素养的人文城市。

科技创新

科技智力优势铸就“科技北京”

2009年上半年，北京的高新技术产业交上了一份完美的答卷。科技服务业实现增加值396.9亿元，同比增长20.6%。

科技，已经渗透到北京的经济、社会、文化和生活等各个领域之中，并由此促使社会管理、治安、旅游、文化等各个方面的科技含量全面提升。

高新技术的应用，推动了首都的产业结构优化升级，提升了有核心技术的现代制造业。在2004年至2008年之间，北京高技术产业保持年均23.2%的高速增长。

高新技术的应用，使得自主创新能力得到提升。近年来，北京涌现出一大批处于国内外领先水平、具有自主知识产权的产品、技术和企业，重点产业核心竞争力得到增强。

高新技术的应用，提升了城乡建设和管理水平，促进了区域协调发展。2004年以来，北京市城市管理运行共采用先进技术成果57000多项，合同成交总额近1000亿元。

高新技术的应用，使得一大批科技成果在2008年奥运会筹办和举办期间投入使用，为奥运会成功举办提供了支撑。奥运会后，科技奥运成果被卓有成效地推广应用，惠及民生。其中，水污染监测、污水处理、再生水利用和节水、湿地和土地处理等先进技术得到推广应用；紧急医学救援无线移动信息平台建成，“北京重大疾病临床数据和样本资源库”设立，甲型H1N1流感疫苗研制和临床试验获得成功。

如今，科技创新的势头方兴未艾。北京，正努力走在全国前列，引领科技创新的城市，正日益焕发出迷人的风采，与全国人民一道欢庆新中国的六十华诞。

（对比稿）

取法乎上　海纳百川

2009年10月1日　来源：《人民日报》　本报记者　谢卫群　曹玲娟

提要：从“共和国长子”，到改革开放前沿，再到建设“四个中心”的国际大都市，60年来，上海巨变在一个普通市民的眼中，是那么的实在、亲切，那么让人振奋。

这是一个明媚的上海早晨。

80岁的莫春梅开始用餐：一碗泡饭，一碟酱瓜。自18岁从江苏宜兴到上海当护士，莫大妈生活中变化不大的也许只剩下这份早餐了。从当年的棚户区，到石库门，到新式里弄，再到如今住的控江路上的公寓楼，“上海的变化我都看到了、经历了，很满足！”她微笑道。

60年，上海经历了脱胎换骨之变，变得更大、更高，也更新了。

更大

大上海，是60多年前莫大妈进上海时人们的叫法。可是，若以面积论，昔日的上海只能算今朝的一个区。

解放初，上海土地面积仅为636平方公里。经过区划调整等，到2008年末，上海全市土地面积达6340.5平方公里，几乎是解放初期的10倍。

变“大”的，不仅仅是面积。

上海的内涵变大了。

上海是中国经济的重要支撑。1949年，上海全市生产总值（GDP）仅为20.28亿元，到2008年已跃升至13698.15亿元。特别是改革开放后，按可比价格计算，上海GDP平均每年增长10.3%，经济总量30年扩大整整16倍。

上海的外延扩大了。

上海曾有“十里洋场”之名，是中国最开放的城市。而当代的上海倡导“海纳百川”，是中国的上海，也是世界的上海。至2007年末，上海累计批准131个国家和地区的48753家外商投资企业。同时，上海“走出去”的步伐不断加快。截至2007年末，上海对外承包工程和劳务合作涉及的国家和地区达177个。

在上海，你可以乘飞机直抵全球179个城市。2007年全市进出口总额达2829.73亿美元，比1978年增长92.5倍。上海的经济循环全面融入世界，经济发展越来越多地利用国际国内两个市场、两种资源。越来越多的国际性会议和赛事活动将目光瞄准上海。从APEC会议，到即将举行的世博会，上海的身影在沉稳地长大。

“七十二家房客”“螺蛳壳里做道场”，曾是上海人居住环境的写照。现在，上海人的住房越换越大。1949年，城镇人均居住面积仅为3.4平方米，到1978年增加到4.5平方米，如今已达16.9平方米。如果说以前上海人住的是“亭子间”，现在则搬进“大客厅”了。

更高

高度也曾是上海的骄傲。

建成于1934年的83.8米高、24层楼的国际饭店，当年曾让人仰望得眼晕，雄居上海“最高”长达48年。

改革开放后，上海的高度一次次改写。在浦东陆家嘴金融贸易区，1994年，高468米的东方明珠电视塔建成；1999年，421米的金茂大厦启用；2008年，492米的环球金融中心开放……

高度的快速刷新，是上海经济、科技、人才不断集聚、攀升的缩影。解放初，上海工业以纺织业及轻工业为主。改革开放后，产业结构不断调整，由“二三一”逐步转向“三二一”。今年上半年，上海第三产业的比重超过60%。先进制造业和现代服务业成为上海新目标。

上海60年前被誉为远东金融中心。改革开放后，上海不断加快金融市场建设，积极参与国际竞争，银行间同业拆借市场、证券交易所、期货交易所、黄金交易所、金融期货交易所等先后建立，金融机构体系逐步完备。代表服务业综合水平的航运业风生水起，国际航运中心的建设紧锣密鼓。全球排名前20位的航运巨头全部落户上海。

今年5月，国务院出台《关于推进上海建设国际金融中心和国际航运中心的意见》。中共中央政治局委员、上海市委书记俞正声，市委副书记、市长韩正表示，这是中央对上海的信任，也是上海在新时期的重大历史责任。上海要站在全局和战略高度，不失时机加快推进国际金融中心和国际航运中心建设，不断提升上海城市综合服务功能，更好发挥服务、辐射和带动作用，为全国改革开放和现代化建设做出应有贡献。

航运中心的建设，就连莫大妈也沾了光。她的两个子女进的是纺织门，两个孙辈大学毕业后从事的就是国际航运业与物流业。城市产业的提升与市民生活的变化，就这样紧密相连。

更新

在莫大妈的记忆中，上海，曾是摩登、新颖、时尚的代名词。如今的上海，更有无数时尚去处。十里南京路重焕青春，南京东路步行街和南京西路“金三角”时尚购物区，双双跻身上海“新八景”候选榜单。中共一大会址周边的“新天地”，更是中外游人领略新上海生活风尚的首选地。

上海正在走入“新天地”，充满创新意识的新举措层出不穷。从城市建设到社区建设，从园区开发到经济结构调整，都创造了一系列新思路新办法。

20世纪80年代的上海，城市基础设施由于长期欠账严重滞后。上海率先在城建方面走出了投融资模式的多元化之路。至2000年，上海利用的基础设施投资达1000多亿元，基础设施欠账基本还清。

在莫大妈看来，眼下最风光的活动，当属上海世博会：全世界都到上海来展示最先进、最时尚的东西。

2010年5月1日开幕的世博会，将一举刷新上海高、大、新的全纪录。至今，已有242个国家和国际组织确认参加，世博会门票售出约800万张，预计将吸引参观者7000万人次，成为参展规模最大、参展方最多的一届世博会。

世博园区建设充满新意。中国馆、世博中心、地区馆等永久性场馆，以及部分国家自建馆，都有太阳能发电项目，总量约达4.7兆瓦。主题馆屋顶电站将成为我国乃至亚洲单体建筑最大的太阳能光伏建筑一体化电站。园区内的世博轴，创造了多项第一，其中6个透明花瓶般的阳光谷，没有两根一样的杠杆、两块一样的玻璃，让人叹为观止。

上海外滩，曾被誉为“万国建筑博览”。而今，更新更多的“万国建筑”落户世博园区。“明年去世博会看一圈，这一辈子就值了！”莫大妈满足地笑了。

解读

以上两篇特稿源自2009年10月1日《人民日报》国庆特刊，属于国内特有的成就报道，即出于宣传的目的在特殊的时机推出的旨在歌颂执政党业绩的报道。这种报道一般只说“一面理”，即正面宣传。

第一篇特稿不算提要，全文2439字。2008年奥运会在北京召开时，北京提出了“人文奥运，科技奥运，绿色奥运”的口号，所以这篇特稿就是按照这个主题来构思的，围绕着这三个方面来表现新中国成立60周年以来北京市取得的成就。这篇报道最大的缺点是：从标题就可以看出其强烈的倾向性和浓郁的宣传本位意识，报道内容中通篇看不见一个人，哪怕是一个人的名字，没有信源，没有引语，没有故事，没有人情味，没有现场描写，更没有戏剧性。宏大叙事尽显宣传意味，表述空洞而缺少趣味性。这是国内媒体成就报道中最常见的模式化写作，有事实没新闻，如同总结材料，枯燥无趣。

以《华尔街日报》所提倡的“直接采访”“多信源”“选取合适的人与合适的新闻切入点”等特稿写作技巧与本篇对照就不难发现，该报道采用的是间接采访，即从相关政府部门获取资料，然后编写而成。因为记者没有进行面对面的采访，没有深入生活观察体验，自然没有办法获得采访对象的动作、表情、态度、观点，并在相关的同类人中选择最有代表性、最能说明新闻主题的人作为故事的主角，使之成为吸引读者、切入新闻主题的纽带。全文信源单调，没有多渠道、多途径获得上层和基层人物中最能吸引受众的主题和人物故事，其切入点也只能从宏观角度开始，终点仍旧以宏观叙事结尾，始终与受众保持着距离。

遗憾的是，类似的成就报道在我们的媒体上比比皆是，每逢重要的节日，这种报道连篇累牍地充斥着报纸版面、广电媒体的新闻时段。我们看到的所谓特稿仅仅是枯燥乏味的资料组合，大量堆积的数据，没有新闻故事所需要的特点——描写具体，细节感人，情节曲折，所以无法让受众感动，也缺少了可读性。这样的特稿显得空洞、矫情，只是营造了一种宣传的热闹氛围，并没有吸引到多数受众的眼球，无法粘住受众，报道的传播效果可想而知。

《人民日报》同一天刊登的关于上海60年成就的特稿《取法乎上　海纳百川》在32篇展示全国各省、直辖市、自治区、新疆生产建设兵团的报道中相比较具有可读性。全文2119字。其优点是：用具体人物的故事作为切入点，角度小，有场景描写，形象可感。全文以80岁的上海市民莫大妈的故事为引子，借用她的故事，从微观到宏观，将上海的成就贯穿起来，采用的是平民视角，有亲和力，有人情味。这篇特稿从头至尾语言简洁通俗，小标题凝练，文风质朴，同喜欢用修饰词夸张渲染、用数据疲劳轰炸、用空洞语言概括事实的成就报道相比具有明显的优点。另外，该成就报道段落小，层次清晰。其标题也摆脱了多数成就报道的宣传意味，不足是太虚。

《取法乎上　海纳百川》尽管有以上优点，但仍与《北京迈向新辉煌》有相似之处，骨干材料源自政府部门的资料，信源单一，现场采访的人物仅有一个莫大妈，直接引语仅有莫大妈的两句话，缺乏现场细节描写。数字过多也是《取法乎上　海纳百川》的不足。如何将枯燥的数字转化成可以触摸、可以感受到的事实，让数字变得鲜活生动起来，少而精，精而妙，让读者喜欢读，这也是成就报道需要解决的问题。如果仅靠间接采访，靠政府部门提供资料，成就报道就会堆砌数字，使阅读充满迷雾指数。

总体而言，第二篇特稿也没有摆脱“一面理”的宏大叙事窠臼，仍由宣传本位意识主导。

综上所述，成就报道是我国新闻媒体报道的一种常用模式，它凸显的是新闻的宣传功能，弘扬社会主流价值观，突出意识形态。每年国内的七一、八一、国庆等带有政治符号的节日，媒体都会按照宣传部的统一部署，集中人力，拿出重要的报纸版面或广电的黄金时段设置专栏，进行持续时间长、规模大、规格高的战役性宣传报道。

对于记者而言，如何突破传统成就报道的固有模式，如何按照新闻的规律写好成就报道，是值得思考的问题。从以上两篇报道看，单纯依靠政府部门材料编写“成就”，只说优点不反思缺点的老套路、只讲“一面理”、年年炒冷饭，千篇一律，很难把成就报道写活、写好，让人爱看爱听。七分采访，三分写作，好新闻是用脚跑出来的。

只有用新闻眼光、新闻思维去寻觅生活中鲜活的人和事，立意高、角度新，用镜头语言具体地描写事实，深入现场挖掘细节，用生动的情节感染受众，体现人情味，恪守真实、准确、客观、平衡的新闻专业主义精神，借用文学手法让报道形象生动，才能从平凡中见奇崛，让接受主体青睐，获得传播主体期待的传播效果。

当然，改变传统的成就报道模式、报道框架，得有宽松的舆论环境、制度创新和媒介经营管理者的独立精神品格和社会责任担当的勇气，以受众为本。因循守旧的机制不改，记者应付差事，依靠间接采访写稿的现象就难以改变，成就报道也就成了走过场，雨过地皮湿，受众不关心。

（二）延缓性新闻特稿

（原稿）

热衷权钱色　聚焦湖北“五毒书记”张二江

2002年1月30日　10:18　来源：中国新闻网

中新网武汉1月30日消息　热衷于权力与金钱、女色交易的人，必将成为权钱色的俘虏。湖北省天门市原市委书记张二江就是一个“吹、卖（官）、嫖、赌、贪”五毒俱全、良知泯灭的腐败分子。

据当地《湖北日报》报道，张二江利用党和人民赋予的权力，大搞权钱交易，公然卖官鬻爵，顶风违纪收受礼金、礼品，生活极端腐化堕落，肆意挥霍公款，贪得无厌。张二江这样的“五毒”俱全案例，不仅在湖北是首例，在全国也不多见，性质十分恶劣。其违法违纪行为之丑陋，性质之恶劣，令人震惊，发人深省。

恶人先告状

2001年7月12日清晨，张二江坐的轿车在汉宜高速公路上飞驰。头天，他分别接到省纪委和省委组织部的电话通知，要求他到武汉汇报工作。他此刻的心情酷似这夏日的天空，时而阴云低回，时而艳阳高照，此行福祸难卜啊！

张二江宁信是祸，不信是福。近几年来，省纪委曾5次核查过他的经济和作风问题。去年初，该市常务副市长傅文尧因经济问题被省纪委“双规”，上个月被检察机关逮捕，他断定傅文尧“棉花案”中，自己受贿10万元钱的问题已被牵连出来。接到省纪委电话通知后，预感不妙，于是拿出他的“锦囊妙计”，伏案疾书，分别给省的两位主要领导写信，封好后交给他身边的一位亲戚，嘱咐他，如果两天之内未回天门，就将这两封信急速发出。

他在信中无中生有，恶人先告状：“办案人员急于立功，限制人身自由，靠威逼、恐吓搞口供。”

“我身患重病，如耽误治疗，一命呜呼，将使楚中失一良将，阴间多一冤魂。”他相信哀兵必胜。

两封如期发出的信，很快从省领导那里批转到了省纪委，自然已成为笑谈。

张二江是山东寿光人，1954年1月生，大学文化，1970年12月参加工作，1975年10月加入中国共产党，1988年9月任丹江口市委副书记、市长兼武当山风景管理局党委书记、局长，1997年1月任十堰市委常委、丹江口市委书记，1998年12月任天门市委书记至案发。

据省纪委办案人员介绍，张二江案是近几年来全省查处的厅级领导干部中违纪问题种类最多、影响最恶劣的大要案件。经核实，他在丹江口市和天门市任职期间，利用职务便利，为他人谋取利益，收受贿赂人民币82万余元、美金4300元；非法占有公款22万余元，便携式电脑一台、价值2万余元；违反规定收受红包、礼金人民币10万余元、日元1万元；违反社会主义道德，嫖娼、淫乱、包养情妇，观看淫秽书籍、光碟；违规设立专用资金账户和小金库；支持庇护赌博活动，严重违反了党的纪律。经省纪委常委会研究并报省委批准，已给予张二江开除党籍处分，收缴其非法所得，移送司法机关处理。

张二江在向组织写检查中，请求最多的一句话，是“留在党内，从轻处理”。然而，当我们翻阅记录着他违纪违法事实的82卷、足有两米多高的案卷时，惊讶地发现，这个自诩为“楚中良将”的党员领导干部，竟是一个五毒俱全的腐败分子。

收受贿赂80余万元

张二江出生在山东寿光一个并不富裕的乡村，幼小时常常缺衣少食，长大后当过兵，做过邮递员。上学时候读书勤奋，头脑灵活，曾是武汉大学历史系的高材生。1988年党的干部制度改革给他提供了机遇，当时在省政府某部门任副处长的他主动申请到武当山脚下的丹江口市工作，组织上任命他为市委副书记、市长兼武当山风景管理局局长。他始觉踌躇满志，宏愿得偿，也用他的聪明才智为发展当地经济立下过汗马功劳。但在市长的位子坐稳之后，他就私欲迅涨，用人民赋予的权力吸吮人民的血汗，开始了近似疯狂的权钱交易。

1996年6月，湖北协力达投资公司F经人介绍认识了时任丹江口市市长的张二江。F通过张承接到丹江口武当山索道工程项目，并与武当山风景管理局合资成立由该公司控股的一家公司，F任董事长。同年底，这家公司在索道工程建设中缺少资金，找建行十堰市分行贷款，并由武当山镇用武当山门票收入作担保。因银行担心门票收入担保不能保证所贷资金安全，要求公司重新寻找担保单位，F便请张二江帮忙。张给丹江口市电力局局长打招呼，由其担保从建行丹江口市支行贷款1720万元。

张二江并非助人为乐的人，他的权力从不白用。这年11月的一天，张二江为解决其在武汉某某公司上班的情妇姚某的住房，约F到他的住处，要其在武汉为他购买住房一套。F答应出钱，让张选房。同年12月，张在武昌梅苑小区选中一套商品住宅房，让其弟弟找F拿了16万元支付了购房款，并办理了购房手续。该房一直由姚某居住。2000年上半年，张得知省纪委对其与姚某的关系及购房问题进行调查，便于同年5月，托到天门出差的朋友将此房的商品房证明、购房合同和发票等带回武汉，交给他人保管，以对付组织调查。

张二江可谓是个细心的贪官。他懂得用权力换来的钱并不“安全”，凡是受贿数额较大的钱，他都要考虑退路。1995年至2000年，天门市岳口镇私营业主张某非法从事棉花经营。2000年春节前夕，为获取棉花经营许可证，张某带着烟酒等礼品到张二江家换回了“可试行”的批示。5月底的一天晚上，张某又用黑色塑料袋装着5万元现金到张二江家，当着张的面放进写字台抽屉里，以示感谢。6月10日，根据张二江的批示，市政府召集有关单位负责人会议，专题研究棉花购销问题，同意张某作为当年全市独家试点单位参与棉花购销经营。此后，张某再次带着5万元到张家，表示：“感谢你对我公司的支持。”张二江欣然收下。9月的一天，张二江到武汉出差，打电话找到“知心”朋友C说，最近有个民营企业家给我送了一笔钱，你干过公安，又搞过监察，怎么处理才安全？C指点迷津：钱放在我这里保管，由我向送钱人写张借条，你转交给送钱人。张说：“行，钱你先拿去经营，赚了咱们分利，出了事就算是你借的。”11月中旬的一天，张二江交给C现金10万元，由C写了一张借条。张二江将借条交给了张某，自以为天衣无缝。谁知，恰恰是这掩盖得“天衣无缝”的10万元贿赂，被省纪委的办案人员逮住了狐狸尾巴，从而撕开了这一大要案件的切入口，进而查出了他在丹江口和天门任职期间收受贿赂人民币82万余元、美元4300元的违法违纪事实。

疯狂卖官

在中国封建社会腐败的官场中，执政掌权者因贵凭势，出卖官职爵位，以聚敛财富的事常有之。作为现代文明社会的公仆，张二江不顾党性原则，步封建官僚的后尘，卖官鬻爵，为一些心术不正的党员干部职务升迁做权钱交易，索贿受贿，在社会上造成了恶劣影响。

1995年初，丹江口市财政局农税局长吴建营（因受贿问题另案处理）到张二江家，请求张将其升任市财政局副局长，送给张现金8000元。同年春的一天，张安排秘书要吴给其买一台彩电，吴立即照办。1996年春节前的一天晚上，吴到张家再次向张提出任职请求，送给张现金1万元。同年夏，张又叫吴为其买一台冰箱，吴连忙购买了一台冰柜送上。同年6月，吴得知张要出国考察，送给张600美元。同年底，张二江乘太平洋保险公司十堰办事处在丹江口市设立代理处之机，提出该代理处经理由吴建营担任。1997年春节，吴又送给张现金1万元，并旋即走马上任。1998年春节前，吴得知代理处将要撤销，到张家向张提出调回市财政局任副局长，送张现金1万元。同年6月21日，吴又送张现金1万元。根据张二江的意见，吴很快便被任命为市财政局党委委员、副局长，国资局局长。

1998年1月和3月，时任丹江口市卫生学校校长的王定武（因受贿被开除党籍、行政撤职）两次到张二江家，向张提出调动工作的请求，送给张现金2000元和1000元。之后，张对市委组织部有关领导说：周长富（时任卫生局局长）调任教委主任，卫生局局长让王定武接任。同年4月，张再次提出让王定武任卫生局局长。为感谢张，王到张家送现金2000元。1998年11月，王又从卫生局财务拿现金2000元到张家送给张。王送给张的7000元，其中5000元用虚开发票分别在市卫校和卫生局财务冲销。

在张二江面前，只要用钱开路就可升官。1994年秋的一天，丹江口市政府办公室副主任周长富（因受贿问题被判刑5年，开除党籍、行政撤职）到张二江办公室汇报工作时，提出到市直部门去工作。1995年1月的一天，周送给张家现金800元。同年二三月，市委组织部有关人员根据张的意见，向张汇报将周调任市卫生局局长的方案，张表示同意。同年4月，周被市委任命为市卫生局党委书记，提名任卫生局局长。1996年1月的一天，为感谢张，周送给张现金1000元。1998年初，周听说市教委主任要调整后，到张家要求调教委工作，送给张现金2000元。不久，张对市委组织部有关领导说，教委主任叫周长富去干吧。同年4月，周被任命为市教委党委书记、主任。1999年初，周到天门出差，为感谢张的关照，到张家送张现金2000元。周送张的5800元，其中4000元用虚开发票在财务冲销。

对身边的人要官，张二江办得更爽快。1999年8月的一天，天门市委办公室副主任彭某（已作撤职处理）得知市财政局领导班子将要调整后，向张提出到财政局任局长的要求，张当即答应到时候考虑。两个月后，有关人员向张汇报考核财政局班子的情况时，张说："财政局新局长人选，彭某比较合适。"事后，张又向市政府领导推荐彭任财政局局长，有人提出彭业务不熟，张坚持己见。同年11月，彭某被任命为市财政局局长。彭为感谢张，2000年春节前到张家送现金1000元；几天后，彭又以拜年为名，到张家送给张现金1万元。2001年春节前，彭送给张现金1000元，后送给张现金1万元。

曾为自己办过事的人，张二江更是竭力保护。2001年春节后的一天下午，市教委主任罗某（已作免职处理）到张办公室汇报办理张二江之子上大学一事时，向张打听机构改革情况，并说社会上传言要变动自己的职务。罗要求在教委还搞几年。张叫罗不要听传言，并说市委没有动罗的意图。罗为感谢张保住自己教委主任职务，先后五次送给张现金4.2万元，此款均以虚开发票手法在教委财务冲销。

十二年间平均一月玩弄一名女性

张二江除了爱钱财，就是爱女人，用他自己检讨的话说，就是"放纵不良性意识"。据张交待，从1989年至2001年7月的12年间，几乎平均每个月都有1名女性被他玩弄。发生关系的女性当中，有党政机关干部、企事业单位职工，还有保姆等，仅"三陪女"就有数十人；为他"介绍关系"的人中有个体老板、商人、朋友，还有秘书、司机、亲属；淫乱的地点有宾馆、住宅，还有办公室；淫乱行为遍及丹江口、天门、武汉、襄樊、嘉鱼、仙桃、十堰乃至北京、广州、东莞、南阳、三亚、温州、福建等地。

张二江如此放纵性意识，是有"理论"作先导的。在他的藏书中，有《性知识手册》、《性修炼》等，还有《肉蒲团》、《新金瓶梅》等一批淫书和淫秽光碟，他常从中寻找刺激，就是在出国考察中，也禁不住要收看一些西方国家电视性频道赤裸裸的性展露。张二江案发后，调查组查获经有关部门鉴定并确认为内容淫秽的书籍22本，光碟12盘。

且略举数例，以展现张二江的污秽面目。

2001年4月的一天晚饭后，在天门经营快餐店的福建省福清市个体老板H到发廊按张二江提出的标准，找到卖淫女Z，提前付钱后将Z带到张二江家，张与Z发生了性关系。时隔不久，Z在发廊看电视偶然见到张二江在大会上作报告，觉得很面熟，仔细一看，不禁愕然感叹："这不是跟我做点的那个人吗，没想到这么大人物还干这种事！"

张二江几乎不可一夜空床，经常指使自己的表侄及身边工作人员充当"皮条客"，为其物色符合其标准的女孩，供其玩弄。1996年至1997年，张指使表侄苏某先后将20余名女性带到家中供其玩弄。1998年12月底，张调到天门后，苏某因到天门时间不长，一时未能找到合适的小姐，张骂他是"近视眼"。张将在丹江口玩弄过的几名小姐的BP机号码抄给苏某，让苏叫她们到天门来玩。苏隔三岔五地召这些女孩子来天门，到张家供张嫖宿，并为张代付嫖资。到外地出差时，张二江经常吩咐身边的工作人员“到街上转转，有好的就带回来”。2000年9月，张二江带队到东莞招商引资时，甘某按照张的要求先后找了3名卖淫女带到张住的房间嫖宿；2001年1月，张二江带队到北京召开天门同乡会时，指使甘某找来一卖淫女供张嫖宿……

张二江虽有以权谋色的优势，但两厢情愿者甚少。为此他一方面向他喜欢的女性宣扬西方的性开放，动员她们“只要两情相悦，不妨相好，结成性伙伴”。一方面以金钱、小礼品为诱饵，以小恩小惠相哄。每次玩弄女孩后，他或是拿出三五百元现金相送，或以戒指、项链相赠。张二江到澳大利亚考察时，一次买澳宝钻20多枚，全部送给了来他家被其玩弄的女孩。张供认，仅这类开支就有10多万元。

最为恶劣的是，他还多次与多名女性同床淫乱。只要他看中了的女性，就逃不脱他的魔掌。

1996年9月的一天，张二江在某招待所吃完中饭后，一名服务员将张领到房间休息，并提出调动工作的想法，张答应，叫她进房间。张夸其像清代美人，并要发生性关系，被拒绝。张叫其想通了再找他。最终利用权力逼其就范。张还多次同时与2名女性，甚至两姊妹发生性关系，左拥右抱，毫无廉耻。

张二江为满足自己淫乱的欲望，还违反社会道德，长期包养情妇。

张二江任丹江口市市长的第二年就和宾馆服务员姚某鬼混在一起，为姚某办理了“农转非”户口，调动了工作，后又送她上武汉大学成教班“包装”深造，每年出资近万元为姚某交纳学费和食宿等费用。1994年，张妻留学回国，姚某提出与张分手，不再保持情人关系，张不同意。为避人议论，张二江托武汉某公司董事长F将姚某安排在其公司上班。同年12月，张二江在武昌购买并装修住房一套，购置空调、炊具等物品，供姚某居住。张到武汉时在此与姚某同住。姚某亦利用节假日到天门与张同住。

让常人不可理解的是，张二江在与其妻未办理离婚手续的情况下，与这名未婚女子长期保持非法关系，同时又背着她们干了大量玩弄女人的坏事。也许是良心受责，张二江对姚某出手十分大方，在他们相好期间，张送姚某的钱物有：人民币45万元、美金5000元、港币800元、金戒指3枚、金项链2条、飞亚达表1只、电脑2台（其中笔记本电脑1台）、小型摄像机1台、录放机1台、照相机1部等。

公然支持、庇护赌博活动

张二江为了在发展地方经济中创造政绩，作为自己升迁的资本，不择手段搞所谓“优惠政策”，甚至公然与国家政策法规相对抗，支持、庇护开赌场，使人民群众十分厌恶的歪风邪气一度张扬不羁。

1997年11月，部分私营业主利用武当山经济特区成立之际，在一些宾馆、饭店租房采用开设啤酒机、百家乐等形式进行赌博活动。同年12月，张二江在武当山检查工作时，该区有关领导将此情况向张汇报，并说武当山搞博彩业能吸引游客和客商，要求市里给政策。张认为风景区搞博彩活动，对旅游业的发展及地方财政创收有好处，当即表示，“这样搞很好”。有关领导又向张二江建议在特区成立一个民营办，专司民营企业的封闭管理，其他执法部门对民营企业监管须通过民营办。张同意。后武当山特区成立了民营办。1997年底的一天，张二江在办公室听完丹江口市公安局负责人的工作汇报后说，外地有些老板到丹江口来搞博彩活动，你们要规范一下队伍，不要跨地区、跨警种随意去查；对民营企业的治安管理，要通过民营办，不要让干警“干私活”。公安局负责人提出，博彩活动是赌博行为，我们不管，上级公安部门也要管的。张说，你们先试试看（指不要市公安机关抓赌，看社会上有何反应）。1998年2月7日晚，市公安局接到群众举报，有人在武当山特区武林宾馆聚众赌博，公安局负责人让武当山老营派出所所长带人查封赌场。当晚该派出所与武当山公安分局一起，在武林宾馆抓获参赌的50多人，缴获赌资6万多元，筹码31万多元，收缴了一批赌具。张二江听说后立即对公安局予以指责，并要求“把这事交给特区民营办解决”。迫于压力，市公安局通知将该案移交给民营办。民营办则未对赌博一事作任何处理。

1998年12月至1999年4月，张二江住在天门宾馆。1999年春节前，宾馆负责人范某对张二江说外地公开设赌场的很多，天门宾馆能不能仿效，张二江毫不犹豫地说：“人家能搞，我们就能搞。”之后这名负责人请来一些用电子游戏机赌博的老板，从事啤酒机、百家乐等形式的赌博活动，宾馆收取场租费。至1999年3月上旬，赌场由开始的1家发展到4家。因群众对天门宾馆开设赌场一事反响强烈，市公安局治安大队调查后，同年4月20日，向市委和市政府呈报了《关于天门宾馆利用电子游戏机公开聚众赌博的调查报告》，坚决要求取缔。同年5月6日，市长批示“速抓落实”。同日，张二江慑于大势，无可奈何地签了“同意请示”。此后，天门宾馆的赌博活动，由公开转为地下，由持续性变为断断续续。8月，正值省“三讲”团在天门检查工作，张要市委办通知政府办、公安、财政、工商、税务、城建等部门负责人参加对天门宾馆封闭式管理的协调会。张二江到会讲话，张说：历代皇帝都反对赌博，但没有哪个朝代禁彻底了；作为市委书记，我不能说同意、支持宾馆搞赌博，但其他地方都在搞这玩意儿，我一贯反对赌博，但不反对娱乐。张同意对天门宾馆实行封闭管理。同年9月28日，市政府办公室下发了《关于对天门宾馆实行封闭管理的通知》，规定“任何单位和个人未经管委会（由市政府办、建委、城管委、财政、公安、卫生、工商、税务、环保和宾馆派人组成）同意，不得进入天门宾馆进行检查、收费”。

2000年春节前，宾馆负责人到张家，提出宾馆在春节期间开设赌场，张未反对，天门宾馆随即开设赌场多时。2000年10月，襄樊的个体老板赵某等人要求到天门宾馆开设赌场，张“嗯”了两声，未作答复。之后，宾馆开设了赌场多日。由于天门宾馆设赌场未受到有效打击，该市多家宾馆、饭店相继仿效，群众举报后引起公安部和省公安厅的高度重视，多次点名批评天门，并责成市公安局查报结果。同年12月12日晚，市公安局根据群众举报对天门宾馆突击检查，当场抓获赌徒24名、现金赌资3750元、押赌筹码19万余元。张二江得知此情况后，非常恼怒，将市分管领导叫到自己办公室，对其进行严厉批评。次日，在天门宾馆召开的全市经济工作会上，张二江讲：公安局长不与市委保持一致，管不住手下的人，为了几万元（指公安抓赌罚款），赶走了客商，损坏了天门的形象；今后几家宾馆禁区，不能乱查，查也要请示，大的行动要直接向我报告。2001年春节前，宾馆负责人又向张反映宾馆发不出工资，要求在春节期间再搞几天（赌博），张同意。经查，天门宾馆自1999年开设赌场以来，共收取场租费170.8万元，其中送给张二江4.5万元。

沉痛的教训

研析张二江腐化堕落的思想轨迹，我们心情沉重，像他这样，被党和人民委以重任又被财色击落下马的腐败分子，近些年来一批接一批地被清除出党员和干部队伍，他们堕落的轨迹是那样的惊人相似，又具有如此鲜明的个性。省委书记俞正声同志在1月30日全省典型案件情况通报电视电话会议上指出：我们的干部绝大部分是好的，但确实有一部分人是良知泯灭。像张二江这样的人是五毒俱全，良心丧尽。我们要认真研究他的教训。

首先，党员领导干部必须树立正确的世界观、人生观、价值观。要当个好官就要过好三“观”，做官就是给老百姓做事，不想给老百姓做事的人，想挣钱、想谋私利的人就必然当不好官。张二江这种现象如果蔓延，党将不党，国将不国。其次要坚决查处用人上的不正之风，张二江有买官的他就卖，危害极大。对卖官的要处理，对买官的人也要处理，不论钱的多少，一律撤销党内外职务。最后要建立健全干部考察评价、监督、激励的科学机制，既要看干部物质文明建设的实绩，又要看干部抓精神文明建设的成效，对张二江这类乔装打扮的人，一定要提高警惕，善于识别；对思想素质好、干出实绩的干部要重视对他们的使用，激励他们更好地前进。

还有一点值得一提的是，张二江的堕落除了缺乏学习和逃避监督之外，还突出地表现在他的腐朽没落的封建意识和文过饰非的思想作风上。

张二江的世界观里蒙有浓厚的封建色彩。他以唯心史观研究历史，满脑子帝王将相思想。从34岁起担任市长、市委书记，后又担任天门市委书记（副厅级），大权在握，他不认为这是党和人民的重托，而认为是“天将降大任于斯人”，自己是一方诸侯，是主宰，“我说了算”。民主意识极差。每次领导成员研究人事、经济等大事都以他的最后“表态”为准，或者根本不征求别人的意见，一个人拍板。因此在干部任用、经营立项、财务开支等重大问题上屡屡出现失误。他还崇尚封建文人的 “三妻四妾”和古代帝王的“三宫六院”等糜烂生活方式，广泛交结性伙伴，肆意淫乱，置党纪国法和伦理道德于不顾。

张二江堕落的行为是渐进式的。如果他能见微知著，闻过即改，就绝不会有今天的结局。他的经济、作风问题早在几年前就有举报，有关部门进行过检查。省委、省纪委领导对其存在的问题多次进行过严厉批评，给他改过自警的机会。但他不知珍惜，每次都把自己打扮成“一贯正确”、“问心无愧”，极力掩饰自己的错误。直到被省纪委“双规”的前几天，他仍然在人前拍胸保证：“我有什么问题呢？我敢拿党票担保！”有关领导指出他收受礼金是违纪行为，他振振有词：“当书记的谁不提拔几个干部？被提拔的干部谁不送点礼？”有人劝他生活作风要持身严谨，他却满不在乎：“与几个女的相好，在一起玩玩不算违法。”就是如此“这也不算什么”，那也“问心无愧”，使他在堕落之路上一步一步走向了政治生命的绝境。（李丛发、陈新民、赵洪松、翟志清）

（对比稿）

“五毒书记”张二江和他的官场逻辑

2002年3月22日 10:17 来源：《南方周末》

自命为“荆楚一帅才”的张二江，可能做梦都没有想到，有朝一日他会以“五毒书记”的外号扬名天下。2002年1月29日，湖北省委书记俞正声在省委召开的典型案例通报电视电话会议上痛斥张“吹、卖（官）、嫖、赌、贪”五毒俱全，从此“五毒书记”之称不胫而走，成了2002年反腐的标志性词语之一。

2月底，湖北省检察院对张二江案侦查终结并移送起诉。张被指控的罪名主要包括：1995年至2001年，张二江在担任丹江口市市长、市委书记和天门市委书记期间，利用职务之便，为他人谋取利益，收受他人贿赂39次，共计人民币77万余元、美元4300元，先后14次支取公款10.8万元用于个人开支和送给亲戚朋友。

这些数字，与时下某些贪官动辄数百万上千万的犯罪数额相比，并不足以引人注目。所以，在张的“五毒”中，“贪”被排在最后一位。排在第一位的是“吹”，知情人一眼就能看出，“吹”主要指的是1998年前后发生在丹江口市的“统计浮夸风”，其时张二江正担任丹江口市委书记。而“五毒”中传播最广的是“嫖”，张在接受纪委审查时供认，他从担任丹江口市市长开始，10余年间利用职权玩弄女性超过百人，其中有想升职的下属机关干部，有希望办“农转非”

的宾馆服务员，也有从街上带回的“三陪女”，其中细节令人发指。

让人感兴趣的是，如此一个“五毒俱全”的人物，十几年间是如何在官场上平步青云，由代市长而市长，由市长而市委书记的呢？

一个“优秀人才”的仕途

在武汉大学珞珈山脚下，有一座鲲鹏展翅的雕塑颇为引人注目，这是武大77、78级校友毕业前捐钱修建的，寓意学业有成，大展宏图。作为武大历史系78级学生及校学生会主席，张二江正是这项动议的发起人和组织者之一。上大学前，张二江当过6年兵，还做过邮递员。根据一篇报道，他是南下干部子弟，在他年少时，父亲在“文革”中受打击离世。

即使在阅历丰富者众多的“新三级”学生中，张二江也显得卓尔不群。“喜欢当官，爱高谈阔论，热心社交，是公认有才华的。”他当年的一位同学回忆说，“但他有细微之处，哪位同学病了，家里有困难，都很关心”，“我们同学对他印象都不错”。

有趣的是，位居高官后生活腐化的张二江，大学期间甚至没有女朋友，他的同学回忆说，他最大的业余爱好是练毛笔字。

张二江在上学期间就表示了从政的强烈愿望，并在学生干部模拟政治操练中颇有建树，担任武汉大学学生会主席，当选为全国学联委员，基本上达到了一个学生干部所能做到的极限。

根据张的履历表，毕业后他被分配到湖北省冶金局，担任团委书记。两年之后的1984年，他又调到刚刚组建的厅级单位湖北省委经济工作部。在经济工作部，30出头的张由科级晋升到副处级，但没有实职，任副处级调研员。1986年，他被下派到嘉鱼县挂职任县委副书记。下派和挂职锻炼被认为是提拔干部的前奏和必经程序。但这一次的下派并没有给张二江带来实质性的升迁。1987年，张从嘉鱼县回到经济工作部，担任调研室副处长。

1987年，湖北省委经济工作部被撤销，与此同时，湖北省监察厅成立。据介绍，当时经济工作部80%的干部都转移到了监察厅，张二江也调到监察厅某处任副处长。但仅仅3个月后，张又调到省政府研究室任副处长。知情人称，张认为监察厅不好发展，便通过各种关系谋求调动。张曾对熟人说过，“我办具体的事不行，但宏观方面还可以”。张一直认为自己不是等闲之辈，做事喜欢独当一面。从他两次主动的调动看，都是从单一职能部门到了宏观综合部门。

从学生会主席到省直机关的年轻副处长，张二江有无特殊背景不得而知，但知情人认为对张来说这应该是水到渠成的，张“脑瓜灵，办事干练”，又是名牌大学毕业并担任过学生会主席及全国学联委员，在当时看来是一个优秀人才，可能被省里作为后备干部培养对象。

省直机关的工作对一个有政治抱负的人来说，是远远不够的。张二江很清楚这一点，他的出路仍然在“下面”：到基层担任实职，主政一方，证明了自己的能力后再谋求更高层次的发展。1988年，张的机会终于来了，湖北省决定从省直机关中下派一批干部到基层出任党政领导，这次下派不同于一般短期的挂职锻炼，而是要扎根基层，连户口都要迁过去。

张二江报了名，并得到省委组织部批准，到边远的鄂西北县级市丹江口出任代理市长，不久后在市人代会上顺理成章地当选为市长。

丹江口市以道教名山武当山及丹江口水库闻名，同时也以贫困闻名。但对张二江来说，这也许正是一种机遇。后来的事实证明他果然很好地利用了这个机遇。如果能使一个贫困县脱贫，这便是最大的一单政绩，足以奠定一个官员升迁的坚实基础。

1997年，北京一家知名杂志刊登了一篇题为《张二江：十年鏖战丹江口》的报告文学，在这篇洋洋一万多字的长文的开头，引用了一首出处不详的“民谣”：“丹江口来了个张二江，家家户户满粮仓。就是碰上了鸡猴年，也能吃上个肚儿圆。”作者显然想把张二江描绘成丹江口人的衣食父母。

张二江是1988年初到丹江口担任市长的。据《十堰统计年鉴》记录，丹江口1988年的国内生产总值（GDP）为5.0338亿元，仅比他上任前的1987年的4.2666亿元增加了7000多万元，这个较为平稳的数字一直持续到1992年，为8.2284亿元。

1993年，这个市的GDP猛然蹿到16.1161亿元，比上年增加了近8个亿！此后，更是连年翻筋斗，1995年的GDP达到了38.5502亿元，财政收入1.75亿元，分别比上年增长35.2%、70.4%，丹江口宣布“全面脱贫”。1996年，张二江被提任十堰市委常委、丹江口市委书记。此后丹江口的统计数字继续年年上升，1998年，丹江口市年报GDP82.6亿元，财政收入2.85亿元，农民年人均收入2545元，获湖北省“十强县市”称号。

1999年底，数家媒体（包括本报在内）聚焦丹江口，揭穿了当地骇人听闻的统计数字造假黑幕。湖北省为此进行了一场统计数字“挤水”运动，丹江口一地在此次运动中挤“水”总量占全省的5%。2001年，有关方面做出权威统计，丹江口市2000年国内生产总值、财政收入分别比1998年缩水近50%和40%，仅相当于1995年水平。丹江口在获“十强县市”称号两年之后，又申请重新列入国家扶贫开发重点县市。

而此时，从“数字政绩”中获益最大的张二江已经调省直管市天门市任市委书记。

双重人格和官场逻辑

时至今日，张二江数字造假、数字升官的丑闻已大白于天下，但记者到丹江口采访时，丹江口市工业局一位干部谈到此事时轻描淡写地说：“丹江口前几年工作做也做了一些，吹也吹了一些，浮夸风各地都有，只不过把丹江口做了一个典型，有的地方可能比丹江口更厉害。”而丹江口市统计局办公室一位人士则说，虚报有一些制度上的原因，如果当年上面不搞一些不必要的评比，下面也就没有必要弄虚作假。这显然不是个别干部的看法。张二江的继任者张达华，就在全市统计工作大会上说：“现在弄虚作假的各地都有，我们丹江口的问题，好比几个人横穿马路，有交警值班，其中有一个人被抓住了。”

类似的说法是记者在丹江口采访，尤其是在政府机关干部中采访时听到最多的。很多外人以为惊世骇俗的东西，他们却习以为常。作为官场内部人士，对自己的事务，他们似乎有一种独特的价值逻辑和行为规则。而对张二江的评价和张二江本人的行为，也经常处于这样的一种悖论之中。

丹江口市一位政协常委说，张二江来丹江口的头两年，“工作状态好”，经常下乡搞调研，有朝气。他是知识分子，又从省城下来，较之一些从山沟里出来的干部，思维开阔，观念先进，有点子，敢想敢干。但几年之后，他在与另一位领导的权力斗争中获胜，脚跟站稳，特别是当他当了市委书记后，有人捧场，有人送礼，就发生了变化，后期群众反应很大。

丹江口市纪委一位领导并不认为张二江在丹江口十年有什么明显的堕落轨迹。就工作能力而言，“在同级干部中算是优秀的”。但“能干”和“能贪”则一点都不矛盾，经常是同时进行。

一个典型的案例是武当山索道工程项目，这被公认是张二江的“政绩”之一。1996年6月，湖北省某公司通过张二江承接了工程。同年底，这家公司在索道工程建设中缺少资金，找建行十堰分行贷款。银行要求公司提供担保单位，公司董事长便请张二江帮忙，张指示丹江口市电力局为该公司担保获得贷款1720万元，索道工程得以建成。同年11月，他指使该公司在武汉购买价格16万元的住房一套，供其在武汉的情妇居住。

张二江曾给人留下廉洁、勤政的印象，大会小会上都强调要做一名清官。有一年，他推荐一本叫《清官策》的书，其中介绍了一些历史上有名的清官事迹，成为丹江口市大小干部的必读书。1998年底张调到天门任市委书记后，这种廉洁的形象依旧未变。有人亲眼见到他在吃饭时向在座的干部们训话：“历史上凡是贪污腐化的，没有一个讨好的……”弄得大家十分尴尬。天门市纪委一位干部介绍，2000年夏天，张二江下到一个乡镇指导抗旱工作，乡镇干部从成箱的矿泉水中抽出一瓶给他，他当即说：“一瓶矿泉水就要两块钱，有一杯白开水就行了嘛。”

不过，张二江在另一些场合讲的话却显得自相矛盾。天门市纪委书记王宪龙透露，有一次市纪委召开反腐败会议，张二江在总结时即席发言，称中国历史上没有真正意义上的清官，“所谓清官不过是统治阶级为了维护自身利益杜撰出来的，而且，清官死后连打补丁的官袍都穿不上”，听得大家一头雾水，他却拂袖而去。

当然，那些真正能够近距离接触张二江的人，是不会一头雾水的，他们显然知道自己应该干什么，应该怎么干。

在他主政的丹江口和天门市，买官卖官已是公开的秘密。此次张二江事发，因涉嫌行贿而受查处的就有8人，被查处的显然只是行贿者中的少数。丹江口市委组织部一位副部长说，在张离开丹江口前，提拔干部已经到了“随心所欲”的地步。对想提拔的人，他通常示意组织部“考察一下”，但是，“有的干部考察一次不合格，考察两次不合格，他还坚持提拔”，“组织部只起到盖章的作用”。而提拔的动力，不言自明。以春节“拜年”来说，要想保住官的，一般送5000元左右，“要求进步”的则要数万元乃至更多。在天门官场一则流传颇广的故事是：一名乡镇党委书记想做交通局长，送上10万元，以为十拿九稳，哪知最后安排到一个“非要害部门”，遂感叹道：“行情变了，行情变了。”

与钱相比，张二江收受更多的是“性贿赂”。据报道，张二江在丹江口和天门任职期间，与他发生不正当关系的100多人中，有15名党政机关干部，其中7人得到提拔，2人的丈夫得到升迁。天门市妇联一干部，与张二江发生多次关系，先让张给组织部打招呼调到交通局，到交通局后不满意，又要求调任教委办公室副主任兼招生办副主任。与张二江发生关系的女干部中，多人像她这样频繁换岗位，当地群众讥为“一夜春梦，终身受益”。

但在张二江被移送起诉的罪行中，并不包括上述内容。有关人士称，“性贿赂”还属于司法领域中的灰色地带，现行刑法中没有相关条文与之对应。而“性贿赂”的普遍性和危害性在一个案件中暴露得如此充分，还属首次，它应该引起司法理论界和实务界的重视。

张二江的“下级学”

1993年，张二江还在担任丹江口市长时，与人合著了一本书《下级学》，由湖北某出版社出版。张二江在后记中说，这本书是根据他的“初步思路”撰写的，作者把“下级学”作为“政治学的一个分支”，并称“创立下级学的宗旨，是使人们成为优秀的下级，在于探讨、帮助并使每一个下级获得成功，而且争取最大的成功”。

在“下级的晋升与成功”一章中，作者写道：“与上级领导关系如何，是下级晋升成功与否的一个十分重要的因素。有些人单纯地认为，是太阳总会发光的……而不屑顾及与上级关系如何，这是一种十分幼稚而不切实际的想法。”至于如何赢得上级的好感，作者提供了许多技巧和方法，有些探讨得相当细腻。比如“在你赞美上级时，要掌握一定的技巧和原则”，“首先，要选择上级最喜欢或最欣赏的事和人加以赞美”，“不要在赞美上级的同时赞美他人，除非是上级喜欢的人，即使你赞美他人也是给上级作铺垫而且要适时适度”，“赞美最好由第三者尤其是上级最信赖的人转达效果更佳，而且也显示了你对上级的尊敬”……

这显然是张二江官场哲学的核心

“很讨上面喜欢”，是许多人对张二江的评价。一位知情人士说，以前有上级领导下去检查工作时，张二江往往亲自下厨，交待师傅谁的口味重谁的口味轻。

知情人说，在一次私下场合，有人“刁难”张二江一个问题：假如你看到有人饿倒在地，而与你同行的一位上级叫你不要管此事，你还救不救此人？应该说，问题从道义合理的角度给出答案并不难，但张二江略加思忖后说：“这要看具体情况，如果我反对上级，连为老百姓做事的机会都没有了，我不会做这件事。”

显然，张二江这样的官场哲学，身体力行者绝非张二江一人。《下级学》中说，作者曾对丹江口市经委、人事局、财办、政府政研室及两个乡镇的在职各类干部职工进行过一项问卷调查，内容是假设以下5项之和为100%，你认为，事业成功的因素各占百分之几？结果统计平均值为：智慧24%，专门技术15%，经验15%，其他人际关系13%，“得分”最多的是上级关系，达33%。不少曾为张二江下属的干部也有机会在张二江身上实践他的“下级学”，张二江要钱，就给他送钱；张二江好色，就给他送女人甚至自己投怀送抱；张二江喜欢书法，丹江口市面上的书画装裱店生意就格外好。

事发：偶然和必然

1999年初，张二江从丹江口调任天门市委书记，在他尚未赴职时，反映他贪财好色的举报信就如雪片般寄往天门各单位。其中寄给天门宾馆的一封信说：“你们天门来了一个大流氓，请看管好你们的服务员。”市里为了“维护新书记的形象”，紧急下令收缴这些信件，不料越收越多，最后只能“从源头治理”，到邮局截流这些信件。

湖北省纪委一位干部介绍，张二江在下面做官十多年，丹江口与天门都有不少举报，仅省纪委调查他就有五次，有一次吓得他躲到武当山“养病”，但结果都“查无实据”。

是不是这一次次不了了之助长了张二江的胆量不得而知，但据知情人说，他在私下场合多次对“告状”表示了不屑。另一方面，张二江总是显得信心十足，甚至是自负。有人亲眼见到他在公开场合顶撞他的直接上级十堰市的领导，这在官场是不多见的。一般认为，张二江的这种底气，来自他在省城广泛而且过硬的人际关系。知情人士称，张二江有性情的一面，尽管著有《下级学》，但在实践中，却未必是最精通此哲学的人。张二江缺乏韬光养晦的低调作风，这给他的仕途埋下了隐患。

2001年7月11日，张二江在接到省纪委“汇报工作”的电话通知后，预感事情不妙，当即伏案疾书，分别给当时两位主要的省领导写信，写完后嘱咐一位亲戚：如果他在两天内未回天门，就将这两封信急速发出。信中写道："办案人员急于立功，限制人身自由，靠威逼、恐吓搞口供"，"我身患重病，如耽误治疗，一命呜呼，将使楚中失一良将，阴间多一冤魂……"

但是，这次，这两封信并没能帮他化解风险。省领导如期收到了信，但将它们批转到了省纪委。

据省纪委办案人员介绍，在审查张二江的过程中，张起初十分"狂妄"，自称"荆楚一帅才"，处理他将是"湖北经济的重大损失"，"不让我回去天门160万人民怎么办"云云。

直接导致张二江被查处的可以说是一件极其偶然的事。2000年春节前后，天门市一名从事棉花生意的业主为了获得棉花经营许可证，先后送了张二江10万元。9月，张二江到武汉出差，打电话找到一个关系亲近的朋友，问他：最近有个民营企业家朋友送了一笔钱，你干过公安又搞过监察，怎么处理才安全？这名朋友指点迷津：钱放在我这里保管，由我向送钱人写张借条，你转交给送钱人。张说：行，钱你先拿去经营，赚了钱咱俩分利，出了事就算你借的。2001年6月，天门市原常务副市长傅文尧因经济问题被省纪委"双规"，供出了张收受这10万元钱的事。

张二江为官10多年，受到举报无数，其中数字造假、买官卖官、玩弄女性等劣迹都到了路人皆知的地步，都能平安无事，最后却栽在了这么一件本来被处理得天衣无缝的"小事"上，让人无法相信它的偶然性，最有可能的推测只能是：过去维系张二江官场逻辑的东西，在某个环节上出了问题。（本报记者黄广明）

解读

2002年，"五毒书记"张二江东窗事发，成为媒介追踪、坊间热议的新闻。官员腐败是受众关切的新闻，尤其是像张二江这样"五毒俱全"的官员堪称腐败官员中的典型代表，颇有新闻价值，深入挖掘其成长与堕落的轨迹，揭示其腐败的根源具有警世标本意义。

原稿的标题不够简洁生动，开头像评论，直截了当、旗帜鲜明地发表观点，删掉反而更好。在"收受贿赂80余万元"这一节中，"他始觉踌躇满志，宏愿得偿，也用他的聪明才智为发展当地经济立下过汗马功劳。但在市长的位子坐稳之后，他就私欲迅涨，用人民赋予的权力吸吮人民的血汗，开始了近似疯狂的权钱交易"是套话，比较空洞，没有信息，没有具体事实，应删除。在"疯狂卖官"这一节中，开头第一段也是观点，同时也是套话，应删除。结尾也有大量的观点且语言像审判词，也应删改。原稿如同一篇揭发张二江的批判材料，记者义正词严，意见鲜明，彰显情感好恶，带着道德审判和主观立场，将人物脸谱化，可读性不好。该稿源自《湖北日报》的报道《吹卖嫖赌贪五毒俱全——原天门市委书记张二江丑行》（2002年1月30日《湖北日报》），其副标题中“丑行”一词不符合新闻客观性原理的基本要求。从这一篇新闻中可以发现，记者很可能是根据纪检委的调查或法院的卷宗这一类现成的材料写作的，没有新闻现场，看不到事件当事人，没有信源，没有站在客观的立场上陈述事实。它采用的是传统通讯的技法，宣传意味浓，缺乏直接采访，缺乏现场画面，缺乏多信源，更缺乏人情味和趣味性，叙述中夹杂过多主观意见和情感偏向，空话大话套话多，“一面理”叙事，充斥着话语霸权，有一种把观点硬塞给受众的感觉，不可近不可亲。

源自《南方周末》的报道是当年所有报道张二江深度新闻中最好的一篇。首先，其标题平实客观，对全文做了准确、深入的概括。在导语中，新闻由头从湖北省委书记对张二江落马原因的精辟概括“吹、卖（官）、嫖、赌、贪”五毒俱全切入，简洁地概述了全文的主要事实。然后提出问题：“让人感兴趣的是，如此一个‘五毒俱全’的人物，十几年间是如何在官场上平步青云，由代市长而市长，由市长而市委书记的呢？”要言不烦，一着笔就点明了主题——探析人物成长与蜕变的根源，挖疮疗伤，警示社会，唤起人们对预防腐败，建立长效机制的深入反思。作为深度新闻，首先立意要高，不能像多篇报道张二江的特稿那样，要么仅仅满足于对现有材料的摘录诠释，要么津津乐道于揭秘所谓“色、腥、膻”，满足猎奇心理。

在所有的长篇报道中，虽然《南方周末》这篇报道发稿较晚，但由于记者从先前发表的报道中看到了其缺陷和不足，有了一个参照系，下后手棋的优势是多了一份从容和自信。有追求的记者可以从中取长补短，避免失误，在提炼主题、采访写作方面独辟蹊径，最终就会出手不凡，后来居上。好报道离不开深入全面的采访，南方周末记者不模仿一些记者偷懒照搬现成材料，不预设立场，不沿用俗套，本着真实、客观、准确、平衡的新闻专业主义理念，花功夫做了追根溯源式的深入、全面采访。记者先从张二江人生重要转折点的武汉大学开始调查，通过直接采访求证，引用多个信源，挖到了大量独家材料，还原了张二江的真实人性。青年时代他待人热诚、有才华、有政治理想，从政后仕途顺利，自负，有心计，善于钻营，对官场升迁逻辑比较精通，深谙“数字政绩”。可以说，张二江的堕落有自身贪图功名，有政治野心的虚荣心作祟，但也与官场大环境中的不正之风盛行有不可分割的关系，位高权重之后在金钱、性贿赂方面没有抵制住诱惑。写人物最怕千人一面，如果把张二江脸谱化，那新闻就失去了真实、客观、准确、深刻的内涵，影响传播效果。每个人都不一样，就如同世界上没有两片相同的树叶，张二江这个人物也有着自己的鲜明个性，比如他在权力、政绩、金钱、物质、美色等方面的贪得无厌与一般的腐败官员别无二致，但他毕竟受过系统而良好的高等教育，有着与一般贪官不同的个性，关于这一点，从他对如何巴结上级获取升官发财的理论研究中就可以形象地得到印证。南方周末记者获悉张二江写过一本《下级学》，就费尽周折在一家新华书店的仓库中找到了这本布满尘埃、市面上绝迹的旧书并引用了其中的片段，管中窥豹，发现张二江堕落的思想根源和深层次原因，这些都是能够使报道深入的独家采访材料。

南方周末记者用多信源、丰富的引语、生动的细节娓娓讲述了张二江何以从一个追求上进的有为青年变成一个腐败官员的来龙去脉，并对其突然在“小事”上栽了跟头进行了探寻，将官场生态的倾轧与诡诈、人性的微妙与复杂揭示得入木三分。从《南方周末》这篇报道可以得出结论：深度报道与事件消息不同，后者追求实效性，越快越好，而特稿篇幅长，内容信息量丰富，写作难度大，出稿慢一点不要紧，关键在于确立好报道思想，记者需要深入现场调查采访，查阅大量资料，掌握翔实的材料，最好有独家的发现，最终就有希望在报道的思想性上、表达技巧上高人一筹，获得良好的传播效果。

从《南方周末》的这篇特稿可以看出，记者采访前首先要明确新闻主题，应殚精竭虑地琢磨报道思想，成竹在胸后进入采访阶段，按照事先的谋划按图索骥，顺藤摸瓜，真实、全面、客观、准确地挖掘完整的故事和曲折的情节，寻找戏剧性的事实，细心观察现场环境和人物表情，搜集具体可感的细节，忠实记录人物表达感情或观点的个性化表述，以新闻语言通俗、准确、具体、形象为主，借用文学语言展现人情味和趣味性，在事实的基础上自然而然地引申出个人观点，实事求是，点到为止，恰到好处，特稿就具有可读性。

总之，好的新闻特稿应该做到：

1. 立意深。深入挖掘事物表面之后的主题，主题开掘越深，文章的感染力越强，传播效果越好。

2. 角度新。只有以独特、新颖的视角切入主题，文章才能引人入胜，纵然是不新鲜的题材也能焕发出与众不同的新意。

3. 构思巧。只有全面客观地采访，掌握最丰富的材料，忠于事实，才能避免将人物简单化、脸谱化、雷同化，才能展示出人物的多重性格与复杂的人性。戏剧性的情节，视觉化的细节，人情味，趣味性……都是满足受众阅读需求的重要元素。

4. 语言实。所谓实就是平实，最好采用白描手法，娓娓道来，文风自然，客观准确，记者个人的情感和观点在特稿中可以有，但忌讳渲染、夸张、刺激，更不要绝对化、片面化、意识形态化、无限上纲。记者扮演道德法官，任意捧杀或棒杀新闻人物是要不得的。臧否人物，阐明观点一定要客观、公正，用事实揭示人性的复杂与丰富，把人写得像人，在共性中有其个性，特稿就好看了。

在网上搜寻关于张二江的同题报道，如《聚焦“五毒”贪官张二江：案卷高2米情妇107个》《办公室亦成淫乱场　“双面贪官”张二江闲情逸事》《请看湖北“五毒”书记张二江怎样“吹”》等作对比阅读，更有益于你对如何做好特稿多一份理性认识。

如果说《南方周末》的这篇特稿有不足的话，第一节“一个‘优秀人才’的仕途”中对数据的引用过多影响了可读性，故事不够生动，缺乏现场画面。可能采访的时间紧，采访的人物不够多，记者使用了较多的现成资料。

（原稿）

哈尔滨争做“国际化城市”

2012年09月18日　来源：新华网

阿联酋海湾新闻报网站9月15日报道（记者克莱奥费·马赛达）在松花江畔，冰雕和层层积雪早已消融，当地人悠闲地垂钓。沿着沙滩往远处看，在垂柳掩映下，一名中年男子正在做日光浴。乍一看，在这个中国东北部城市，生活仿佛静止了。但哈尔滨已不再是曾经的那个沉睡中的城市。

自中国于20世纪70年代末改革开放以来，一座座高楼在哈尔滨拔地而起。如今，哈尔滨已被视为中国最大城市之一，去年的国内生产总值（GDP）高达4233亿元。

从这个黑龙江省省会城市坐飞机到中国首都大约需要两个小时。哈尔滨在地理上接近西伯利亚，因为深受俄罗斯影响，在城市各处遍布众多东正教和欧式建筑，哈尔滨素有“东方莫斯科”或“东方巴黎”之称。但对每年蜂拥而至的游客来说，哈尔滨更是一座“冰城”，冬季气候严寒，冰灯节上的冰雕栩栩如生。

然而，与北京和上海等大城市相比，哈尔滨可能仍被人认为名声不够响亮。但哈尔滨正积极将自身定位为“国际化城市”，试图吸引更多国内外投资者。

已有若干大型公司落户哈尔滨，包括大型制造企业和金融机构。哈尔滨试图发展新兴产业，例如新材料、民航、新能源和云计算，并推进经济区和工业区的发展。哈尔滨还忙于实施众多项目，以改善其基础设施和公共服务，改造棚户区、提供成千上万套低成本住宅，并修复或保存一些历史性建筑。

为了使这个城市对海外企业更具吸引力，哈尔滨已经制定了一些激励性政策，例如降低税率、免税和退税。哈尔滨市委宣传部部长张丽欣日前对外国记者说：“哈尔滨正在努力改善投资环境。”

她说：“如今的哈尔滨已变得更为开放和包容。我们已经与世界26个国家的31个城市建立了姐妹城市关系。不过，我们觉得还不够。”

哈尔滨从1898年开始从默默无闻的状态中崛起。当时，作为西伯利亚铁路的一部分，俄罗斯人在这一地区修建铁路。在建设时期，这个城市成了一个繁忙热闹的铁路城，吸引了大约15万到20万外国人，占其人口数将近60%。

1949年中华人民共和国成立后，在哈尔滨实施了数个建设项目，确立了这个城市的工业基础。

哈尔滨电气集团公司被视为中国乃至亚洲水电行业中的最强企业之一，该公司向葛洲坝电站和三峡电站提供了液压涡轮机。同样位于哈尔滨的还有哈飞空客复合材料制造中心。这是一个价值约20亿元的投资项目，为空客A350和A320飞机生产复合材料零件。

另一家大型企业是位于哈尔滨市管辖的双城市的雀巢公司。虽然仅供应中国市场，但该公司去年是哈尔滨的第六大纳税大户。

哈尔滨也是中国最重要的商品粮基地之一，是稻米、红肠、啤酒、大豆、玉米等产品的重要产地。

在哈尔滨经济取得长足发展的同时，当地的财政实力也在增强。与此同时，居民的收入和购买力也增强了。随着收入和生活水平的提高，消费水平也在提高。

就综合实力而言，哈尔滨目前在中国各城市中位列前十。哈尔滨还获得了一系列美称，例如“音乐之城”和“美丽的湿地城市”。

（对比稿）

武汉尽显中国内陆城市机遇

2012年8月9日 8:50　来源：《环球时报》

美国国家公共广播电台网站8月7日报道（原题：武汉在哪里？）中国内陆城市尽显发展机遇，如今已有超过半数的中国人生活在城市地区。但众所周知的京沪等大都市，只是中国城市化故事中的一小部分。该国有160多个人口达到或超过百万的城市，而世界上大多数人却对它们知之甚少或一无所知。

人口超过纽约的武汉就是其中之一。如今，像武汉这样的城市已成为中国增长最快和进行重大经济活动的地区。当地官员预测，武汉的经济正以每年约12.5%的速度增长，其GDP在未来5年内将翻番。

从廉价土地和低成本劳动力到对基础设施的巨大需求，推动增长的因素多种多样。只要想想曼哈顿或芝加哥没有地铁的情形，武汉的需求就会跃然纸上。最近，正在尽快开通首条地铁线的武汉就像一个开放的大工地。许多市民已迫不及待。“发达城市都有地铁系统，”29岁的姜伟（音）说，“武汉需要跻身国际大都市行列。”

多年前，大多数中国农村人都绕过武汉等内陆城市前往东部沿海打工。如今此类城市已成为吸引农民工的磁场。在某轻轨站兜售椰枣和坚果的新疆人阿卜杜拉表示，与曾工作过的广东相比他更喜欢武汉，因为竞争更少，顾客却很多。“武汉人很有钱，这里的生意很好。”

前来武汉的并非只有打工族，外商亦不例外。9年前从夏威夷来到武汉的中国美国商会华中分会负责人詹妮•克伦姆表示，落户武汉的美国公司包括康明斯、通用电气和天合汽车等。法国标致雪铁龙在这里有两家工厂，辉瑞制药已设立研发中心。东部沿海已不再是廉价乐土，试图降低成本的公司越来越寄希望于内地。“人才池和相对较低的工资及租金是决定性因素。”全球物流集团瑞士泛亚班拿武汉中心负责人彼特•罗雷尔说，“武汉有60多所大学和百万学生。经营成本约为上海的1/3。”

26岁的硕士研究生云鹏（音）希望毕业后留在武汉，我看到这座城市的机遇，“最近几年武汉的城市化速度很快”。但快速增长并非没有代价，夏初弥漫的黄烟曾在武汉引发恐慌。

无论是对武汉等华中城市，还是对意欲开发新兴市场的外国品牌而言，熙熙攘攘的汉街都是其雄心的象征。但众多收入不高的工薪阶层提醒人们，尽管增长迅速，武汉仍是一座处于发展中的城市。（作者弗兰克•朗菲特，王会聪译）

解读

在这两篇写城市变化的特稿中，第一篇《哈尔滨争做“国际化城市”》 全文1149字，其优点是：篇幅短，信息量足，语言平实、通俗、简洁。它的导语以场景描写切入，有画面感，比较生动，有吸引力。该特稿从微观到宏观，采用了“跳笔”手法，段落小，可读性好。不足是，直接采访获取的材料少，主要为间接采访，源自材料和资料，缺乏现场感，新闻来源单一，仅有两个人物（一个是不知名的做日光浴的男子，另一个是哈尔滨市委宣传部部长张丽欣），而且这两个人物没有鲜活生动的行为，仅有源自同一个新闻来源的四句直接引语。可以看出，记者采访花的时间少。

相比较而言，《武汉尽显中国内陆城市机遇》全文833字，写得更短、更好。好在哪里？

其一，数字少。同国内类似主题的特稿喜欢堆砌经济数据相比，美国国家公共广播电台网站8月7日的这篇报道在使用数字上值得我们中国记者学习，即仅在一句话中提供了两个数字，“当地官员预测，武汉的经济正以每年约12.5%的速度增长，其GDP在未来5年内将翻番”。如何让数字为表现新闻主题服务，这值得我们思考。

其二，平民视角。新闻角度决定了新闻的主题，也决定了新闻传播者的态度：是宣传本位意识还是受众本位意识。本文的切入角度贴近受众，贴近生活，记者采访的五个人物中有三个普通人，从他们的生活感受中折射武汉这个内陆大城市的变迁，具体实在，真实自然，让人感到亲切。

其三，多信源。记者采访了29岁的姜伟、新疆干果商贩阿卜杜拉、中国美国商会华中分会负责人詹妮•克伦姆、全球物流集团瑞士泛亚班拿武汉中心负责人彼特•罗雷尔、希望学业有成留在武汉的外地人——26岁的硕士研究生云鹏，共五个人。这五个人中，涵盖了四个阶层，他们当中有本地人，也有外地人，都是生活在城市里的平凡中国人，还有外国商人，透过他们的眼睛看武汉，具有多视角、信息丰富的特点。选择外地人或外国人评价武汉有更新鲜的、更独特的感受和视野。多信源有助于新闻特稿的客观、真实、平衡、准确，也使报道呈现丰富多彩的细节，具有可读性。对于国内媒体喜欢宏大叙事、堆砌材料、看不到现场、看不到人物的“主旋律”成就报道相比，该特稿特点十分鲜明。

其四，引语丰富。全文使用了四个人的引语，每人都抒发了个人对武汉的感触，这些引语具有个性特征，使新闻特稿真实、文风活泼生动有趣，还透露出了人情人性的多样化特点，有令人回味和联想的潜在信息，如语言风格显露出的人物的身份、文化、背景、地位、阶层等，扩展了新闻的表现力。

其五，语言平实。全文没有一处使用宣传色彩的空话和套话，文风朴实，语言通俗、准确、简洁、形象。

其六，客观、平衡，讲“两面理”。与国内媒体报道“成就”时的单一叙事，讲“一面理”不同，该文在褒扬武汉崛起的成就的同时，没有回避现实矛盾，如“但快速增长并非没有代价，夏初弥漫的黄烟曾在武汉引发恐慌”，“但众多收入不高的工薪阶层提醒人们，尽管增长迅速，武汉仍是一座处于发展中的城市”。在多媒体融合传播时代，单一叙事已经很难有好的劝服效果。

其七，讲故事。全文犹如一部微电影，以三个平凡人和两个外国商人的小故事反映了武汉这个内陆城市变化中的新貌。

（原稿）

武斌：一个“读书人”的心灵肖像

2009年9月5日　来源：《辽沈晚报》

（见习记者王吉庆　记者吴新星）无论是社科院的研究者、学者还是故宫的管理者，对于武斌来说，这只是职务上的转变，只是给了自己一个在不同的层面上进行学习的机会。如果非要给自己画一个肖像，武斌说，那就是读书人。

他有着太多的理由放下手中的书和笔：繁忙的行政事务、喧嚣的社会风气以及各种名目的会议、应酬……因为他有一个特殊的职务——沈阳故宫博物院院长。可是，他始终保持着读书人那种特有的冷静和对于书本的挚爱，他利用出门坐车、会议间隙的各种机会读书，甚至每天早晨4点就起床，伏案沉思，然后奋笔疾书……

他就是武斌，他说："我本就是个读书人，无论何时何地。"

300多年前的沈阳故宫，礼乐隆隆、皇权威严，它的主人——开创清帝国百年基业的努尔哈赤与皇太极在这里接受群臣的朝拜，他们统御八旗劲旅，挥使虎狼之师，占领蓝天下广袤的土地才是他们的目标；今日的沈阳故宫，游人如织、商贾云集，昔日的大内皇宫成为沈阳的旅游胜地。"文武之道，一张一弛"，饱经沧桑的沈阳故宫迎来了一位饱学的文人管理者，这仿佛是历史冥冥之中的安排。对于经纶满腹、著作等身的读书人武斌来说，充实比蓝天还要广阔的心灵世界才是他的最终方向……

读书练就的"杂家"

武斌面带和蔼，谈吐幽默，逻辑清晰，眼镜后面闪烁着饱经世事而又不乏睿智的目光，举手投足显得从容不迫。他热情地招呼我们坐下，笑着坐在我们的对面，与我们聊了起来。

武斌是"文化大革命"结束后的第一批大学生。1977年，全国正式恢复高考，武斌凭借优异的成绩考取了南开大学哲学系。在那个"读书无用论"甚嚣尘上的时代里，能够坚持利用各种时间读书，并在恢复了中断十年的高考中考取名牌大学的人，可谓寥寥无几，可是身处那个时代的夹缝中的武斌又是如何做的呢？

在武斌撰写的《我的学术自述》中，记者找到了答案。

武斌小学将要毕业时，"文化大革命"爆发，作为学生的武斌经常要参加各种学校组织的活动，因此他并没有接受到完整的中学阶段基础教育，并于16岁那年被安排到了一个山沟里的长途电信局备战点。"我在这里工作了四年多。我在这些年里的收获，就是有许多时间读书。我通过各种方式寻找一切可以阅读的东西，培养了自己浓厚的阅读兴趣。虽然当时找书并不容易，由于阅历浅薄，有许多东西也不能理解，但是这种读书和思考的兴趣对于以后走上学术道路却是十分重要的。"

由于有了强烈的兴趣和良好的学习条件和氛围，再加上名师的指点，从大学开始，武斌便开始涉猎各学科的知识，哲学书之外，他还读了许多文学、历史、美学等方面的名著，可谓是涉猎广泛。

1982年初，武斌进入辽宁社会科学院工作，一直到2004年10月离开，整整22年。

谈及读书的广度，武斌可以算得上是一位"杂家"。武斌笑着说，现在学科划分精细，培养出来的往往都是专家，而他本人由于读书涉猎面比较广，各个方面都知道一些，因此称自己"不是专家"，是一个"见到谁都说内行话"的杂家。有一次与一位画家谈画，由于他说得内行，武斌被这位画家连称"专业"。

其实这并不奇怪，在中国古代，读书人往往通读百家之作，上通天文，下晓地理，得位则治国安邦、经世济民，失位则行医算卦，修书习武，弭所不通。而坐在眼前的这位武斌似乎大有此等风范。

“读书本是平常事”

说到对于读书的热爱，武斌有一个座右铭：“数百年旧家无非积德，第一件好事还是读书。”这句话是武斌在北京一家叫涵芬楼的书店看到的一副对联，他每次到北京买书都到这家书店，而且总要站在那里把这副对联读一遍，他对这副对联甚是喜爱，因此武斌把它写成对子挂在书房里以示激励。

在他的大笔记本里，记者还看到赫然写着两行整齐醒目的句子：“有关家国书常读，无益身心事莫为。”武斌把它作为自己的处事格言。

也许有人会问武斌为什么如此喜爱读书呢？武斌的回答是：读书“一来是我的职业行为”，增长知识便于开展研究工作，但更重要的是读书可以实现“人生态度的升华”，提高个人修养。

谈到这里，武斌引用了孔子的一句话：“古之学者为己，今之学者为人。”意思是说，古代的读书人读书是为了个人的修身养性，陶冶性情，塑造良好的品格，而今天的人读书或是为了从中谋取利益，或是为了现实的用处，即所谓的经世之学，完全没有从自身修养处考虑。武斌的这番话让记者真切地感受到武斌那种真诚、谨慎而又冷静的为学态度。

武斌认为“读书是最好的生存方式”，因为读书给人以智慧，可以使人独立地思考问题，而武斌就是这样一个向往独立思考的人。“在我的书房里，唯一的一个条幅，就是陈寅恪的那句名言‘独立之精神，自由之思想’。我把这句名言引为我的精神指导。”

谈到这里，武斌不禁欠了欠身，明显抑制不住内心的激动，语调明显地提高，此时此刻，仿佛一个高昂着头颅、高唱“不自由，毋宁死”的特立独行的灵魂正在记者的眼前飘荡。我隐隐地感觉到，这个理由似乎是他读书的最深动力所在。

对于当下社会读书的氛围还不是很浓，尤其是读书对于一些人可谓是“读书难，难于上青天”，武斌认为“读书本是平常事”。因为人类之所以能够区别于其他动物，一个最主要的原因就是人类发明了语言文字，而书籍用文字的形式传承人类记忆、传播文明，每个人都需要读书，以便从书籍中获取知识以及祖先的经验。从某种意义上说：“听老人讲故事、看场电影都是阅读的一种方式。”

用武斌自己的一句话来说，那就是“读书是我生活的一部分，更是我生命的一个重要部分”。

“随时随地进入状态”

2004年10月，武斌开始担任沈阳故宫博物院院长，这对于一个“学者型”的读书人来说可谓喜忧参半。

离开了辽宁社会科学院的学术研究工作，走上了行政领导岗位，各种公务、应酬便开始接连不断，这就意味着武斌的读书和写作的时间“严重缩水”，对此武斌笑谈：“在办公室没有时间看书，我就利用出门坐车、开会的间隙读书，另外每天二十几种报纸、杂志我都要看。差不多每天早晨4点钟我就起床进行写作，之后8点上班，两不耽误。”

鲁迅曾经说过，时间就像海绵里的水，只要愿挤，总还是有的。武斌这种强烈的读书和写作欲望并没有被业余时间的有限和琐事缠身所束缚，更没有为世俗的诱惑所动摇。相反，这一切不利的条件似乎更加激起了他坚持读书写作的决心。

而一进他的办公室，首先映入眼帘的便是快要占到一面墙的书架，书架上整齐地摆放着各学科的书籍，门后和办公桌后还堆放着好几摞书，办公室的氛围因为这些书显得厚重起来，俨然成为一个书房。

为了保证写作的质量，武斌给自己做出了苛刻得近乎常人难以做到的规定：“首先要保证一定的时间；二是随时随地准备进入状态，坐下就能立刻投入；三是对写作永远保持新鲜感。”为了读书和创作，他不断地挑战生理的极限。“我个人觉得要有纪律性，要严格约束自己的行为，不要整天嘻嘻哈哈的，心里头要明确自己的目标。”武斌感叹道，虽然每日处于繁杂的社会事务之中，但是心里却是十分清楚自己的目标。同时他自己笑称，桌子上虽然也一样摆着手机、烟盒，但是心里却十分清楚自己该做什么。由此让人不难见到，他做到了灵活性与原则性的完美结合。

正是得益于这种审慎严谨的治学态度和对于文字的责任感，才使得武斌如今虽然已经完成了将近一千五六百万字的著作，但依然能够认真地对待眼下的每一个字，依然“像艺术品那样”打磨每一篇文章，以至于给报社投去的小文章，每每当其刊发时，自己总是“急急忙忙找来报纸看看”。不管多小的文章在他的心中都是宝贝，文字在他心中的地位永远是神圣的。

而看似繁杂的工作在武斌看来，是一次“理论联系实际”的机会，种种的社会活动使他更加了解实际生活，有了基层具体的现实感的同时，对于前期的学术研究也有了更加深刻的思考和理解。“这样做可以打开窗户看看别人的生活是怎样的，避免了个人小圈子的自我陶醉，同时可以从别人处借鉴智慧，从活动中受到别人的启发。”

“文墨生涯”是他的生命归宿

“总有一种尽快返回书房的心理冲动，回到以前那种纯粹的书斋生活。”已经成为一名著名学者和成功的管理者后，当被问及自己还有什么愿望期待去实现时，武斌这样感叹道。

对于名和利，武斌显然看得很淡，“我也不想升个官啥的，就想能早点回到家里专门从事创作。到那时，一个退休的老头，不在体制当中，将会以更加自由、从容的心态和更大的发挥空间去描绘心中的理想。”

目前，武斌已经着手开始对自己的学术经历和成绩进行总结，以便看一看自己的学术事业处于何种阶段，哪些需要发扬、哪些需要改正，为以后继续进行学术研究做好铺垫，而文中提到的那些堆在地上的书就是已经整理好的资料。

为什么要这样做呢？武斌总结道："我总是倾向于认为，在所有可以选择的各种生活方式中，文墨生涯大概是最好的生活方式，至少对我如此……我给自己定位了一个很伟大的目标，我应该'贡献思想'……这是我孜孜以求的。"

武斌认为，到那时凭借自己二十几年的学术训练和这么多年的实践训练，自己的写作能力和认识水平应该会上升很大一个档次，这样就可以实现他"人生的追求和打算"——"思考并启发别人思考"。

武斌其人

1953年4月11日生，南开大学哲学系毕业，现任沈阳故宫博物院院长、研究员、中国中外关系史学会副会长、辽宁省民间文艺家协会主席、辽宁省历史学会副会长、沈阳市作家协会副主席。

主要从事中国文化史、中外文化交流史研究，兼及传记文学和散文随笔创作，出版的学术著作有40余部，其中有《中华文化海外传播史》（三卷）、《现代中国人——从过去走向未来》、《中国文化史概说》、《中医与中国文化》、《二十世纪中国时尚史》，另有随笔集《望湖书屋纪事》、《漫步在哲学家小路》等。

（对比稿）

"读书是我生活的一部分"

——记沈阳故宫博物院院长武斌

（见习记者王吉庆　记者吴新星）走进沈阳故宫博物院院长武斌的办公室，首先映入眼帘的便是几乎占了一面墙的书架，上面整齐地摆放着各学科的书籍，门后和办公桌后还堆放着好几摞书。主人公面带笑容，他说："我本就是个读书人……"

读书"杂家"

武斌小学将要毕业时，"文化大革命"爆发，由于经常参加学校组织的各种活动，没有接受到完整的中学阶段基础教育。16岁那年他被安排到了一个山沟里的长途电信局备战点。

"我在这里工作了四年多。我在这些年里的收获，就是有许多时间读书。我通过各种方式寻找一切可以阅读的东西，培养了自己浓厚的阅读兴趣。虽然当时找书并不容易，由于阅历浅薄，有许多东西也不能理解，但是这种读书和思考的兴趣对于以后走上学术道路却是十分重要的。”

1977年，全国正式恢复高考，武斌凭借优异的成绩考取了南开大学哲学系。从此，武斌便开始涉猎各学科的知识，除了哲学书，他还读了许多文学、历史、美学等方面的名著。1982年初，武斌大学毕业进入辽宁社会科学院工作。

谈及读书，武斌笑着说，他本人读书涉猎面比较广，各个方面都知道一些，因此称自己“不是专家”，是一个“见到谁都说内行话”的杂家。有一次与一位画家谈画，由于他说得内行，这位画家连称“专业”。

“读书本是平常事”

武斌喜欢的一副对联是：“数百年旧家无非积德，第一件好事还是读书。”这句话是武斌在北京一家叫涵芬楼的书店看到的一副对联，他每次去北京都到这家书店买书，每次总要站在那里把这副对联读一遍。后来，他把这副对联写下来，挂在了书房里。

在他的大笔记本里，记者还看到两句话：“有关家国书常读，无益身心事莫为。”武斌把它作为自己的处事格言。

武斌认为，读书是他的“职业行为”，增长知识便于开展研究工作，但更重要的是读书可以实现“人生态度的升华”，提高个人修养。他引用孔子的话借古喻今：“古之学者为己，今之学者为人”，意思是，古代的读书人是为了个人的修身养性，陶冶性情，塑造良好的品格，而今天的人读书或是为了从中谋取利益，或是为了现实的用处，即所谓的经世之学，完全没有从自身修养处考虑。

武斌认为“读书是最好的生存方式”。他说：“在我的书房里，唯一的一个条幅，就是陈寅恪的那句名言‘独立之精神，自由之思想’。我把这句名言引为我的精神指导。”说到这里，他欠了欠身，语调明显提高了。

武斌说：“读书本是平常事。”他认为，书籍用文字的形式传承人类记忆、传播文明，每个人都需要读书，以便从书籍中获取知识以及祖先的经验。“读书是我生活的一部分，更是我生命的一个重要部分。”

“随时随地进入状态”

2004年10月，武斌开始担任沈阳故宫博物院院长。他笑着说：“在办公室没有时间看书，我就利用出门坐车、开会的间隙读书，另外每天二十几种报纸、杂志我都要看。差不多每天早晨4点钟我就起床进行写作，之后8点上班，两不耽误。”

为了保证写作的质量，武斌给自己“约法三章”：“首先要保证一定的时间；二是随时随地准备进入状态，坐下就能立刻投入；三是对写作永远保持新鲜感。”“我个人觉得……心里头要明确自己的目标。”

武斌先生如今虽然已经完成了将近一千五六百万字的著作，他说，他写作就像制作“像艺术品那样”打磨每一篇文章，以至于给报社投去的小文章，每每当其刊发时，自己总是“急急忙忙找来报纸看看”。

看似繁杂的行政管理工作在他眼里也不无益处："这样做可以打开窗户看看别人的生活是怎样的，避免了个人小圈子的自我陶醉，同时可以从别人处借鉴智慧。"

【人物背景】

1953年4月11日生，现任沈阳故宫博物院院长、研究员、中国中外关系史学会副会长、辽宁省民间文艺家协会主席、辽宁省历史学会副会长、沈阳市作家协会副主席。主要从事中国文化史、中外文化交流史研究，兼传记文学和散文随笔创作。出版的学术著作有40余部，主要有《中华文化海外传播史》（三卷）、《现代中国人——从过去走向未来》、《中国文化史概说》、《中医与中国文化》、《二十世纪中国时尚史》，另有随笔集《望湖书屋纪事》、《漫步在哲学家小路》等。

解读

原稿3807字，删去空话套话和无关主题的冗言，对比稿1612字。

原稿存在的不足是：

1. 缺乏好的由头。特稿也可称之为长新闻。与事件新闻注重时效性相比，人物特稿更注重时机性。原稿的发表时间是2009年9月5日，如果记者找不到好的新闻由头，不如将采访安排在4月23日前，因为4月23日是"世界读书节"，利用这个时机（时机性是新闻时效性之一）报道主人公可引起受众的关注，其传播效果会更好。

2. 缺乏戏剧性。主人公称繁杂的行政管理工作对自己的学习也有益，但又借用当事人的直接引语说：有一种"回到以前那种纯粹书斋生活的冲动"。这不是内心与现实的冲突吗？应该把这个细节深入挖掘一下，为什么主人公有这种明显是矛盾的心态？特稿吸引人的地方在于其戏剧性，也就是冲突。"文似看山不喜平"，没有冲突，特稿便缺乏了张力，显得平淡无味，不吸引人。

3. 缺乏好故事，没有好细节。原稿尽管有3599字，却没有一个能让人记住的细节，现场的画面感匮乏，大量的都是记者概括式的表述。人物特稿应通过挖掘主人公的典型故事，用起伏的情节、栩栩如生的细节营造"发生—发展—起伏—高潮"的完整故事，把主人公放在典型环境中，通过不平凡的事件去塑造人物形象，让受众看到其精神风貌。

4. 缺乏对主题的提炼和挖掘。原稿按照人物成长的历程，平铺直叙，冗长而平淡。其实，写人物忌讳把人写成平面的、无趣的，没有人情味的形象。只有截取主人公最精彩的人生片段，从中开掘出人物的特质和精神，契合时代的主题才能让人物立起来，形象丰满起来，见事见人见精神。当事人的讲述不足以塑造立体的人物形象，记者应该继续探究，采访其妻子、孩子、父母、熟悉主人公的亲朋好友等，还应深入当事人的家里、工作场所等他熟悉的环境中去捕捉有价值的信息。实践经验告诉我们：让人物在熟悉的环境中接受采访，会获得意想不到的细节、引语、场景、人情味等重要信息。

5. 语言空话多，主观臆断多。原稿中有大量记者自己的意见、猜测、判断、评价等，有的语言十分夸张、抽象。特稿不像新闻报道，可以有记者的主观表述，但要掌握度，记者主要是一个讲故事的人，始终把主人公作为主角，通过事件的表现力，让主人公在典型环境下的行为言谈中显露出其人格魅力与精神风采，留给受众思考和感悟。记者恰如其分的意见可以升华特稿的表现力，但过多的主观观点，不靠谱的矫情或煽情反而损害了特稿的生命力。不管是新闻报道还是特稿，其共性是相同的，即通过真实、具体、准确、公正、客观、平衡的事实写人或记事，语言要有信息含量。特稿要用细腻的故事打动受众。特稿语言建立在新闻语言应通俗、具体、准确、形象、生动的基础上，仍然要多用动词、短句使其富于表现力，用镜头语言将受众带入现场。原稿的开头冗长，堆砌着空话，尤其是第四自然段十分夸张煽情，不符合新闻语言真实、准确的要求，整个开头很难吸引人。

类似于开头第四自然段的话还有：

“其实这并不奇怪，在中国古代，读书人往往通读百家之作，上通天文，下晓地理，得位则治国安邦、经世济民，失位则行医算卦，修书习武，弭所不通。而坐在眼前的这位武斌似乎大有此等风范。”

“此时此刻，仿佛一个高昂着头颅、高唱‘不自由，毋宁死’的特立独行的灵魂正在记者的眼前飘荡。我隐隐地感觉到，这个理由似乎是他读书的最深动力所在。”

“由此让人不难见到，他做到了灵活性与原则性的完美结合。”

这些表述不是在写人，而是在写神。这种无限拔高人物形象，过分夸张渲染的语言非但于事无补，反而会损害新闻特稿的传播效果。此外，原稿的标题比较虚，令受众费解。

后 记

作为一个在媒体和高校从事新闻实践与教学逾18年的新闻人，一直想写一本关于新闻写作的书。虽然传媒市场并不缺乏此类书，但我想独辟蹊径。

从自己当记者的经历看，掌握新闻写作的技能需要从实践中积累经验，而经验的积累源自对每一次写作缺憾的纠正，从起初交上去的稿件被编辑毙掉到被修改的谬误越来越少，最终渐渐地搞明白了该如何写新闻。这本书以解剖有缺憾的新闻作品为主，其思路也是由个人成长经历获得的启示。

感谢我的妻子、亲朋、学生对我的支持。感谢本书编辑刘志一先生对本书结构提出的高见。感谢我的南大硕士论文导师方延明教授的鼓励与关怀。感谢浙江大学邵培仁教授的支持。

感谢高级编辑黄忠清先生的关心。感谢《新闻报道写作——理论、方法与技术》作者刘冰博士的激励与帮助。感谢我敬重的李邦思、匡志伦先生对我的教诲与厚爱。

参考书目

1. （美）凯利•莱特尔等著，宋铁军译：《全能记者必备》（第7版），北京：中国人民大学出版社，2010年版。

2. （英）托尼•恰尔卡普著，周黎明译：《新闻工作——从原则到应用》，北京：中国人民大学出版社，2011年版。

3. （美）杰里•施瓦茨著，曹俊、王蕊译：《如何成为顶级记者——美联社新闻报道手册》，北京：中央编译出版社，2003。

4. （美）梅尔文•门彻著，展江主译：《新闻报道与写作》（第9版），北京：华夏出版社，2003年版。

5. （英）苏珊•佩普、休•费瑟斯通著，周黎明译：《特稿写作——从入门到精通》，北京：中国人民大学出版社，2011年版。

6. （美）迈克尔•舒德森著，陈昌凤、常江译：《发掘新闻——美国报业的社会史》，北京：北京大学出版社，2009年版。

7. 南方周末：《后台》（第三辑），广州：南方日报出版社，2010年版。

8. （美）盖伊•塔奇曼著，麻争旗、刘笑盈、徐扬译：《做新闻》，北京：华夏出版社，2008年版。

9. 李希光、孙静惟、王晶著：《新闻采访写作教程》，北京：清华大学出版社，2011年版。

10. 刘海贵著：《中国新闻采访写作学》（第2版），上海：复旦大学出版社，2011年版。

11. 方延明著：《新闻与文化研究》，北京：社会科学文献出版社，2007年版。

12. 王雄著：《新闻舆论研究》，北京：新华出版社，2002年版。

13. 杜俊飞著：《深度报道写作》，北京：中国广播电视出版社，2000年版。

14. 邵培仁著：《传播学》（第2版），北京：高等教育出版社，2007年版。

15. 段京肃著：《传播学基础理论》，北京：新华出版社，2003年版。

16. 李彬著：《全球新闻传播史》，北京：清华大学出版社，2005年版。

17. 李良荣著：《新闻学概论》（第4版），上海：复旦大学出版社，2012年版。

18．杨保军著：《新闻理论教程》，北京：中国人民大学出版社，2005。

19．（美）卡罗尔•里奇著，钟新主译：《新闻写作与报道训练教程》，北京：中国人民大学出版社，2004年版。

20．（美）斯坦利•巴兰、丹尼斯•戴维斯著，曹书乐译：《大众传播理论：基础、争鸣与未来》（第3版），北京：清华大学出版社，2004年版。

21．（美）沃纳•赛佛林、小詹姆斯•坦卡德著，郭镇之主译：《传播理论：起源、方法与应用》（第5版），北京：中国传媒大学出版社，2006年版。

22．来向武编：《梁衡新闻200句》，北京：人民日报出版社，2012年版。

23．邵志泽著：《新闻学概论》（第2版），杭州：浙江大学出版社，2006年版。

24．（美）尼尔•波兹曼著，章艳译：《娱乐至死》，桂林：广西师范大学出版社，2011年版。

25．南方报业传媒集团新闻研究所主编：《南方传媒研究》（第28辑），广州：南方日报出版社，2011年版。

26．（美）威廉•E．布隆代尔著，徐扬译：《〈华尔街日报〉是如何讲故事的》，北京：华夏出版社，2006年版。

27．张志安著：《报道如何深入》，广州：南方日报出版社，2006年版。

28．刘冰著：《新闻报道写作——理论、方法与技术》，广州：南方日报出版社，2011年版。

29．（美）弗朗西斯•迪利著，张连康译：《华尔街日报》，北京：企业管理出版社，1999年版。